Im Gegensatz zu Foucaults Prognose vom »Verschwinden des Menschen« hat neuerdings wieder die Frage nach dem »Menschen an sich« und seinen verschiedenen Kulturformen Konjunktur. Dieses neuerwachte Interesse spiegelt sich in den jüngeren amerikanischen Diskussionen der Anthropologie, die bislang im deutschsprachigen Raum kaum zur Kenntnis genommen wurden. Die hier vorgestellten Ansätze, die von einem feministischen Blickwinkel inspiriert sind, haben Entscheidendes zu den neuaufgeworfenen Fragestellungen beigetragen. Die »blinden Flecken« männlicher Forschung in bezug auf die Differenz der Geschlechter und die Schwierigkeit, das »Weibliche« oder das »Männliche« auf den Punkt zu bringen, werden in diesem Band anschaulich gemacht, und Perspektiven gewiesen für eine neue und kritischere Sichtweise auf »den Menschen«.

Gabriele Rippl, geboren 1962, ist Literaturwissenschaftlerin an der Universität Konstanz. Sie arbeitet an einer Studie über Frauenautobiographien des 17. Jahrhunderts und gibt den Band *Zeichen zwischen Klartext und Arabeske* heraus.

Unbeschreiblich weiblich

Texte zur feministischen Anthropologie

Herausgegeben von
Gabriele Rippl

Fischer Taschenbuch Verlag

Das Cover-Photo zeigt einen jungen Mann der Wodaabe-Nomaden, der sich zum Jereol-Fest geschmückt hat. Die Wodaabe leben in Zentral-Niger und in Teilen Nigerias und Kameruns.

Originalausgabe
Veröffentlicht im Fischer Taschenbuch Verlag GmbH,
Frankfurt am Main, September 1993

© 1993 Fischer Taschenbuch Verlag GmbH, Frankfurt am Main
Umschlaggestaltung: Buchholz/Hinsch/Hensinger
Gesamtherstellung: Clausen & Bosse, Leck
Printed in Germany
ISBN 3-596-11797-6

Gedruckt auf chlor- und säurefreiem Papier

Inhalt

Ich möchte Dagmar Buchwald, Erika Greber, Susanne Günthner, Renate Hof, Eva Horn, Helga Kotthoff, Bettine Menke, Peter Rippl, Schamma Schahadat und Jürgen Schlaeger danken, die mich bei der Arbeit an diesem Band unterstützt haben.

Gabriele Rippl
Feministische Anthropologie – Eine Einleitung

No woman, no cry
Bob Marley

1. Rückkehr zum Lachen

Von ihren Anfängen bis heute tritt in der Ethnologie ein zentrales wissenschaftliches Dilemma besonders deutlich zutage: die nur vermeintliche »Objektivität« und »Neutralität« von Forschungsergebnissen. Augenfälliger und prekärer ist das Problem in der Ethnologie deswegen, weil die Forschungs»gegenstände« Menschen sind, die von den zwischen Forscher und Forschungsgegenstand bestehenden Machthierarchien direkt betroffen sind. Die Erforschung fremder Kulturen, die durch die Entdeckung Amerikas einen starken Aufschwung erlebte, geht Hand in Hand mit der Ausbeutung und Zerstörung eben dieser Kulturen, so daß den frühen Ethnographen – aber auch den heutigen – der berechtigte Vorwurf gemacht werden muß, zu den verheerenden Zerstörungen archaischer und primitiver Kulturen und der Verelendung der von ihnen eroberten oder erforschten Völker beigetragen zu haben. Wie wenig »objektiv« ethnographische Berichte waren und sind, läßt sich am deutlichsten an den frühen Missionars-, Eroberer- und Reiseberichten ablesen: Indem die sogenannten »Wilden« in diesen Berichten als monströse Wesen mit teuflischem Charakter und ganz phantastischen körperlichen Mißbildungen aller Art beschrieben werden, lassen sich Niedermetzeln und Ausbeutung immerhin vor Gott und der Welt rechtfertigen.

Es sind aber nicht nur Waffengewalt und Kolonialismus, die fremde Kulturen zerstören, sondern auch das Entfernen von Kultgegenständen aus ihrer natürlichen Umgebung, ihre Anordnung in westlichen Völkerkunde-Museen wie dem alten Trocadéro in Paris und die anderen Tätigkeiten ethnographischer Feldforschung wie das Aufzeichnen der fremden Kultur durch Texte und Photographien oder Filme. Ethnographische Texte und Bilder nivellieren die vielen »Stimmen« der Feldforschungssituation und

9

vereinheitlichen das disparate Material, weil in der Regel nur die *eine* Stimme des Autors spricht.

Momentan werden innerhalb der Ethnologie die Rufe nach Texten, die der mehrstimmigen Feldforschungssituation gerecht werden, immer lauter. Die so vehement geforderte Mehrstimmigkeit soll dazu beitragen, die Crux ethnographischer Berichte zu beheben, nämlich eher Vorstellungen westlicher Forscher wiederzugeben als die Sicht der fremden Völker. Die Anthropologin Laura Bohannan war die erste, die – avant la lettre – versuchte, dem Problem durch eine neue Textform zu begegnen: Ihr 1954 erschienener anthropologischer Roman *Rückkehr zum Lachen*[1] scheint viele der heute diskutierten Probleme der Anthropologie vorwegzunehmen. In diesem Roman setzt sich Laura Bohannan mit ihren persönlichen Erfahrungen wie Konflikten mit Einheimischen (den Tiv in Nigeria), Befremden und Grauen gegenüber der fremden Kultur, der schwierigen Lage der Ethnographin in der Feldforschung etc. auseinander. Der Roman der Anthropologin, die im übrigen, zum Teil gemeinsam mit ihrem Mann, für die fünfziger Jahre übliche, Objektivität vorgebende ethnographische Berichte verfaßt hat, die weder die Position der Ethnographin im Feldforschungsprozeß noch die durch die eingegangenen persönlichen Beziehungen aufgeworfenen ethischen Probleme problematisieren, wurde unter dem Pseudonym Elenore Smith Bowen veröffentlicht.[2] Mit literarischen Textstrategien gelingt es der Anthropologin Bohannan, zumindest ein Problem der Ethnographie zu umgehen: Sie läßt durch häufige Dialoge im Text eine Polyphonie von Stimmen ertönen und weist damit der Stimme der Anthropologin die ihr gebührende Rolle zu, eben nur eine unter vielen Stimmen zu sein.

Laura Bohannan veröffentlichte ihren anthropologischen Roman unter einem Pseudonym, weil dieser literarische Text ihrem Ruf als seriöse Anthropologin beträchtlich hätte schaden können. Heute dagegen ist ihr Text zum Paradebeispiel für den idealen ethnographischen Text avanciert. Dennoch ist die Frage noch nicht geklärt, ob solche »mehrstimmigen«, »fiktionalen«, »literarischen« Texte, die zahlreiche Anthropologen momentan fordern, tatsächlich dazu beitragen, Machtstrukturen abzubauen. Feministisch orientierte Anthropologinnen sehen in Forderungen nach solchen Texten die Gefahr, Machtstrukturen letztendlich nur zu verharmlosen, indem man sie kaschiert. Aber auch die bisherigen feministischen Lösungsvorschläge für die Probleme der Feldforschungssituation, nämlich menschliche Anteilnahme am Schicksal der Informantinnen, Einfühlung in ihre

Gefühls- und Lebenswelt und der Aufbau persönlicher Freundschaftsbeziehungen (die die distanzierte Beobachtung, also die weniger subjektiven Forschungsmethoden des Positivismus, ersetzen soll) bringen Schwierigkeiten mit sich. Denn durch die vorgeschlagenen subjektiveren Forschungsmethoden sind die Informantinnen ungleich stärker der Ausbeutung und dem Verrat durch die Forscherin ausgesetzt: Die Ethnographin verläßt nach getaner Forschungsarbeit die Informatinnen, zu denen sie eine enge Freundschaftsbeziehung aufgebaut hat, und darüber hinaus wird sie die Daten, die sie nur aufgrund der engen Beziehungen zu den Informantinnen sammeln konnte, veröffentlichen und so sehr persönliche Konfliktsituationen wie Todesfälle, Liebesbeziehungen, Ehebrüche etc. wissenschaftlich ausschlachten. Die Ethnologin Judith Stacey liefert dafür beredte Beispiele aus ihrer eigenen Feldforschung (in diesem Band):

»Kürzlich [starb] einer meiner Schlüsselinformanten. Als Ethnographin mußte ich diesen Tod sowohl als Freundin wie als Forscherin erleben, und das brachte mich in heikle und verwirrende Situationen, so etwa, ob ich jemandem – und wenn ja, wem – die wertvollen, aber möglicherweise verletzenden Aufnahmen einer ›oral history‹ schenken sollte, die ich mit dem Verstorbenen geführt hatte. Außerdem wurde ich mit dem unbehaglichen Gefühl konfrontiert, daß ich als Forscherin von dieser Tragödie sicherlich profitieren würde.« Oder: »Eine meiner Schlüsselinformantinnen, heute eine verheiratete, überzeugte Christin, war zur Zeit ihrer Bekehrung in eine heimliche lesbische Beziehung involviert. Ich erfuhr von dieser Beziehung erstmals durch die verschmähte Liebhaberin, und das erst nach sechs Monaten Feldforschung bei ihnen. Natürlich brachte mich das moralisch in eine extrem peinliche Situation, eine Situation von Dreiecksbeziehung und potentiellem Verrat in bezug auf diese beiden Frauen und von Unglaubwürdigkeit gegenüber der verschwiegeneren.«

Die sauberste Lösung für die vertrackte ethnographische Situation wählt wohl Saúl Zuratas, genannt »Mascarita«, in Mario Vargas Llosas Roman *Der Geschichtenerzähler*: Er gibt nämlich eine vielversprechende Karriere als Ethnologe auf, um fortan mit den Machiguengas, Urwaldindios im Osten Perus, zu leben und bei ihnen den prestigereichen »Posten« des Geschichtenerzählers zu übernehmen. Ein solches Opfer kann man natürlich nicht von allen seinen Zunftgenossen und -genossinnen erwarten.

2. Halbe Wahrheiten – das Unbehagen in der Anthropologie

Einig ist man sich heute über die Tatsache, daß ethnographische Forschungsergebnisse nie objektiv, sondern immer inhärent voreingenommen, einem Ziel verpflichtet, unvollständig, kurz »halbe Wahrheiten« sind. Ethnographische Berichte geben in hohem Maße die Sichtweise des Ethnographen oder der Ethnographin wieder, seine/ihre Interpretation der fremden Kultur dient der Selbstkonstitution des Ethnographen und der Ethnographin. So, oder so ähnlich, ließe sich das Dilemma der Ethnographie knapp umschreiben, das seit den achtziger Jahren, vor allem in den USA, intensiv diskutiert wird. Es läuft derzeit eine – wenn man so will – metaanthropologische Debatte, die die theoretischen Ansätze und Methoden der Anthropologie kritisch hinterfragt. Die Intervention in die bestehenden Beziehungsstrukturen der zu erforschenden Gemeinschaften und die Ausbeutung der Informanten und Informantinnen durch (auch heute zumeist westliche) Forscher und Forscherinnen sind zentrale Probleme, mit denen sich die feministische Anthropologie auseinandersetzt. Man versucht ihnen dadurch zu entgehen, daß man Informanten und Informantinnen als Mitarbeiter am ethnographischen Prozeß bestimmt, dem Ethnographen Selbstkritik und dem ethnographischen Schreiben Selbstreflexivität abverlangt. Eine Möglichkeit, mit der vertrackten Situation fertig zu werden, ist der Vorschlag des Anthropologen James Clifford, der zu einer neuen Richtung innerhalb des Faches, der sogenannten postmodernen Anthropologie, respektive neuen Ethnographie, gehört: Ethnographische Texte müssen auf dialogische, literarische Textstrukturen und multiple Autorschaften rekurrieren. Nur so kann man die Probleme der Ethnographie – wenn schon nicht beheben, so doch – kritisch mitreflektieren.

Diesem Vorschlag steht die sogenannte feministische Anthropologie kritisch gegenüber. Akzeptiert wird die Forderung nach Selbstreflexivität der Forschung – ein Grundsatz, der dem Feminismus ohnehin eigen ist –, die zahlreichen ethischen Fragen, die die intrikate Feldforschungssituation aufwirft, hilft »Selbstreflexivität« jedoch nicht zu beantworten. Was beispielsweise soll Judith Stacey tun, wenn sie von ihrer ehemals lesbischen Informantin gebeten wird, diese Information aus ihrem Bericht zu streichen? Verschweigt sie die Tatsache, so verhindert sie in der Position der Autorin den plurivoken Text, streicht sie die Information nicht, so begeht sie Verrat an der Informantin, zu der sie während ihrer Forschungen eine enge Freundschaft aufgebaut hat. Die Beziehungen zwischen Forscher/ Forscherin und Informant/Informantin sind Hierarchien und Machtformationen, Ausbeutung und Verrat ausgesetzt, die postmoderne Strategien – so jedenfalls Stacey – nicht lösen können.[3] Hegen die postmodernen Anthropologen die Hoffnung, mittels literarischer Textstrategien aus dem ethnologischen Dilemma herauszukommen, so sind die feministischen Anthropologinnen der Meinung, daß die Probleme unhintergehbar und durch einfache Lösungen nicht aus der Welt zu schaffen sind. Heute, wo Postmodernismus und Dekonstruktion in die theoretische Anthropologiedebatte und die Methodendiskussion der Ethnographie Einzug gehalten haben und die Rede von der Auflösung des Konzepts des Menschen und des mit sich selbst identischen Subjekts fast schon ein alter Hut geworden ist, stehen sich die beiden genannten Richtungen der Anthropologie in Lagern gegenüber; engagiert, zuweilen bissig wird das »schiefe« Verhältnis von Anthropologie und Feminismus diskutiert. Postmoderne Anthropologen und feministische Anthropologinnen teilen Anliegen und Fragestellungen: Wie kann eine Anthropologie heute überhaupt noch aussehen? Besitzen ethnographische Texte in bezug auf die Rolle, die Ethnographen und Ethnographinnen in der ethnographischen Situation spielen, Selbstreflexivität? Kommentieren sie kulturelle Differenz, indem sie die Beziehung zwischen Ethnographen und Informanten problematisieren? Wird mit unkonventionellen Textverfahren und literarischen Strategien experimentiert? Und werden globale Herrschaftssysteme untersucht? Inwiefern liefert die Anthropologie selbst einen Beitrag zum Fortbestehen kolonialistischer Strukturen und damit verbundenen ungleichen Machtverhältnissen und trägt so letztendlich zur Verelendung der Kulturen bei, die sie erforschen will?

Bei ihren Versuchen, Antworten zu finden, beziehen die beiden Gruppen oftmals diametral entgegengesetzte Positionen. Einig ist man sich, daß es Subjektpositionen der Selbstidentität zu dezentrieren und monologische Repräsentationsmodelle zu verabschieden gilt, die Ergebnisse der Bemühungen ihrer männlichen Kollegen werden von feministischen Anthropologinnen jedoch häufig als konservative Rückschläge gewertet. Sie werfen ihnen vor, daß sie die Anthropologie zum »Identitätsritual für Anthropologen« verkommen lassen: Die Gefahr besteht, daß die Anthropologie, als Lehre vom *Menschen*, in eine »Andrologie«, eine Lehre von *Menschen männlichen Geschlechts*, kippt und bestehende Macht- und Geschlechterverhältnisse nicht aus der Welt geschafft, sondern gerade neu fundiert und legitimiert werden. Nicht in jedem Fall scheinen die postmodernen Anthropologen aus ihrem »anthropologischen Schlaf« erwacht zu sein.

3. Ethnologische Frauenforschung – Feministische Anthropologie

Lange Zeit galt die Anthropologie als Vorreiterdisziplin in Sachen Frauen und Feminismus. Schon in der ersten Hälfte des 20. Jahrhunderts waren Frauen und Geschlechterverhältnisse fremder Kulturen Gegenstand anthropologischer Forschung gewesen. Und nicht nur das: seit den Anfängen der Disziplin waren Anthropologinnen neben den männlichen Anthropologen wie Franz Boas, Bronislaw Malinowski und Claude Lévi-Strauss im Fach vertreten. Margaret Mead, Ruth Benedict und Mary Douglas prägten die Anthropologie im angloamerikanischen Bereich nachhaltig, und ihre Arbeiten über Geschlechterbeziehungen haben ihre Brisanz bis heute nicht verloren.[4]

Am Ende des 20. Jahrhunderts sieht es nun so aus, als habe sich die Situation für Anthropologinnen innerhalb der Disziplin und den Institutionen eher verschlechtert als verbessert: angeprangert werden heute oft die Marginalisierung der Forscherinnen und ihrer Arbeiten durch die Mainstream-Anthropologie. Die scharfe Kritik von James Clifford, der Feminismus habe zur theoretischen Analyse der textuellen Verfaßtheit ethnographischer Berichte nicht viel beigetragen,[5] hat zur Folge, daß die in diesem Band vorgestellten feministisch arbeitenden Anthropologinnen den postmodernen Anthropologen ihrerseits vorwerfen, sich nicht ernsthaft mit experimentellen ethnographischen und theoretischen anthropologischen Texten von Frauen auseinanderzusetzen. Über den Status eines Exempels kämen von Anthropologinnen verfaßte Texte im männlichen Wissenschaftsdiskurs nicht hinaus.

Nach 20 Jahren Frauenforschung und Feminismus stellt die hier dokumentierte gegenwärtige Debatte innerhalb der Anthropologie eine Bestandsaufnahme des derzeitigen Stands der feministischen Dinge in den Sozial- und Geisteswissenschaften dar und darf als paradigmatisch für die geführten Diskussionen zum »Unbehagen der Geschlechter« in den Nachbardisziplinen wie Soziologie, Linguistik, Psychologie, Geschichte und Literaturwissenschaft gelten.

Die Tatsache, daß Frauen die Anthropologie als Disziplin prägten und schon früh Feldstudien durchführten,[6] hat zweifelsohne dazu beigetragen, daß Frauen fremder Länder und ihre Erfahrungen, die der Ethnographin durch die Informantin – von Frau zu Frau – vermittelt wurden, Gegenstand zahlreicher ethnographischer Arbeiten wurden. Darüber hinaus hat auch das Interesse der traditionellen Anthropologie an Verwandtschaftsbeziehungen und Heiratssystemen seinen Teil getan, daß Frauen in ethnographischen Studien schon immer eine wichtige Rolle spielten. Das heißt aber nicht, daß die Anthropologie keine männlich dominierte Disziplin war und immer noch ist, denn als eine auf Beschreibung rekurrierende Wissenschaft hat sie das Weibliche als »unbeschreiblich weiblich« ausgeklammert. Zu diesem Schluß kommt jedenfalls Henrietta L. Moore: »Das Hauptproblem bestand daher nicht im Mangel an empirischen Studien, sondern war eines der Repräsentation.«[7]

Seit den siebziger Jahren arbeiten zahlreiche angloamerikanische Anthropologinnen mit feministischen Ansätzen. Die Zeit von 1970 bis 1990 wird gewöhnlich in drei Phasen feministischer Forschung unterteilt (vgl. Moore in diesem Band[8]). Als ethnologische Frauenforschung (»*anthropology of women*«), die im übrigen Parallelen zur literaturwissenschaftlichen Frauenforschung aufweist, wird die erste Phase feministischer Forschung bezeichnet, die sich mit der Repräsentation von Frauen in anthropologischen Werken beschäftigt. Neben Untersuchungen der von westlichen Anthropologen produzierten Bilder und Mythen der Frau wird zum Leben fremder Frauen samt ihren Erfahrungen gearbeitet, mit dem Ergebnis, daß zahlreiche gängige Vorstellungen von fremden Kulturen relativiert und modifiziert werden konnten. Im englischsprachigen Bereich enthält der 1974 von Michelle Z. Rosaldo und Louise Lamphere herausgegebene Sammelband *Woman, Culture, and Society*[9] Beiträge der bekanntesten angloamerikanischen Vertreterinnen der ethnologischen Frauenforschung. Diesem Band ist der hier vorgelegte, über Jahre enorm einflußreiche Beitrag von Sherry B. Ortner entnommen. Die von ihr aufgestellte provokative Universalitätsthese lautet folgendermaßen: In allen Kulturen werden Frauen mit Natur, Männer mit Kultur assoziiert, und deshalb haben Männer überall einen höheren sozialen Status inne.

Wurde in der ersten Phase feministisch orientierter Anthropologie »Frau« oft biologisch verstanden, so rückte während der zweiten Phase das *Funktionieren* des Geschlechterverhältnisses (*gender*) und der geschlechtsspezifischen Rollenzuweisungen in bestimmten Gesellschaften ins Zentrum des Interesses. Gefragt wurde danach, wie Geschlecht/*gender* kulturell und sozial konstruiert wird.[10] Dieser, wie Moore sie nennt, »anthropology of gender«[11] geht es darum, die von Lévi-Strauss eingeführten theoretischen Kategorien der strukturalen Anthropologie samt deren Oppositionsbildungen wie Mann/Frau, Kultur/Natur etc. kritisch zu hinterfragen.[12] Carol MacCormack (in diesem Band) macht durch ihre kulturvergleichenden Untersuchungen klar, daß Ortners auf Lévi-Strauss' Konzept aufbauende These verabschiedet werden muß, weil die Oppositionspaare, mit denen sie arbeitet, eurozentrische und eben keine universalen Kategorien darstellen und Rollenzuschreibungen an Mann und Frau sowie das damit verbundene gesellschaftliche Ansehen in unterschiedlichen Kulturen gerade nicht deckungsgleich sind.[13]

In den achtziger Jahren, der dritten Phase der feministisch orientierten Anthropologie, hat sich dann parallel zu den bestehenden Richtungen die feministische Anthropologie (»feminist anthropology«) herausgebildet, die politische und soziale Interessen mit differenzierten theoretischen Auseinandersetzungen verbindet. Im angloamerikanischen Bereich hat sie eine ganze Reihe von neuen Forschungsergebnissen aufzuweisen und beeinflußt die Theoriebildung innerhalb der Anthropologie nachhaltig. *Gender* ist zur wesentlichen Analysekategorie fremder Kulturen und Sozialstrukturen avanciert, wobei gerade auch das Ineinandergreifen von ethnischer Zugehörigkeit, gesellschaftlicher Klasse und Geschlecht untersucht wird. Feministische Anthropologie lehnt sich an theoretische Positionen der Dekonstruktion, wie beispielsweise dem Zerspielen von Identitäten und dem Betonen von Differenz, an und gewinnt durch ihre kritische, oft polemisch geführte Auseinandersetzung mit den postmodernen Anthropologen ihre Kontur. Begriffe wie das Fremde, das Andere, Erfahrung, Differenz etc. versuchen feministische Anthropologinnen wie Moore jenseits binärer Oppositionen und wesentlich radikaler als die postmodernen Anthropologen zu denken. Sie tun dies, weil sie nicht glauben, daß den die Sprache durchziehenden Machtverhältnissen, die unsere Diskursformen festlegen, und den die ethnographische Situation bestimmenden ungleichen Machtverteilungen durch literarische Textstrategien zu entkommen ist, und folglich eine reibungslose Vermittlung und Übersetzung fremder Kulturen ineinander möglich wäre.

Am nachdrücklichsten hat Henrietta L. Moore die theoretischen Anliegen der feministischen Anthropologie und die Perspektiven ihrer kulturvergleichenden Studien hinsichtlich der Differenz und *gender*-Problematik formuliert. Sie schlägt vor, die nur vermeintlich universalen Kategorien wie

»Mann«, »Frau«, aber auch »Patriarchat« und »Unterdrückung der Frau« zu dekonstruieren,[14] die immer von den jeweiligen kulturellen und historischen Kontexten abhängen. Es kann nicht mehr nur um das Aufzeigen (universaler) positionaler Geschlechterdifferenzen gehen, sondern es gilt das Zustandekommen und Funktionieren von »Frau«/Weiblichkeit in Relation zu »Mann«/Männlichkeit in bestimmten historischen, sozialen und kulturellen Kontexten zu analysieren. Indem die feministische Anthropologie nicht mehr von »Frau« als biologisch, kulturell oder sozial bestimmter Gegebenheit ausgeht, trägt sie dazu bei, Geschlechtsidentitäten und Geschlechterrollen als phallizistische Konstrukte zu bestimmen und zu unterlaufen. Damit liefert sie aber nicht nur zur Reformulierung der anthropologischen Theorie, sondern auch zur feministischen Theorie selbst einen wichtigen Beitrag.

4. Schillernde Metamorphosen

Parallel zu der skizzierten Entwicklung der feministisch orientierten Anthropologie unterlag das Fach Anthropologie insgesamt Veränderungen: Die Kulturanthropologie ist bis in die siebziger Jahre des 20. Jahrhunderts eine empirische Wissenschaft gewesen, die durch Beobachtung und Erfahrung Daten sammelte, diese systematisierte und im festen Glauben war, die »tatsächlichen« Wirklichkeiten fremder Kulturen adäquat zu beschreiben und wiederzugeben. Das änderte sich mit den semiotisch orientierten Arbeiten von Clifford Geertz,[15] der die Kulturanthropologie als hermeneutische Textwissenschaft und ihren Gegenstand, die fremde Kultur, als schwer lesbares, unverständliches Manuskript bestimmte, dessen Bedeutungsgewebe es anhand der »dichten Beschreibung« zu interpretieren gelte.[16] Damit hat Geertz in der Kulturanthropologie den sogenannten »interpretive turn« herbeigeführt, der »die szientistische, struktur-funktionalistische und linguistische Ausrichtung der Ethnologie abgelöst hat«.[17] Da uns Daten der Feldforschung nicht unabhängig von ihrer Verschriftlichung gegeben sind, sie also in gewisser Weise von Aufzeichnungsakt und -medium »abhängig« sind und von ihnen affiziert werden, hat sich die Anthropologie der achtziger Jahre intensiv mit dem Schreiben ethnographischer Texte auseinandergesetzt – statt Authentizität wird nun Literarizität der Texte betont. Folglich konzentriert sich Geertz in seinen späteren Arbeiten auf die Untersuchung des literarischen Status anthropologischer Texte: Welche Genres, welcher Stil, welche rhetorischen Figuren und Topoi werden vom Anthropologen benutzt, um *vraisemblance* zu erzeugen? Anthropologie ist für ihn Schriftstellerei, eine literarische Tätigkeit, die nicht nur das fremde, sondern in gleichem Ausmaß das eigene Ich betrifft. Geertz trägt in seinen späteren Schriften folglich zum sogenannten »*textual turn*«, zur textuellen Wende, der Anthropologie bei, die eine Engführung der Disziplinen Anthropologie/Literaturwissenschaft zur Folge hat. Allerdings stellt der Hermeneut Geertz die Fähigkeit der Sprache, Vermittlung zwischen Kulturen zu leisten und den Anderen repräsentieren zu können, nie wirklich in Frage.

Genau das tun aber die postmodernen Anthropologen, zu denen der schon genannte James Clifford, aber auch George Marcus, Michael Fischer, Vincent Crapanzano und vor allem Stephen Tyler gerechnet werden. Der hermeneutische Ansatz von Clifford Geertz wird von ihnen radikalisiert bzw. verabschiedet und so eine intensive Auseinandersetzung mit und Infragestellung der Repräsentationsmodi und des Wissenschaftsdiskurses der Anthropologie initiiert – die postmoderne Ära innerhalb der Anthropologie ist eingeläutet. Die Problematisierung von Repräsentation hat für die von der dekonstruktiven Literaturwissenschaft beeinflußten Meta-Ethnographen bzw. Post-Anthropologen weitreichende Folgen: der Glaube, daß Sprache, Filmbilder oder Photographien die Repräsentation fremder Kulturen leisten, wird verabschiedet.[18] Gegenstand der Ethnographie ist jetzt der ethnographische Text (oder das ethnographische Bild) selbst, der in Hinsicht auf seine literarischen Techniken und narrativen Verfahren untersucht wird, was in der Folge zu verstärkter Inter- bzw. Transdisziplinarität führt.[19]

Clifford vertritt die These, daß die Anthropologie ihren Gegenstand, die fremde Kultur, nicht *repräsentiert*, sondern ihn *erfindet* – Kultur ist ein Effekt von Darstellung, die ihrerseits von machtbefrachteten Diskursformationen bestimmt wird. Gegenstand der Anthropologie ist folglich nicht mehr die fremde Kultur, sondern die Darstellungsform ethnographischer Texte sowie die sie durchziehenden Machtdiskurse. Als Ideologie prangert Clifford dann jene Richtungen innerhalb der Anthropologie an, die das Schreiben zur bloßen Methode reduzieren und »von Repräsentation Transparenz und von Erfahrung Unmittelbarkeit fordert«.[20] Um nicht *über* oder *für den* »*Anderen*«, wie es die frühe, kolonialistische Anthropologie getan hat, zu sprechen, sondern ihn *selbst sprechen zu lassen*, schlägt Clifford – in Anlehnung an Bachtins Modell des polyphonen Romans – auf literarische Strategien zurückgreifende, dialogisch-plurivoke ethnographische Texte[21] vor, die gleichsam mehrere Autoren haben und in jeder Zeile »die Differenz enthüllen, die sie mit jedem Wort verbergen [...]«.[22]

Stephen Tyler löst den Begriff der Repräsentation durch den des Evozierens ab:

»*Evokation* ist weder Präsentation noch Repräsentation. Sie präsentiert kein Objekt und sie repräsentiert nichts und niemanden, sie *ruft* durch *Abwesenheit*, was *anwesen*, doch nicht repräsentiert werden kann. [...]

Die eigentliche Bedeutung dieser Ersetzung der Repräsentation durch Evokation liegt in der Befreiung der Ethnographie von aller Mimesis und der ganzen obsoleten wissenschaftlichen Rhetorik, die stets Objekte, Fakten, Deskriptionen, Induktionen, Generalisierungen, Verifikationen, Experimente und dergleichen mehr mit sich führt. [...] Das Problem liegt vielmehr im Scheitern der gesamten visualistischen Ideologie des referentiellen Diskurses mit seiner Rhetorik des Beschreibens, Vergleichens, Klassifizierens und Generalisierens sowie seiner Grundvoraussetzung der Möglichkeit und Notwendigkeit von repräsentationaler Signifikation. Es gibt in der Ethnographie keine *Dinge*, die zum Objekt der Deskription werden könnten und keine originalen Erscheinungen, die in einer Sprache der Deskription als indexikalische Objekte von Vergleich, Klassifikation und Generalisierung angesprochen werden könnten.«[23]

5. Kassandrarufe: Feministische versus postmoderne Anthropologie

Aus den skizzierten postmodernen Positionen Cliffords und Tylers ergeben sich für die Disziplin enorme Probleme, die zur heftigen Kritik an der postmodernen Anthropologie geführt haben. Zunächst wird disziplinintern in Frage gestellt, inwieweit die postmodernen theoretischen Positionen operationalisiert und methodisch fruchtbar gemacht werden können, da die Anthropologie bzw. Ethnographie bislang auf Begriffe wie Erfahrung, teilnehmende Beobachtung und Darstellung dieser eigenen Erfahrungen nicht verzichten konnte. Insbesondere wegen ihrer vorschnellen Verabschiedung des Erfahrungsbegriffs wurden die postmodernen Anthropologen von Anthropologinnen scharf kritisiert. Denn der Erfahrungsbegriff stellte lange Zeit nicht nur die Grundlage für ethnographisches Arbeiten, sondern auch für politisches Handeln von Feministinnen dar. Da der Begriff als essentialistische Kategorie massive Probleme aufwarf, wurde er neu überdacht, wobei sich die Frage stellte, wie eine feministische Politik aussehen kann, wenn die (einheitliche) »weibliche Erfahrung«, also das weibliche Subjekt selbst, einmal dekonstruiert ist. Daß aber ein von der Dekonstruktion beeinflußter Feminismus den Feminismus als solchen nicht auslöscht, sondern eine feministische Politik gerade unterstützt, weil er die Untersuchung phallozentristischer Sprach- und Denkstrukturen in den Mittelpunkt stellt, ist in letzter Zeit immer wieder betont worden.[24]

Dem Vorschlag von Henrietta L. Moore, den Erfahrungsbegriff zu dekonstruieren, schließen sich heute viele Anthropologinnen an. Sie versuchen mittels eines nicht essentialistischen, historisch differenzierten Erfahrungsbegriffs die Gefahren eines monolithischen, eurozentristischen Erfahrungsbegriffs in der Ethnographie zu umgehen.[25] Ein solch kritischer Erfahrungsbegriff ist von Teresa de Lauretis in *Alice Doesn't*[26] entwickelt worden, der gerade auch deswegen akzeptiert wird, weil er explizit politische Gesichtspunkte des Feminismus umfaßt. Unter Heranziehung von Lacan, Eco und Peirce bestimmt de Lauretis das Subjekt als prozessuales: Subjektivität ist das Ergebnis von spezifischen historischen und kulturellen Interaktionen mit der Welt, die de Lauretis »Erfahrung« nennt. »Erfahrung« ist folglich nicht festgelegt, sondern das Ergebnis der Teilnahme an sinnproduzierenden Systemen. Man ist nicht einfach »Frau«, sondern wird es durch den Umgang mit Zeichensystemen.

Ist Erfahrung aber so eng mit Zeichenpraktiken verbunden, wie hier bei de Lauretis, so wird klar, daß Tylers Frage »Was tun also mit der Behauptung einer originären Erfahrung, von der gesagt wird, daß sie dem Text vorausgeht, sich ihm einschreibt und von ihm repräsentiert wird?«[27] nicht an feministisch orientierte Anthropologinnen, die dem Modell de Lauretis' folgen, gerichtet sein kann. Und auch Hermeneuten ist heute klar, daß das Verhältnis von Text und Erfahrung kaum so banal zu denken ist, wie es die Frage Tylers impliziert.

Die von postmodernen Anthropologen für sich proklamierte kritische Selbstreflexivität in bezug auf den eigenen Diskurs und die Methodologie wird sowohl von Vertreterinnen der feministischen Anthropologie als auch der ethnologischen Frauenforschung seit langem ohne großes Aufheben praktiziert. Die Betonung der Dialogizität durch die postmodernen Anthropologen läuft – schenkt man den Kassandrarufen Glauben – letztlich Gefahr, an einer »*Western white males*«-Ideologie teilzuhaben, die im Endeffekt dazu beiträgt, den Ethnozentrismus, kolonialistische Beziehungen und ungleiche Machtverhältnisse aufrechtzuerhalten. Marilyn Strathern beispielsweise problematisiert (in diesem Band) den Anspruch postmoderner Anthropologen, die andere Kultur »erfinden« oder »evozieren« zu können. Sie gibt zu bedenken, daß gerade die feministische Debatte sich ausführlich mit den Problemen des Verstehens und Interpretierens der Erfahrung des/der

Anderen auseinandergesetzt und gezeigt hat, daß der Dialog mit der/dem Anderen bzw. der fremden Kultur immer ein Machtgefälle aufweist und daß der Vorschlag der postmodernen Anthropologen, mittels literarischer Dialogisierungsverfahren das Machtgefälle zwischen Ethnographen und Informanten abzuschwächen, wesentlich komplexere Sachverhalte vereinfacht und politische Aspekte verharmlost.

Schließlich stellt sich ganz grundsätzlich die Frage, wie eine Verschiebung des Gegenstandsbereichs, von der Erforschung der fremden Kultur und dem Anderen hin zum Schreiben und zur Textualität, sich auf die Disziplin auswirkt. Zuweilen entsteht der Eindruck, daß die von der postmodernen Anthropologie geführte Diskussion literarischer Fragen wie beispielsweise die der dialogischen Textstruktur in wenig differenzierten Aussagen endet und letztendlich in der Literaturwissenschaft besser aufgehoben wäre. Mascia-Lees, Sharpe und Cohen entlarven die von postmodernen Anthropologen geforderte Verschiebung des anthropologischen Diskurses von eher wissenschaftlichen hin zu literarischen Darstellungsformen und einer rhetorisch-figurativen Sprache, die die eine Stimme des alles kontrollierenden Autors durch eine Vielstimmigkeit ersetzen soll und so die Stimme der oder des Anderen ertönen läßt, als Naivität. Mit Roland Barthes machen sie deutlich, daß die literarischen Techniken der Fragmentierung, des Gebrauchs von Metaphorik und der Verwendung zahlreicher »points of view« nicht notwendigerweise zu offeneren Texten führen als Textstrategien klassischer Texte (z. B. die einheitliche Erzählstimme).

In jedem Fall hätten postmoderne Anthropologen gut daran getan, sich mit der feministischen Theoriebildung auseinanderzusetzen, anstatt sie als irrelevant abzutun. So haben beispielsweise in der Literaturwissenschaft dekonstruktive Feministinnen wie Cynthia Chase, Shoshana Felman, Barbara Johnson und Gayatri Spivak, aufbauend auf den Ergebnissen des »French Feminism« einer Luce Irigaray oder Julia Kristeva, gezeigt, was es heißt, ernsthaft über Sprache, die textuelle Konstitution von Welt, die rhetorische Verfaßtheit der Geschlechter und über die verdrängte, Identität aber allererst ermöglichende Differenz nachzudenken.[28] Verglichen mit dem Argumentationsniveau und der Differenziertheit der Theoriebildung dieser feministischen Debatte, scheinen die Überlegungen der postmodernen Anthropologen oft in den Kinderschuhen zu stecken und allenfalls proklamatorischen Charakter zu haben. Hinter das einmal erreichte differenzierte theoretische Niveau sollte man jedoch nicht zurückfallen – dafür plädieren die hier versammelten Aufsätze der Anthropologinnen.

Der Beitrag von Sherry B. Ortner hat die *gender*-Diskussion innerhalb der angloamerikanischen Anthropologie gerade wegen seiner provokativen, auf Simone de Beauvoir zurückgehenden Universalthese, daß Frauen in allen Kulturen einen niedrigeren Status hätten als Männer, in den siebziger Jahren neu entfacht. Carol MacCormack nimmt auf Ortner Bezug und entlarvt die eurozentrischen Grundlagen ihrer These. Henrietta L. Moores feministisch-dekonstruktiver Ansatz ist zentral, wenn es um das kritische Hinterfragen bestehender anthropologischer Kategorien und die Neuinterpretation fremder Kulturen geht. Der Beitrag Cliffords wurde in den Band aufgenommen, um dem deutschsprachigen Publikum die laufende amerikanische Anthropologie-Debatte in ihrer Vielfalt vorzuführen (Texte von Tyler sind bereits ins Deutsche übersetzt) und damit einen der Texte zugänglich zu machen, die zentral für die neue kritische, selbstreflexive Richtung der Anthropologie sind. Paul Rabinows Beitrag ist insofern wichtig, als er die Entwicklung von Modernität zu Post-Modernität in der Anthropologie skizziert, Clifford Geertz' interpretative Anthropologie gegen die textualistische Meta-Anthropologie von James Clifford absetzt und Machtverhältnisse und ethische Fragen der Anthropologie diskutiert. Außerdem setzt er sich in seinem Beitrag kritisch mit Cliffords und Stratherns Beiträgen auseinander, wobei Strathern ihrerseits wieder auf Rabinow und dessen Aussage, er könne wegen seines biologischen Geschlechts nicht am Feminismus teilhaben, Bezug nimmt. Judith Stacey setzt sich mit der Frage auseinander, ob eine feministische Ethnographie überhaupt möglich ist. Die Annahme vieler Ethnographinnen, aufgrund ihres Geschlechts und der ihm zugeschriebenen Stärken wie Einfühlungsvermögen und menschliche Anteilnahme einen besseren Zugang zu Informantinnen zu haben, wird als problematisch vorgeführt, da die Informantin der Ausbeutung und dem Verrat durch die Ethnographin stärker ausgesetzt ist, als sie das durch positivistische ethnographische Methoden wäre. Marilyn Strathern geht in ihrem Aufsatz den Gründen für das »schiefe« Verhältnis von Feminismus und Anthropologie nach, das insofern überrascht, als die beiden Disziplinen aufgrund ihrer gemeinsamen Interessen und Ziele eigentlich kollaborieren müßten. Im letzten Beitrag des Bandes wird Strathern ihrerseits von Frances E. Mascia-Lees, Patricia Sharpe und Colleen Ballerino Cohen wegen ihrer, wie die Autorinnen finden, irritierenden Verwendung des »Anderen« (den Strathern häufig durch »Mann« konkretisiere) kritisiert. Die drei Autorinnen plädieren für eine stärkere Berücksichtigung der feministischen Theorie innerhalb der Anthropologie, gerade weil sie hinsichtlich der ethischen Fragen, die die ethnographische Situation aufwirft, Wesentliches beizusteuern hat. Dieser letzte Beitrag des Bandes nimmt auf fast alle anderen Bezug, so daß eine vielstimmige, durch zahlreiche Querverbindungen verdichtete Diskussion zustande kommt.

Daß diese aktuelle Debatte vor allem in Amerika und England geführt wird, erklärt sich aus der unterschiedlichen Entwicklung der Disziplin Anthropologie im englisch- und deutschsprachigen Raum. Nur in Amerika und England konnte sich die Anthropologie respektive Kultur- und Sozialanthropologie als eine Disziplin mit hohen Studentenzahlen etablieren, die insgesamt auf ein breites Interesse stößt. Im deutschsprachigen Raum ist die Ethnologie, die nur einen Teil der Arbeitsgebiete der angloamerikanischen Anthropologie umfaßt, bis heute eher ein »Orchideenfach« geblieben.

Als problematisch erweist sich die Übersetzung des Begriffs ›anthropology‹ ins Deutsche: Gibt man ihn mit ›Ethnologie‹ wieder, so benennt man damit lediglich einen Ausschnitt dessen, was ›anthropology‹ in der angloamerikanischen Wissenschaftstradition bezeichnet – nämlich eine »Integrativwissenschaft für alle Wissenschaften vom Menschen«,[29] die erstens die Physische oder Biologische Anthropologie (Evolution, Primatologie, Biologie etc.), zweitens die Archäologie (prähistorische und historische) und drittens die Kulturanthropologie, also Ethnographie, Ethnologie und Vergleichende Linguistik umfaßt.[30]

Im vorliegenden Band wird der deutsche Begriff »Anthropologie« benutzt, auch wenn die Gefahr besteht, daß deutschsprachige Leserinnen und Leser eine spezifisch deutsche Ausrichtung der Disziplin assoziieren: die Philosophische Anthropologie,[31] die im 18. Jahrhundert mit Immanuel Kants Überlegungen ihren Ausgangspunkt hat, sich im 19. Jahrhundert als Zweig der Philosophie etabliert und eine allgemeine Lehre vom Menschen darstellt.[32] Im 20. Jahrhundert wird die Philosophische Anthropologie in Deutschland von Karl Löwith, Max Scheler, Arnold Gehlen und Helmuth Plessner weiterentwickelt. Anders als die Kulturanthropologie setzt sie sich aber nicht auf der Grundlage eines Kulturvergleiches mit der Alterität fremder Kulturen und Menschen auseinander,[33] sondern fragt ganz allgemein nach dem Wesen des Menschen.[34]

Anmerkungen

1 Laura Bohannan, *Return to Laughter*, New York 1954; dt. Berlin 1984.

2 Laura und Paul Bohannan, *The Tiv of Central Nigeria*, London 1953.

3 Vgl. auch den gemeinsamen Aufsatz Judith Staceys und Barrie Thornes, »The Missing Feminist Revolution in Sociology«, in: *Social Problems*, 32/4 (1985), S. 301–316.

4 Vgl. v. a. Margaret Mead, *Sex and Temperament in Three Primitive Societies*, New York 1935 und dies., *Male and Female*, New York 1949.

5 Vgl. Clifford in diesem Band, S. 104.

6 Aus dem deutschsprachigen Bereich lassen sich beispielsweise Caecilie Seler-Sachs und Hilde Thunwald anführen, die ihre Männer zu Forschungsaufenthalten begleiteten und so eigene ethnographische Untersuchungen durchführen konnten. Vgl. Hauser-Schäublin (Hg.), *Ethnologische Frauenforschung*, Berlin 1991. Siehe auch Rosemarie Kullik, *Frauen »gehen fremd«: Eine Wissenschaftsgeschichte der Wegbereiterinnen der deutschen Ethnologie*, Bonn 1990.

7 Moore in diesem Band, S. 88.

8 Einen Überblick über die Entwicklung feministischer Ansätze gibt auch Micaela di Leonardos Einleitung »Introduction: Gender, Culture, and Political Economy. Feminist Anthropology in Historical Perspective« in dem von ihr herausgegebenen Band *Gender at the Crossroads of Knowledge: Feminist Anthropology in the Postmodern Era*, Berkeley, Los Angeles und Oxford 1991, S. 1–48.

9 M. Z. Rosaldo, L. Lamphere (Hg.), *Women, Culture, and Society*, Stanford/Cal. 1974.

10 Zur Entwicklung des Begriffs *gender* vgl. Renate Hof, »*Gender and Difference*: Paradoxieprobleme des Unterscheidens«, in: *Amerikastudien*, 37/3 (1992), S. 437–449.

11 Henrietta L. Moore, *Feminism and Anthropology*, Cambridge 1988, S. 187. Vgl. auch Susanne Günthner, Helga Kotthoff (Hg.), *Von fremden Stimmen*, Frankfurt am Main 1991, Einleitung.

12 Das hatte Mary Douglas initiiert, vgl. *Purity and Danger*, London 1966.

13 Vgl. M. Z. Rosaldo, »The Use and Abuse of Anthropology: Reflections on Feminism and Cross-cultural Understanding«, in: *Signs*, 5/3 (1980), S. 389–417.

14 Auch im deutschsprachigen Raum gibt es zahlreiche feministisch arbeitende Anthropologinnen, die Dekonstruktion scheint jedoch keine so große Rolle zu spielen, wie sie das bei den hier vorgestellten angloamerikanischen Kultur- bzw. Sozialanthropologinnen tut. Vertreterinnen der aktuellen deutschsprachigen Forschungsrichtungen stellt Brigitta Hauser-Schäublin, a. a. O., vor: neben ihrem eigenen Beitrag enthält der Band Beiträge von Maya Nadig, Judith Schlehe und Florence Weiss; vgl. weiter Maya Nadig, *Die verborgene Kultur der Frau*, Frankfurt am Main 1986; sowie die »Bielefelder Soziologinnen« (Veronika Bennholdt-Thomsen ist in Hauser-Schäublins Sammelband vertreten). Zu Themenbereichen der anthropologischen Linguistik arbeiten in Deutschland zum Beispiel Susanne Günthner und Helga Kotthoff (vgl. ihre Beiträge in dem von ihnen herausgegebenen Band *Von fremden Stimmen*, a. a. O.).

15 Geertz, *Dichte Beschreibung*, Frankfurt am Main 1987 und ders., *Die künstlichen Wilden*, München und Wien 1990.

16 Geertz, *Dichte Beschreibung*, a. a. O., S. 9–15.

17 Doris Bachmann-Medick, »›Writing Culture‹ – ein Diskurs zwischen Ethnologie und Literaturwissenschaft«, in: *kea*, 4 (1992), S. 1–20, hier S. 4.

18 In der Literaturwissenschaft haben die Arbeiten Jacques Derridas, insbesondere seine Platon-Lektüre, zur Problematisierung eines Schriftbegriffs geführt, der auf Repräsentation einer »entfernten, abwesenden Präsenz« und Transparenz des »Transportmittels« beruht sowie auf einer hermeneutischen Vorstellung von Interpretation, die in der Lage sei, einen ursprünglichen Sinn zu aktualisieren. Vgl. Jacques Derrida, *Die Schrift und die Differenz*, Frankfurt am Main 1972; ders., *Grammatologie*, Frankfurt am Main 1974; ders., *Randgänge der Philosophie*, Frankfurt am Main, Berlin und Wien 1976; ders., *Die Stimme und das Phänomen*, Frankfurt am Main 1979. Die oben als Zitate gekennzeichneten Textstellen beziehen sich auf die sehr gute Zusammenfassung der textwissenschaftlichen Überlegungen Derridas von Bettine Menke, siehe dies., »Dekonstruktion – Lektüre: Derrida literaturtheoretisch«, in: Klaus-Michael Bogdal (Hg.), *Neue Literaturtheorien*, Opladen 1990, S. 235–264, hier S. 237. Vgl. auch Jonathan Culler, *Dekonstruktion*, Reinbek bei Hamburg 1988, v. a. S. 99–123.

19 Vgl. James Clifford, George E. Marcus (Hg.), *Writing Culture*, Berkeley, Los Angeles und London 1986. Der Sammelband umfaßt Beiträge der postmodernen Anthropologen und hat in den USA zu einer intensiv geführten Debatte innerhalb der Human- und Sozialwissenschaften hinsichtlich ihres problematisch gewordenen Gegenstands, der Kultur, zu einer Neubestimmung der Disziplin geführt. Dies läßt sich besonders gut an der gegenseitigen Beeinflussung von Anthropologie und Literaturwissenschaft demonstrieren. Vgl. James Clifford in diesem Band sowie den führenden Vertreter des »New Historicism«, Stephen Greenblatt (*Renaissance Self-Fashioning*, Chicago und London 1980), dessen Interpretationen des englischen Renaissance-Dramas auf Theoriebildungen der Anthropologie zurückgreifen. Vgl. auch James Clifford, *The Predicament of Culture*, Cambridge/Mass. 1988.

20 Clifford in diesem Band, S. 104.

21 Der Aufsatz »Ethnographies as Texts« von George E. Marcus und Dick Cushman (in: *Annual Review of Anthropology*, 11 [1982], S. 25–69) hat die Diskussion um die Literarizität ethnographischer Texte wesentlich beeinflußt.

22 Stephen Tyler, *Das Unaussprechliche*, München 1991, S. 97.

23 Ebd., S. 191 und S. 198–199.

24 Vgl. Barbara Vinken, »Die Ver-rückung der Geschlechter«, in: *Frankfurter Rundschau* vom 10. 9. 1991.

25 Vgl. Judith Okely, Helen Callaway (Hg.), *Anthropology and Autobiography*, London und New York 1992, darin: Judith Okely, »Anthropology and Autobiography: Participatory Experience and Embodied Knowledge«, S. 1–28 und Helen Callaway, »Ethnography and Experience: Gender Implications in Fieldwork and Texts«, S. 29–49.

26 Teresa de Lauretis, *Alice Doesn't*, Bloomington 1984, S. 1–11 und 158–186, hier S. 182: »I have then sought to define experience more accurately as a complex of habits resulting from the semiotic interaction of ›outer world‹ and ›inner world‹, the continuous engagement of a self or subject in social reality.«

27 Tyler, a. a. O., S. 96.
28 Texte wichtiger Vertreterinnen dieser relativ neuen, in Amerika entwickelten Forschungsrichtung liegen auf deutsch vor: Barbara Vinken (Hg.), *Dekonstruktiver Feminismus*, Frankfurt am Main 1992.
29 Einleitung der Herausgeber Erika und Justin Stagl von Frank Robert Vivelo, *Handbuch der Kulturanthropologie*, Nördlingen 1988, S. 13.
30 Vivelo, a. a. O., S. 43.
31 Vgl. Michael Landmann, *Philosophische Anthropologie*, Berlin 1955, sowie Odo Marquard, *Schwierigkeiten mit der Geschichtsphilosophie*, Frankfurt am Main 1973.
32 Vgl. Marquard, a. a. O., S. 122–144.
33 Alfred Schütz' »Der Fremde« (in: ders., *Gesammelte Aufsätze*, Den Haag 1972, S. 53–69) stellt hier eine Ausnahme dar.
34 Deutschsprachige Literaturwissenschaftler assoziieren in jüngster Zeit mit dem Begriff Anthropologie auch Arbeiten zur literarischen Anthropologie von Wolfgang Iser (*Das Fiktive und das Imaginäre. Perspektiven einer literarischen Anthropologie*, Frankfurt am Main 1991; ders., *Fingieren als Anthropologische Dimension der Literatur*, Konstanz 1990) und Helmut Pfotenhauer (*Literarische Anthropologie*, Stuttgart 1987). Im Unterschied zu ihrem amerikanischen Kollegen Stephen Greenblatt sind Iser und Pfotenhauer aber von den Forschungsergebnissen der angloamerikanischen Kulturanthropologie, etwa der eines Clifford Geertz, nicht beeinflußt.

Sherry B. Ortner

Verhält sich weiblich zu männlich wie Natur zu Kultur?[*1]

Die Anthropologie schöpft ihre Kreativität zu einem großen Teil aus der Spannung zwischen zwei unterschiedlichen Ansprüchen: zum einen menschliche Universalien zu erklären und zum anderen kulturelle Besonderheiten. In diesem Rahmen ist die Frau eines der schwierigsten Probleme, mit denen wir uns auseinandersetzen müssen. Der sekundäre Status der Frau in der Gesellschaft gehört zu den echten Universalien, er ist eine pankulturelle Tatsache. Doch innerhalb dieser universalen Tatsache sind die kulturspezifischen Vorstellungen von der Frau und ihre Symbolisierungen außerordentlich vielfältig und sogar widersprüchlich. Zudem variieren die tatsächliche Behandlung der Frau, ihre relative Macht und ihre Leistungen von Kultur zu Kultur und in unterschiedlichen Epochen bestimmter Kulturen ganz beträchtlich. Beide Aspekte – die universale Tatsache und die kulturelle Variante – erzeugen Probleme, die erklärt werden müssen.

Mein Interesse an diesem Problem geht natürlich über den rein akademischen Aspekt hinaus: Ich habe eine tatsächliche Veränderung vor Augen, eine soziale und kulturelle Ordnung, in der die Bandbreite menschlicher Möglichkeiten Frauen ebenso offensteht wie Männern. Die universale Tatsache der Unterordnung der Frau, die es in jedem Typ sozialer und wirtschaftlicher Organisationen und in Gesellschaften von unterschiedlichster Komplexität gibt, läßt annehmen, daß wir es mit etwas sehr Tiefliegendem, sehr Beharrlichem zu tun haben, mit etwas, das wir nicht einfach ausrotten können, indem wir ein paar Aufgaben und Rollen im sozialen System oder die gesamte ökonomische Struktur umorganisieren. In meinem Aufsatz versuche ich, die Logik bloßzulegen, die der kulturellen Vorstellung von der Unterlegenheit der Frau innewohnt; ich versuche zu zeigen, wie überzeugend diese Logik ist, denn wäre sie nicht so überzeugend, würden die Men

* Original: »Is Female to Male as Nature Is to Culture?«, in: Michelle Zimbalist Rosaldo und Louise Lamphere (Hg.), *Women, Culture, and Society*, Stanford 1974, S. 67–87.

schen nicht bis heute an ihr festhalten. Doch ich versuche auch, die sozialen und kulturellen Ursprünge dieser Logik aufzudecken und zu zeigen, wo die Möglichkeiten für eine Veränderung liegen.

Zunächst müssen die unterschiedlichen Ebenen des Problems bestimmt werden, denn ansonsten kann es zu erstaunlichen Verwirrungen kommen. So können wir zum Beispiel, je nachdem, welchen Aspekt der chinesischen Kultur wir betrachten, jeweils völlig unterschiedliche Mutmaßungen über den Status der Frau in China anstellen. In der Ideologie des Taoismus sind *yin*, das weibliche Prinzip, und *yang*, das männliche Prinzip, gleichgewichtig: »die Opposition, das Alternieren und die Interaktion dieser beiden Kräfte läßt alle Phänomene im Universum entstehen.«[2] Daraus können wir schließen, daß beide Geschlechter in der allgemeinen Ideologie der chinesischen Kultur gleichermaßen geschätzt werden.[3] Legen wir dagegen die soziale Struktur zugrunde, dann sehen wir das stark betonte patrilineare Abstammungsprinzip, die Wichtigkeit von Söhnen und die absolute Autorität des Vaters in der Familie. Das könnte zu dem Schluß führen, daß China eine archetypische patriarchale Gesellschaft ist. Wenn wir dann die tatsächliche Rollenverteilung und die Ausübung von Macht und Einfluß betrachten sowie die materiellen Beiträge, die Frauen in die chinesische Gesellschaft einbringen – und die bei genauerer Betrachtung recht wesentlich sind –, dann würden wir sagen, daß Frauen ein großer Anteil an (unausgesprochenem) Status im System zugestanden wird. Oder noch anders: Wir könnten unser Augenmerk darauf richten, daß die zentrale (am meisten verehrte, am meisten abgebildete) Gottheit im chinesischen Buddhismus eine Göttin ist, Kuan Yin, und könnten uns dadurch zu der Aussage verleiten lassen, daß China tatsächlich eine Art des Matriarchats ist, eine Aussage, die schon häufig über prähistorische und frühgeschichtliche Gesellschaften mit Göttinnenverehrung gemacht wurde. Kurz gesagt – wir müssen uns vollkommen klar darüber sein, *was* wir zu erklären versuchen, bevor wir es erklären.

Wir können drei verschiedene Ebenen des Problems unterscheiden:

1. Die universale Tatsache, daß Frauen in jeder Gesellschaft den sekundären Status kulturell zugewiesen bekommen. – Hier sind zwei Fragen von Bedeutung. Erstens, was meinen wir damit; wie können wir beweisen, daß es eine universale Tatsache ist? Und zweitens, wie erklären wir diese Tatsache, wenn wir sie einmal als solche behauptet haben?

2. Spezifische Ideologien, Symbolisierungen und sozio-strukturelle Ordnungen, die die Frauen betreffen und die von Kultur zu Kultur große Un-

terschiede aufweisen. – Das Problem auf dieser Ebene liegt darin, daß für jeden einzelnen Bereich der Kultur Erklärungen gefunden werden müssen, die für diese Gruppe spezifisch sind – es ist die für anthropologische Analysen übliche Ebene.

3. Details betreffs der Aktivität, Leistung, Macht, Einfluß usw. von Frauen, die vor Ort beobachtet werden können und häufig von der kulturellen Ideologie abweichen, dabei jedoch immer eingeschränkt sind durch die Voraussetzung, daß Frauen in dem Gesamtsystem niemals eine übergeordnete Stelle einnehmen können. – Dieses ist die Ebene der direkten Beobachtung, die heute oft von feministisch orientierten Anthropologinnen eingesetzt wird.

Mein Aufsatz setzt sich primär mit der ersten Ebene auseinander, mit dem Problem der universalen Abwertung der Frau. Die Analyse hängt nicht von kulturspezifischen Daten ab, sondern eher von einer Analyse der »Kultur«, die übergreifend als ein bestimmter Prozeß in der Welt aufgefaßt wird. Eine Diskussion der zweiten Ebene, der des Problems von kulturvergleichenden Varianten des Frauenbilds und der damit zusammenhängenden Bewertung von Frauen, erfordert intensive kulturvergleichende Forschungsarbeit und muß daher auf einen späteren Zeitpunkt vertagt werden. Was die dritte Ebene betrifft, so wird mein Ansatz zeigen, daß ich es für falsch halte, sich nur auf die tatsächlichen, von der Kultur nicht anerkannten und unterbewerteten Machtbereiche von Frauen in einer beliebigen Gesellschaft zu konzentrieren, ohne zuerst die alles umfassende Ideologie und die tieferliegenden Voraussetzungen der Kultur zu verstehen, die solche Machtbereiche als unbedeutend erscheinen lassen.

1. Die Universalität weiblicher Unterordnung

Was meine ich damit, wenn ich sage, daß Frauen überall, in jeder uns bekannten Kultur, in gewissem Maße als dem Mann unterlegen angesehen werden? Zuerst muß ich betonen, daß ich über *kulturelle* Bewertungen rede; ich sage, daß jede Kultur auf die ihr eigene Weise und unter den ihr eigenen Bedingungen diese Bewertung durchführt. Doch was gilt als Beweis dafür, daß eine bestimmte Kultur Frauen als unterlegen ansieht?

Drei Typen von Daten würden ausreichen: 1. Elemente einer kulturellen Ideologie und Aussagen von Informanten, die Frauen *explizit* abwerten und ihnen, ihren Rollen, ihren Aufgaben, ihren Erzeugnissen und ihren sozialen

Milieus weniger Prestige einräumen, als sie Männern und den männlichen Korrelaten zugestanden werden; 2. symbolische Verfahren, so wie die Zuschreibung von Unreinheit, die als *implizite* Aussagen über minderen Wert interpretiert werden können; und 3. soziostrukturelle Ordnungen, die Frauen von der Teilhabe an oder vom Kontakt mit einem Bereich ausschließen, in der die höchsten Autoritäten der Gesellschaft angesiedelt zu sein scheinen.[4] Diese drei Typen können natürlich in einzelnen Systemen miteinander zusammenhängen, was aber nicht notwendig der Fall sein muß. Weiterhin würde jeder einzelne Punkt in der Regel ausreichen, um nachzuweisen, daß Frauen in der untersuchten Kultur einen untergeordneten Platz einnehmen. Der Ausschluß von Frauen aus den heiligsten Riten oder dem höchsten politischen Rat ist sicherlich beweiskräftig. Eine explizite kulturelle Ideologie, die Frauen abwertet (sowie ihre Aufgaben, Erzeugnisse usw.), ist beweiskräftig. Symbolische Indikatoren wie Unreinheit sind in der Regel beweiskräftig, wenn auch in einigen wenigen Fällen, in denen Männer und Frauen einander gleichermaßen als unrein bezeichnen, ein weiterer Beweis erforderlich ist – der, wie meine Untersuchungen ergeben haben, auch immer erbracht werden kann.

Aufgrund eines oder aller dieser Punkte würde ich einfach behaupten, daß die Frauen den Männern in jeder bekannten Gesellschaft untergeordnet sind. Die Suche nach einer tatsächlich gleichberechtigten, geschweige denn matriarchalen Kultur hat sich als fruchtlos erwiesen. Ein Beispiel aus einer Gesellschaft, die traditionellerweise auf der Habenseite angesiedelt wurde, wird ausreichen. Unter den matrilinearen Crow hatten Frauen, wie Lowie feststellt, »hochgeachtete Ämter im Sonnentanz inne; sie konnten der Tabakzeremonie vorstehen und, wenn überhaupt, spielten sie darin eine herausragendere Rolle als die Männer. Manchmal hatten sie die Funktion der Gastgeberin beim ›Fest für gekochtes Fleisch‹, und sie waren nicht vom Schwitzen oder aus der Medizin oder aus der Suche nach einer Vision ausgeschlossen.«[5] Dennoch: »Frauen ritten früher [während der Menstruation] schlechtere Pferde, und offensichtlich drohten sie eine Quelle der Ansteckung zu sein, denn es war ihnen verboten, sich einem verletzten Mann zu nähern oder Männern, die sich auf einen Kriegszug vorbereiteten. Es hält sich bis heute noch ein Tabu, das ihnen verbietet, zu dieser Zeit in die Nähe von heiligen Gegenständen zu kommen.«[6] Weiter nennt Lowie, bevor er die Rechte der Frauen auf die Teilhabe an den verschiedenen obengenannten Ritualen aufzählt, ein spezielles Paket mit einer Sonnentanzpuppe, das

Frauen nicht auspacken durften.[7] Verfolgen wir diese Spur, dann treffen wir auf folgendes: »Allen Informanten von Lodge Grass und den meisten anderen zufolge hatte die Puppe, die Wrinkled-Face gehörte, nicht nur über alle anderen Puppen den Vorsitz, sondern auch über die gesamte andere Medizin der Crow [...] Diese spezielle Puppe durfte nicht von einer Frau berührt werden.«[8]

Kurz gesagt sind die Crows wahrscheinlich ein ganz typischer Fall. Ja, Frauen haben eine bestimmte Macht und Rechte, durch die sie hier relativ hohe Positionen ausfüllen. Doch letztendlich wird eine Grenze gezogen: Menstruation ist eine Bedrohung für die Kriegführung, eine der am höchsten geschätzten Institutionen des Stammes, die eine zentrale Rolle für ihre Selbstdefinition spielt; und das heiligste Objekt des Stammes ist für den direkten Blick der Frauen und ihre Berührung ein Tabu.

Ähnliche Beispiele ließen sich beliebig lange fortsetzen, doch ich denke, daß wir nicht länger beweisen müssen, daß weibliche Unterordnung eine kulturelle Universalie ist, vielmehr müßten diejenigen, die diesen Punkt bestreiten, Gegenbeispiele erbringen. Ich werde den universalen sekundären Status von Frauen als Tatsache ansehen und von hier aus fortfahren.

2. Natur und Kultur[9]

Wie läßt sich die universale Abwertung von Frauen erklären? Wir könnten den Fall als biologischen Determinismus auf sich beruhen lassen. Es gibt etwas, was der männlichen Gattung genetisch gegeben ist – so würden die biologischen Deterministen behaupten –, das diese naturbedingt zum überlegenen Geschlecht macht. Dieses »Etwas« fehlt den Frauen, und daraus folgt, daß Frauen nicht nur natürlich untergeordnet, sondern auch recht zufrieden mit ihrer Position sind, da diese ihnen Schutz gewährt und die Möglichkeit bietet, ihre mütterlichen Freuden voll auszukosten, die für sie die wirklich befriedigenden Erlebnisse im Leben sind. Ohne mich auf eine detaillierte Gegenargumentation einzulassen, ist es dennoch korrekt zu behaupten, daß es dieser Position zur Zufriedenheit fast aller Personen im Umkreis der akademischen Anthropologie nicht gelungen ist, sich durchzusetzen. Das bedeutet nicht, daß biologische Faktoren irrelevant sind oder daß Männer und Frauen nicht verschieden sind, sondern es heißt, daß diese Tatsachen und Unterschiede nur im Rahmen kulturell definierter Wertsysteme die Bedeutung von »übergeordnet«/»untergeordnet« erhalten.

Wenn wir uns auf den biologischen Determinismus nicht einlassen wollen, so können wir, wie mir scheint, nur einen Weg gehen. Wir müssen versuchen, die Unterordnung der Frau im Kontext anderer Universalien zu betrachten, von Faktoren, die sich in der Struktur der allgemeinsten Situation aller Menschen, gleich welcher Kultur, finden. Zum Beispiel hat jeder Mensch einen physischen Körper und einen über das Physische hinausgehenden Verstand, er ist Teil einer Gesellschaft mit anderen Individuen und Erbe einer kulturellen Tradition, und er muß sich auf irgendeine Beziehung, wie indirekt sie auch sein mag, mit der »Natur« bzw. mit dem nichtmenschlichen Bereich einlassen, um zu überleben. Jeder Mensch wird geboren (von einer Mutter) und stirbt schließlich, von jedem nimmt man an, daß er an seinem persönlichen Überleben interessiert ist, und eine Gesellschaft/eine Kultur hat ihr eigenes Interesse an (oder zumindest eine Neigung zu) Kontinuität und Überleben, das über Leben und Tod einzelner Individuen hinausgeht. Und so weiter. Es ist der Bereich solcher Universalien der menschlichen Existenz, wo wir nach einer Erklärung für die universale Tatsache der Abwertung der Frau suchen müssen.

Ich übersetze das Problem somit in die folgende simple Frage: Was könnte es in einer überall anzutreffenden Struktur und unter Existenzbedingungen, die jeder Kultur eigen sind, geben, das jede Kultur dazu bringen würde, Frauen mit einem niedrigeren Wert zu besetzen? Genau formuliert lautet meine These, daß die Frau mit etwas identifiziert wird – oder, wenn man will, das Symbol von etwas ist –, das jede Kultur abwertet, etwas, das jede Kultur auf einer niedrigeren Existenzstufe ansetzt als sich selbst. Nun scheint es so, daß es nur eine Sache gibt, auf die diese Beschreibung zutreffen würde, und das ist die »Natur« in ihrer allgemeinsten Bedeutung. Jede Kultur oder »Kultur« allgemein befindet sich in dem Prozeß, Systeme bedeutungstragender Formen (Symbole, Artefakte usw.) hervorzubringen und zu erhalten, mit deren Hilfe die Menschheit über die Gegebenheiten der natürlichen Existenz hinausgeht, sie ihren Zwecken anpaßt, sie in Einklang mit ihren Interessen kontrolliert. So können wir die Kultur allgemein mit dem Begriff des menschlichen Bewußtseins oder mit den Erzeugnissen des menschlichen Bewußtseins (d. h. mit Systemen des Denkens und der Technologie) gleichsetzen, mit deren Hilfe die Menschheit versucht, sich die Kontrolle über die Natur zu sichern.

Nun sind die Kategorien »Natur« und »Kultur« natürlich begriffliche Kategorien; in der realen Welt lassen sich keine Grenzen zwischen diesen beiden Zuständen oder Lebensbereichen finden. Und es ist unbestritten, daß einige Kulturen eine viel stärkere Opposition zwischen den beiden Kategorien formulieren als andere; es wurde sogar die These aufgestellt, daß primitive Völker (einige oder alle) keinen Unterschied zwischen dem menschlichen Kulturzustand und dem Naturzustand sehen oder wahrnehmen. Dennoch würde ich behaupten, daß die Universalität von Ritualen beweist, daß alle menschlichen Kulturen von einer spezifisch menschlichen Fähigkeit ausgehen, auf die Gegebenheiten der natürlichen Existenz einzuwirken und sie zu lenken, anstatt sich passiv in ihnen zu bewegen und von ihnen bewegt zu werden. Im Ritual, der gezielten Manipulation von Gegebenheiten zur Regulierung und Aufrechterhaltung von Ordnung, erklärt jede Kultur, daß die angemessenen Beziehungen zwischen dem menschlichen Dasein und den Naturkräften auf dem Einsatz spezieller Kräfte der Kultur beruhen. Auf diese Weise werden alle Prozesse der Welt und des Lebens gelenkt.

Ein Bereich kulturellen Denkens, wo diese Punkte häufig ausgesprochen werden, ist der Bereich der Konzepte von Reinheit und Unreinheit. Buchstäblich jede Kultur hat irgendwelche Ansichten darüber, die zu einem großen Teil (wenn auch natürlich nicht vollständig) mit der Beziehung zwischen Kultur und Natur zusammenzuhängen scheinen.[10] Eine verbreitete Folge der Vorstellung von Reinheit und Unreinheit, der kulturvergleichend wirksam ist, ist die Idee von der natürlichen »Ansteckung« durch die Unreinheit: Sich selbst überlassen, breitet die Unreinheit sich (die zu diesem Zweck grob mit den unkontrollierten Prozessen natürlicher Energien gleichgesetzt wird) aus und bezwingt alles, was mit ihr in Kontakt kommt. Das scheint verwirrend – denn wenn die Unreinheit so stark ist, wie kann dann irgend etwas gereinigt werden? Warum wird die oder der Reinigende nicht selbst unrein? Behalten wir den gegenwärtigen Gang der Argumentation bei, so lautet die Antwort, daß die Reinigung in einem rituellen Kontext stattfindet. Das Reinigungsritual als gezielte Aktivität, die eine selbstbewußte (symbolische) Handlung gegen natürliche Energien einsetzt, ist stärker als diese Energien.

Wie dem auch sei, mein Argument lautet einfach so, daß jede Kultur implizit einen Unterschied zwischen der Handlung der Natur und der Handlung der Kultur (des menschlichen Bewußtseins und seiner Produkte) feststellt und bestätigt, und weiter: Die Eigenart der Kultur beruht eben auf der Tatsache, daß sie in den meisten Fällen natürliche Bedingungen überschreiten und diese zu ihren Zwecken einsetzen kann. So bestätigt sich Kultur (d. h. jede Kultur) auf irgendeinem Bewußtseinsgrad nicht nur als von der Natur unterschieden, sondern auch als ihr überlegen, und dieses Bewußtsein der Unterschiedlichkeit und der Überlegenheit beruht genau auf der Fähigkeit, Natur zu transformieren, sie zu »sozialisieren« und zu »kultivieren«.

Um zur Frauenfrage zurückzukehren – der pankulturelle Status der Frau als zweitklassig könnte ganz einfach durch die These erklärt werden, daß Frauen mit der Natur identifiziert oder symbolisch mit ihr in Verbindung gebracht werden, im Gegensatz zu Männern, die mit der Kultur assoziiert werden. Da es schon immer das Ziel der Kultur war, sich die Natur unterzuordnen und sie zu transzendieren, würde sie es als »natürlich« ansehen, sich Frauen, würden sie als ein Teil der Natur betrachtet, unterzuordnen, um nicht zu sagen: sie zu unterdrücken. Wenngleich diese These von beachtlicher Überzeugungskraft ist, so scheint sie den Fall jedoch zu vereinfachen. Die Formulierung, die ich im folgenden verteidigen und ausführen möchte, lautet folgendermaßen: Frauen werden »nur« als der Natur näherstehend angesehen als Männer. Das heißt die Kultur (die immer noch relativ eindeutig mit Männern gleichgesetzt wird) erkennt, daß Frauen aktiv an bestimmten kulturellen Prozessen teilhaben, und zugleich meint sie, daß Frauen mit der Natur verwurzelter oder direkter mit ihr verbunden sind.

Diese Korrektur mag unwesentlich oder sogar trivial wirken, doch ich glaube, daß sie die kulturelle Voraussetzung richtiger darlegt. Auch hat die Argumentation, die von diesem Standpunkt aus geführt wird, einige analytische Vorteile gegenüber der simpleren Formulierung; ich werde später darauf eingehen. Hier genügt es zu betonen, daß die korrigierte These noch immer die pankulturelle Abwertung der Frauen erklären würde, denn selbst wenn Frauen nicht mit der Natur gleichgesetzt werden, so werden sie dennoch als Repräsentantinnen einer niedrigeren Daseinsform angesehen, als weniger befähigt, die Natur zu überschreiten. Meine nächste Aufgabe liegt also darin, die Gründe für dieses Bild von der Frau herauszufinden.

3. Warum denkt man, die Frau stehe der Natur näher als der Mann?

Natürlich beginnt alles mit dem Körper und den natürlichen Fortpflanzungsfunktionen, die ausschließlich die Frau innehat. Für eine Diskussion lassen sich drei Ebenen unterscheiden, auf denen diese absolute physiologische Tatsache von Bedeutung ist: 1. *der Körper der Frau mit seinen Funktionen*, der mehr Zeit mit der »Gattung Leben« verbringt, scheint die Frau der Natur näherzubringen, der Mann dagegen ist durch seine Physiologie vollständiger von der Natur befreit, so daß er sich mit Projekten der Kultur befassen kann; 2. der Körper der Frau mit seinen Funktionen ordnet ihr *soziale Rollen* zu, die wiederum einen niedrigeren Status im kulturellen Prozeß einnehmen als die Rollen des Mannes; und 3. die traditionellen sozialen Rollen der Frau, die ihr aufgrund ihres Körpers mit seinen Funktionen zugeordnet sind, verleihen ihr eine andere *psychische Struktur*, von der man denkt, sie sei, wie auch ihre physiologische Natur und ihre sozialen Rollen, enger mit der Natur verbunden. Ich werde der Reihe nach auf diese Punkte eingehen, wobei ich zunächst zeigen werde, wie in jedem der Fälle bestimmte Faktoren deutlich dazu tendieren, Frauen mit der Natur in Verbindung zu bringen, und dann werde ich andere Faktoren nennen, die ihre eindeutige Zuordnung zur Kultur beweisen, so daß ihr durch die Kombination dieser Faktoren eine problematische Zwischenstellung zugewiesen wird. Im Laufe der Diskussion dieser Punkte wird deutlich werden, warum sich Männer im Gegensatz dazu weniger in einer Zwischenstellung zu befinden scheinen und »kultureller« als Frauen wirken. Ich betone nochmals, daß ich mich nur auf der Ebene der kulturellen und menschlichen Universalien bewege. Meine Argumente beziehen sich auf eine »verallgemeinerte« Menschheit; sie erwachsen aus den menschlichen Bedingungen, wie die Menschheit sie bis heute erlebt und denen sie sich bis heute stellen muß.

1. Die Physiologie der Frau wird als der Natur näherstehend betrachtet. Dieser Teil meiner Erörterung wurde mit Feingefühl, zwingender Beweiskraft und vielen unbeschönigten Daten von Simone de Beauvoir (1949) vorweggenommen. Beauvoir gibt einen Überblick über die physiologische Struktur, die Entwicklung und die Funktion der Frau und schließt daraus: »Die Frau steht mehr als der Mann in Abhängigkeit von der Art.«[11] Sie verweist darauf, daß viele zentrale Teile und Prozesse im Körper der Frau keine sichtbare Funktion hinsichtlich der Gesundheit und der Stabilität des Individuums haben, im Gegenteil, wenn sie ihre spezifisch organischen Funktionen ausführen, so sind sie häufig Ursachen für Beschwerden, Schmerzen und Gefahr. Die Brüste spielen keine Rolle für die persönliche Gesundheit; sie können zu jedem beliebigen Zeitpunkt im Leben einer Frau entfernt werden. »Viele Eierstocksekretionen erreichen ihren Endzweck im Ei, seiner Reifung, in der Anpassung des Uterus an dessen Bedürfnisse; für den

Organismus in seiner Gesamtheit sind sie eher ein das Gleichgewicht störender als regulierender Faktor; die Frau ist den Bedürfnissen des Eis besser angepaßt als ihren eigenen.«[12] Die Menstruation ist häufig unangenehm, manchmal schmerzhaft, sie wird oft von negativen emotionalen Nebenwirkungen begleitet und erfordert auf jeden Fall die mühsame Aufgabe des Säuberns und der Abfallbeseitigung, und – ein Punkt, den Beauvoir nicht erwähnt – in vielen Kulturen unterbricht sie die Routine der Frau, da diese einen stigmatisierten Status zugewiesen bekommt, der ihrer Tätigkeit und ihren sozialen Kontakten eine Reihe von Restriktionen auferlegt. Während einer Schwangerschaft werden viele der Vitamin- und Mineralienvorräte der Frau für die Ernährung des Fötus abgezweigt, so daß ihr selbst Kraft und Energien verlorengehen. Und schließlich ist auch die Geburt selbst schmerzhaft und gefährlich.[13] Zusammenfassend zieht Beauvoir die Schlußfolgerung, daß die Frau stärker »von der Gattung versklavt ist als der Mann, daß ihr animalischer Charakter manifester ist«.

Obwohl Beauvoirs Buch ideologisch ist, scheint ihr Überblick über die physiologische Situation der Frau dennoch fair und korrekt. Es ist einfach eine Tatsache, daß proportional ein größerer Körperanteil der Frau für einen längeren Abschnitt ihrer Lebenszeit und auf einige – manchmal große – Kosten ihrer persönlichen Gesundheit, Kraft und ihrer allgemeinen Stabilität von den natürlichen Prozessen, die mit der Reproduktion der Gattung zusammenhängen, absorbiert wird.

Beauvoir fährt fort, die negativen Implikationen der »Versklavung der Frau durch die Gattung«[14] im Verhältnis zu den Projekten zu sehen, in die die Menschen eingespannt sind, Projekte, durch die Kultur erzeugt und definiert wird. Das führt sie zur Crux ihrer Argumentation:

»Wir haben hier den Schlüssel des ganzen Geheimnisses in der Hand. Auf der Ebene der Biologie erhält sich eine Art nur dadurch, daß sie sich immer neu erschafft; aber diese Schöpfung ist nur eine Wiederholung des immer gleichen Lebens unter wechselnden Formen. Erst indem der Mensch das Leben durch die Existenz übersteigt, sichert er die Reproduktion des Lebens; durch dieses Sichselbstüberschreiten schafft er Werte, die die bloße Wiederholung in den Schatten stellen. Beim Tiere bleiben auch freie und vielseitige Tätigkeiten eitel, weil kein Entwurf in ihnen wohnt; was er [sic!] tut, ist sinnlos, wenn es der Art nicht dient; während in der Menschheit der Mann, indem er der Gattung dient, gleichzeitig das Antlitz der Erde formt, neue Werkzeuge schafft, erfindet und die Zukunft schmiedet.«[15]

Mit anderen Worten: Durch ihren Körper scheint die Frau zur bloßen Reproduktion des Lebens verdammt, der Mann dagegen, dem natürliche kreative Funktionen fehlen, muß (oder kann) seine Kreativität extern, »künstlich«, durch das Medium der Technologie und der Symbole behaupten. Dadurch schafft er relativ haltbare, ewige, transzendente Objekte, während die Frau nur Vergängliches schafft – den Menschen.

Diese Formulierung eröffnet eine Reihe wichtiger Einsichten. Sie beantwortet zum Beispiel das große Rätsel, warum männliche Aktivitäten, die auf die Zerstörung von Leben gerichtet sind (Jagen und Kriegführung) oft mit mehr Prestige besetzt sind als die weibliche Fähigkeit zu gebären, Leben zu schaffen. Im Rahmen von Beauvoirs Argumentation wird uns klar, daß nicht das Töten der relevante und wertgeschätzte Aspekt des Jagens und der Kriegführung ist; vielmehr ist es der transzendente (soziale, kulturelle) Aspekt dieser Tätigkeiten, der in Opposition zu der Natürlichkeit des Gebärvorganges gesetzt wird: »nicht, indem er sein Leben hergibt, sondern indem er es wagt, erhebt der Mensch sich über das Tier; deshalb genießt innerhalb der Menschheit das höchste Ansehen nicht das Geschlecht, das gebiert, sondern das tötende Geschlecht«.[16]

Wenn also, wie ich meine, der Mann überall (unbewußt) mit der Kultur assoziiert wird und die Frau der Natur näherzustehen scheint, so ist das Grundprinzip für diese Assoziationen unschwer zu verstehen, allein wenn man die Folgen des physiologischen Unterschieds zwischen Männern und Frauen berücksichtigt. Zugleich kann eine Frau dennoch nicht gänzlich der Kategorie »Natur« zugeordnet werden, denn es ist offensichtlich, daß sie ein richtiges menschliches Wesen ist, wie auch der Mann ausgestattet mit menschlichem Bewußtsein; sie macht die Hälfte der menschlichen Rasse aus, und ohne ihre Teilhabe würde das ganze Unternehmen zusammenbrechen. Sie mag stärker von der Natur beherrscht sein als der Mann, doch da sie über ein Bewußtsein verfügt, denkt und spricht sie; sie erzeugt, kommuniziert und manipuliert Symbole, Kategorien und Werte. Sie führt nicht nur mit anderen Frauen, sondern auch mit Männern menschliche Dialoge. Wie Lévi-Strauss sagt: »Aber die Frau konnte niemals Zeichen werden und nur dies, da sie auch in einer Männerwelt immer noch eine Person ist und da sie in dem Maße, in dem sie als Zeichen definiert wird, als eine Erzeugerin von Zeichen anerkannt werden muß.«[17]

Tatsächlich löst sich durch die Tatsache, daß die Frau ein vollständiges menschliches Bewußtsein hat, daß sie in das Vorhaben der Kultur, die Natur zu überwinden, gänzlich eingespannt ist und sich ihm verschrieben hat, ironischerweise ein weiteres großes Rätsel der »Frauenfrage« – daß die Frau fast universal ihre eigene Abwertung akzeptiert, ohne sie zu hinterfragen. Denn als ein bewußter Mensch und als Mitglied der Kultur folgt sie der Logik, mit der die Kultur argumentiert, und kommt demzufolge zu den gleichen Ergebnissen der Kultur wie die Männer. Wie Beauvoir es formuliert:

> »...denn sie selbst ist ein Existierendes, die Transzendenz wohnt in ihr, und auch ihr Entwurf ist nicht die Wiederholung, sondern das Sichüberschreiten auf eine andere Zukunft hin; im Innersten ihres Wesens findet sie die Bestätigung der männlichen Bestrebungen. Bei den Festen zu Ehren des Erfolges und der Siege der Männer gesellt sie sich zu ihnen. Ihr Unglück ist, daß sie biologisch für die bloße Fortsetzung des Lebens vorbestimmt ist, während auch in ihren Augen das Leben seine Daseinsberechtigung nicht in sich selber trägt, diese aber mehr Wert hat als das Leben selbst.«[18]

Anders gesagt: das Bewußtsein der Frau, sozusagen ihre Mitgliedschaft in der Kultur, wird zum Teil dadurch bewiesen, daß sie ihre eigene Abwertung akzeptiert und die Perspektive der Kultur einnimmt.

Ich habe hier versucht, einen Teil der Logik dieser Perspektive darzulegen, den Teil, der sich direkt aus den physiologischen Unterschieden zwischen Männern und Frauen ergibt. Aufgrund ihrer stärkeren körperlichen Verbindung mit den natürlichen Funktionen, die sich um die Reproduktion drehen, wird die Frau mehr als Teil der Natur angesehen als der Mann. Dennoch gilt sie zum Teil durch ihr Bewußtsein und durch ihre Teilhabe am menschlichen sozialen Dialog auch als Teilhaberin an der Kultur. Sie ist somit ein Zwischenglied zwischen Kultur und Natur und befindet sich auf der Skala der Naturüberschreitung weiter unten als der Mann.

2. Die soziale Rolle der Frau wird als der Natur näherstehend betrachtet. Die physiologischen Funktionen der Frau können, wie ich gerade gezeigt habe, die Meinung motivieren,[19] daß die Frau der Natur nähersteht, eine Meinung, der sie selbst, als Beobachterin ihrer selbst und der Welt, tendenziell zustimmen würde. Das Schaffen der Frau ist natürlich, sie wirkt aus sich selbst heraus, während der Mann frei oder gezwungen ist, Dinge auf künstliche Weise zu erschaffen, d. h. mit Hilfe kultureller Mittel und zur Erhaltung der Kultur. Um diesen Punkt weiter zu verfolgen, möchte ich nun zeigen, wie die physiologischen Funktionen der Frau universal zu einer Einschränkung ihrer Bewegung im sozialen Raum geführt haben und zu einer universalen Beschränkung auf bestimmte Kontexte, die *wiederum* stärker mit der Natur verbunden scheinen. Das bedeutet, nicht nur ihre physiologischen Prozesse, sondern auch die soziale Situation, in der diese Prozesse sie verorten, können diese Bedeutung tragen. Und da die Frau permanent (in den Augen der Kultur) mit diesen sozialen Milieus assoziiert wird, festigen sie (vielleicht um den ausschlaggebenden Anteil) die Ansicht, daß Frauen der Natur näherstehen. Ich beziehe mich hier natürlich auf die Beschränkung der Frau auf den häuslichen Bereich der Familie, eine Beschränkung, die zweifelsohne durch die Laktationsperiode motiviert ist.

Der Körper der Frau produziert, wie die Körper aller weiblichen Säugetiere, während und nach der Schwangerschaft Milch zum Füttern des neugeborenen Säuglings. Der Säugling kann ohne Muttermilch oder einen adäquaten Ersatz in diesem Lebensstadium nicht überleben. Da der Körper der Mutter den Laktationsprozeß in direkter Abhängigkeit zur Schwangerschaft mit einem ganz bestimmten Kind durchläuft, wird die Beziehung des Stillens als natürliche Bindung zwischen Mutter und Kind angesehen, und andere Formen des Fütterns gelten in den meisten Fällen als unnatürlich und behelfsmäßig. Mütter und ihre Kinder gehören im kulturellen Denken zusammen. Auch Kinder, die das Säuglingsalter überschritten haben, sind zwar nicht kräftig genug, um größere Arbeiten durchzuführen, aber sie sind dennoch mobil und ausgelassen und können Gefahren nicht erkennen, deshalb bedürfen sie der Beaufsichtigung und der ständigen Sorge. Die Mutter ist die naheliegende Person für diese Aufgabe, was entweder durch die Verlängerung der natürlichen Stillbindung an die Kinder begründet wird oder dadurch, daß sie einen neuen Säugling hat und schon in kinderbezogene Tätigkeiten eingespannt ist. Ihre eigenen Tätigkeiten werden somit durch die Beschränkungen und das niedrige Niveau der Kräfte und Fähigkeiten ihrer Kinder definiert:[20] sie ist auf den häuslichen Familienkreis beschränkt, »der Platz einer Frau ist im Haus«.

Die Verbindung der Frau mit dem häuslichen Umfeld würde die Auffassung, daß sie der Natur auf verschiedene Weise nähersteht, stützen. Zunächst spielt allein die Tatsache ihrer ständigen Assoziation mit Kindern eine Rolle; man kann sich unschwer vorstellen, daß Säuglinge und Kinder selbst als Teil der Natur betrachtet werden. Säuglinge sind kaum menschlich, und sie sind völlig unsozialisiert; wie Tiere können sie nicht aufrecht gehen, sie scheiden ihre Exkremente unkontrolliert aus, sie sprechen nicht. Selbst etwas ältere Kinder befinden sich eindeutig noch nicht im Banne der Kultur. Noch verstehen sie soziale Pflichten, Verantwortungen und Moral nicht, ihr Vokabular und das Ausmaß ihrer erlernten Fähigkeiten sind gering. In vielen kulturellen Praktiken findet sich eine implizite Anerkennung der Verbindung zwischen Kindern und der Natur. Zum Beispiel gibt es in den meisten Kulturen Initiationsriten für Jugendliche (in erster Linie für Jungen, auf diesen Punkt werde ich weiter unten zurückkommen), deren Bedeutung darin liegt, das Kind in einem Ritual aus einem weniger menschlichen Status in den einer vollständigen Teilhabe an der Gesellschaft und der Kultur zu bewegen. Viele Kulturen halten aus eben dem Grund, daß Kinder noch keine vollständigen sozialen Wesen sind, keine Beerdigungsriten für Kinder ab, die in jungen Jahren sterben. Kinder fallen somit oft in die Kategorie der Natur, und die enge Verbindung der Frau mit den Kindern mag die Möglichkeit, sie der Natur zuzuschreiben, noch vergrößern. Ironischerweise sehen die Initiationsriten für Jungen in vielen Kulturen so aus, daß der Junge von einer Unreinheit gereinigt wird, die daher rührt, daß er so viel Zeit mit seiner Mutter und anderen Frauen verbringt, wobei die Unreinheit der Frau zu einem großen Teil tatsächlich damit zusammenhängen kann, daß sie so viel Zeit mit Kindern verbringt.

Die zweite grundlegende Folge, die sich aus der engen Verbindung der Frauen mit ihrem häuslichen Umfeld ergibt, beruht auf bestimmten strukturellen Konflikten zwischen der Familie und der Gesellschaft in ihrer Gesamtheit, die in jedem sozialen System herrschen. Die Folgen des Gegensatzes »häuslich« oder »privat« vs. »öffentlich« für die Stellung der Frau werden von Rosaldo überzeugend dargestellt,[21] und ich möchte nur ihre Relevanz für meine Argumentation zeigen. Die Vorstellung, daß die häusliche oder private Einheit (die biologische Familie, die mit der Aufgabe betraut ist, neue Mitglieder der Gesellschaft hervorzubringen und zu sozialisieren) der öffentlichen Einheit (dem auferlegten Netzwerk von Bündnissen und Beziehungen, das die Gesellschaft *ausmacht*) entgegengesetzt wird, ist auch die Grundlage für Lévi-Strauss' Argumentation in *Die elementaren Strukturen der Verwandtschaft*. Lévi-Strauss vertritt die These, daß diese Opposition nicht nur in jedem sozialen System auftritt, sondern daß sie zudem die Bedeutung des Gegensatzes von Natur und Kultur hat. Das universale Inzesttabu[22] und sein Korrelat, die Regel der Exogamie sind hierbei zentral:

»...die Gefahr, daß eine biologische Familie zu einem geschlossenen System wird, [wird] endgültig beseitigt; die biologische Gruppe kann nicht länger abseits stehen, und das Band der Allianz mit einer anderen Familie sichert die Vorherrschaft des Sozialen über das Biologische und des Kulturellen über das Natürliche.«[23]

Und obwohl nicht jede Kultur eine radikale Opposition zwischen dem Privaten und dem Öffentlichen an sich formuliert, so läßt sich kaum bestreiten, daß der private Bereich dem öffentlichen immer untergeordnet wird. Private Einheiten werden durch Regeln miteinander verbunden, die logischerweise auf einer höheren Ebene liegen als die Einheiten selbst. Das erzeugt eine neue Einheit – die Gesellschaft –, die logischerweise auf einer höheren Ebene angesiedelt ist als die privaten Einheiten, aus denen sie sich zusammensetzt.

Da die Frau nun mit dem häuslichen Kontext assoziiert wird und in der Tat mehr oder weniger auf ihn beschränkt ist, wird sie mit dieser niedrigeren Ordnung des soziokulturellen Bereichs identifiziert. Welche Folgen hat diese Tatsache für das Bild der Frau? Erstens wird, wenn die spezifisch biologische (reproduzierende) Funktion der Familie betont wird, wie in Lévi-Strauss' Formulierung, die Familie (und damit auch die Frau) mit der reinen und einfachen Natur in Opposition zur Kultur identifiziert. Doch das ist offensichtlich zu einfach; diese Tatsache läßt sich differenzierter formulieren: Die Familie (und damit die Frau) repräsentiert Interessen, die auf einer niedrigeren Ebene angesetzt und dabei sozial zersplittert und partikularistisch sind, im Gegensatz zu den interfamiliären Beziehungen, die integrative, universalistische Interessen auf einer höheren Ebene repräsentieren. Da Männern eine »natürliche« Grundlage (das Stillen, das zur Kinderbetreuung verallgemeinert wird) für eine familiäre Orientierung fehlt, wird ihr Tätigkeitsbereich auf der Ebene der interfamiliären Beziehungen angesetzt. Und daher, so die Argumentation der Kultur, sind Männer die »natürlichen« Eigentümer von Religion, Ritual, Politik und anderen Bereichen kulturellen Denkens und kultureller Tätigkeiten, in denen universalistische Aussagen von geistigen und sozialen Zusammenhängen gemacht werden. Deshalb werden Männer nicht nur mit Kultur als Summe aller menschlichen Kreativität im Gegensatz zur Natur identifiziert; sie werden auch mit der Kultur im Besonderen identifiziert, in ihrer altmodischen Bedeutung als der Bereich der besseren und höheren Formen menschlichen Denkens – mit Kunst, Religion, Gesetzgebung usw.

Auch in diesem Fall ist die Logik des kulturellen Denkens, das Frauen auf einer niedrigeren Ordnung der Kultur ansetzt, klar und auf den ersten Blick auch ganz einsichtig. Doch zugleich kann die Frau nicht vollständig der Natur zugeordnet werden, denn es gibt Aspekte in ihrer Rolle, selbst in ihrem häuslichen Kontext, die zweifellos ihre Teilhabe am kulturellen Prozeß demonstrieren. Es versteht sich von selbst, daß es außer dem Stillen der Neugeborenen (und künstliche Stilltechniken haben selbst dieses biologische Bündnis gelöst) keinen Grund gibt, warum die Mutter – im Gegensatz zum Vater oder zu sonst jemandem – mit der Kinderbetreuung identifiziert werden muß. Doch selbst wenn man davon ausgeht, daß weitere praktische und emotionale Gründe zusammentreffen, um die Frau in diesem Bereich festzuhalten, so läßt sich dennoch zeigen, daß ihre Aktivitäten im häuslichen Kontext sie genauso logisch und problemlos in die Kategorie der Kultur einstufen könnten.

Zunächst muß betont werden, daß die Frau die Kinder nicht nur füttert und als einfache Haushälterin hinter ihnen herräumt, denn de facto ist sie auch noch die primäre Vermittlerin ihrer frühen Sozialisation. Sie verwandelt die neugeborenen Kinder aus reinen Organismen in kultivierte menschliche Wesen, indem sie ihnen Benehmen und die richtigen Verhaltensweisen beibringt, so daß sie vollständige Mitglieder der Kultur werden können. Schon allein aufgrund ihrer Sozialisationsfunktion könnte sie die Kultur kaum eindeutiger repräsentieren. Doch gibt es in praktisch jeder Kultur einen Punkt, an dem die Sozialisation von Jungen in die Hände der Männer gelegt wird. Aufgrund bestimmter Kategorien werden Jungen als noch nicht richtig »sozialisiert« angesehen, ihr Eintritt und ihr Übergang in den richtigen menschlichen (sozialen, kulturellen) Stand kann nur durch Männer erfolgen. Wir können das bis heute in unseren eigenen Schulen und Universitäten auf den unterschiedlichen Ebenen beobachten: Die Betreuung im Kindergarten erfolgt größtenteils durch Frauen, die meisten Lehrenden an der Universität dagegen sind männlich.[24]

Ein anderes Beispiel ist das Kochen. In der überwältigenden Mehrheit der Gesellschaften ist Kochen Frauenarbeit. Das hat zweifelsohne praktische Gründe – da die Frau mit dem Baby zu Hause bleiben muß, ist es praktischer, wenn sie Aufgaben erfüllt, die im Haus stattfinden. Doch wenn es stimmt, wie Lévi-Strauss behauptet,[25] daß die Transformation vom Rohen zum Gekochten in vielen Denksystemen den Übergang von der Natur zur Kultur bedeuten kann, dann verbündet sich die Frau mit diesem wichtigen Kultivierungsprozeß, so daß sie leicht in die Kategorie der Kultur eingeordnet werden könnte und so über die Natur triumphiert. Doch kann man dabei beobachten, daß, wenn eine Kultur (zum Beispiel Frankreich oder China) eine Tradition der *haute cuisine* – »richtiges« Kochen im Gegensatz zum trivialen häuslichen Kochen – entwickelt, die Küchenchefs fast ausschließlich Männer sind. Das Muster aus dem Bereich der Sozialisation wiederholt sich hier – Frauen führen Umwandlungen von der Natur zur Kultur auf niedrigerer Ebene durch, doch wenn die Kultur über eine höhere Ebene mit denselben Funktionen verfügt, dann ist diese höhere Ebene Männern vorbehalten.

Kurz gesagt, uns werden wieder einmal einige Quellen dafür deutlich, daß die Frau im Vergleich zum Mann eine Zwischenstellung in der Dichotomie Natur/Kultur innezuhaben scheint. Ihre »natürliche« Verbindung zum häuslichen Kontext (motiviert durch ihre natürlichen Laktationsfunktionen) verstärkt die Möglichkeit, sie als naturverbundener zu sehen; die Gründe sind die tierähnliche Natur von Kindern und die infrasoziale Konnotation, die die häusliche Gemeinschaft gegen den Rest der Gesellschaft stellt. Doch zugleich beweisen ihre Sozialisations- und Kochfunktionen innerhalb des häuslichen Kontextes, daß sie eine machtvolle Trägerin des kulturellen Prozesses ist, indem sie ständig rohe Naturressourcen in Kulturprodukte verwandelt. Wieder einmal ist sie, als an der Kultur Teilhabende mit scheinbar stärkeren und direkteren Bindungen an die Natur, zwischen den beiden Bereichen angesiedelt.

3. Die Psyche der Frau wird als der Natur näherstehend betrachtet. Die Ansicht, daß die Frau nicht nur einen anderen Körper und einen anderen sozialen Ort als der Mann hat, sondern auch eine andere psychische Struktur, ist äußerst kontrovers. Ich werde die These vertreten, daß sie wahrscheinlich *tatsächlich* eine andere psychische Struktur hat, doch beziehe ich mich dabei stark auf Chodorow,[26] um zu zeigen, daß ihre psychische Struktur nicht als angeboren gelten muß, sie kann, wie Chodorow überzeugend darlegt, durch die wahrscheinlich universalen weiblichen Sozialisationserfahrungen begründet werden. Doch wenn wir die empirische Universalität einer »weiblichen Psyche« mit bestimmten spezifischen Merkmalen gelten lassen, so würden diese Merkmale die kulturelle Vorstellung, daß die Frau der Natur verbundener ist, weiter stützen.

Es muß definiert werden, was wir als die bestimmenden und universalen Aspekte der weiblichen Psyche sehen. Wenn wir Emotionalität oder Irrationalität postulieren, dann stoßen wir auf die Traditionen in verschiedenen Teilen der Welt, wo Frauen als praktischer, pragmatischer und als bodenständiger angesehen werden und auch dementsprechende Funktionen innehaben. Ein relevanter Punkt, der pankulturell gültig zu sein scheint, ist der relativer Konkretheit im Gegensatz zu relativer Abstraktheit: Die weibliche

Persönlichkeit neigt dazu, sich eher mit konkreten Gefühlen, Dingen und Menschen auseinanderzusetzen als mit abstrakten Größen, sie tendiert zum Personalismus und Partikularismus. Eine zweite, eng damit zusammenhängende Dimension scheint die der relativen Subjektivität vs. relative Objektivität zu sein: Chodorow zitiert Carlsons Studie,[27] aus der hervorgeht, daß »Männer die Erfahrungen des Selbst, der Anderen, von Raum und Zeit auf individualistische, objektive und distanzierte Weise repräsentieren, während Frauen Erfahrungen auf relativ zwischenmenschliche, subjektive, unmittelbare Weise repräsentieren«.[28] Obwohl diese und ähnliche Studien in westlichen Gesellschaften durchgeführt wurden, so sieht Chodorow die Ergebnisse über die Unterschiede zwischen männlicher und weiblicher Persönlichkeit – grob gesagt, daß Männer objektiver sind und dazu neigen, mit Hilfe relativ abstrakter Kategorien Beziehungen herzustellen, während Frauen subjektiver sind und dazu neigen, mit Hilfe relativ konkreter Kategorien Beziehungen herzustellen – als »generelle und fast universale Unterschiede« an.[29]

Doch die These, die Chodorow in ihrem Aufsatz elegant entwickelt, ist die, daß diese Unterschiede nicht angeboren oder genetisch vorprogrammiert sind, sondern sich vielmehr aus den fast universalen Merkmalen der familiären Struktur ergeben, nämlich daraus, daß »Frauen allgemein großenteils verantwortlich sind für die frühe Kinderbetreuung und für (zumindest) die spätere weibliche Sozialisation«[30] und daß »die Strukturen, die die Kindererziehung mit sich bringt und die durch weibliches und männliches Rollentraining verstärkt wird, die Unterschiede hervorbringt, die dann im geschlechtlich bestimmten Sozialleben der Erwachsenen wiederholt und reproduziert werden«.[31] Chodorow behauptet, daß, weil die Mutter die frühe Sozialisation sowohl von Jungen als auch von Mädchen übernimmt, beide eine »persönliche Identifikation« mit ihr entwickeln, das heißt eine diffuse Identifikation mit ihrer allgemeinen Persönlichkeit, ihren Verhaltensmustern und Einstellungen.[32] Doch muß der Sohn schließlich in eine maskuline Rollenidentität wechseln, was erfordert, daß er eine Identifikation mit dem Vater aufbaut. Da dem Vater gegenüber fast immer eine größere Distanz herrscht als zur Mutter (er ist selten in die Kinderbetreuung eingespannt und arbeitet vielleicht einen großen Teil des Tages außer Haus), erfordert der Identifikationsprozeß mit dem Vater eher eine »Positionsidentifikation«, d. h. eine Identifikation mit der männlichen Rolle des Vaters als einer Ansammlung abstrakter Elemente, und weniger eine persönliche

Identifikation mit dem Vater als Individuum.[33] Wenn der Junge dann in den größeren sozialen Raum eintritt, erfährt er diesen in der Tat als um abstraktere und universalistische Kriterien herum angeordnet,[34] worauf ich schon im vorangehenden Abschnitt verwiesen habe. Seine frühere Sozialisation bereitet ihn auf die soziale Erfahrung, die ihn als Erwachsener erwartet, vor und wird durch diese untermauert.

Für ein Mädchen hingegen kann die persönliche Identifikation mit der Mutter, die in früher Kindheit stattgefunden hat, in den Prozeß des Erlernens einer weiblichen Rollenidentität übergehen. Weil die Mutter unmittelbar und präsent ist, wenn die Tochter eine Rollenidentität lernt, umfaßt das Erlernen des Frauseins die kontinuierliche und sich weiterentwickelnde Beziehung eines Mädchens zu seiner Mutter und stützt die Identifikation mit ihr als Individuum; der Prozeß erfordert nicht das Erlernen von extern definierten Rollenmerkmalen.[35] Dieses Muster bereitet das Mädchen auf seine soziale Situation im späteren Leben vor und wird gänzlich durch diese bekräftigt; sie wird an einer Welt der Frauen teilhaben, die sich durch wenige formale Rollenunterschiede auszeichnet[36] und die in der Mutterschaft wiederum eine »persönliche Identifikation« mit *ihren* Kindern umfaßt. Dann beginnt der Kreislauf aufs neue.

Chodorow legt, wie ich meine, überzeugend dar, daß die weibliche Persönlichkeit, die durch Personalismus und Partikularismus bestimmt wird, eher durch soziostrukturelle Strukturen erklärt werden kann als durch angeborene biologische Faktoren. Dieser Punkt muß nicht weiter ausgeführt werden. Doch da die »weibliche Persönlichkeit« ein fast universaler Faktor ist, läßt sich behaupten, daß ihre Merkmale dazu beigetragen haben, der Frau weniger Kulturzugehörigkeit zuzugestehen als dem Mann. Das heißt, daß Frauen dazu neigen, Beziehungen mit der Welt einzugehen, die der Kultur eher »wie Natur« als »wie Kultur« erscheinen – Beziehungen, die den Gegebenheiten immanent und in sie eingebettet sind, anstatt Beziehungen, die die Gegebenheiten durch die Auferlegung abstrakter Kategorien und personenübergreifender Werte transformieren. Die Beziehungen der Frauen neigen dazu, wie die Natur, relativ unmittelbar und direkt zu sein, während Männer nicht nur dazu tendieren, vermittelte Beziehungen einzugehen, sondern sich tatsächlich sehr oft beharrlicher und stärker auf die vermittelnden Kategorien und Formen beziehen als auf die Personen oder die Gegenstände selbst.

Es ist somit nicht schwer zu sehen, wie die weibliche Persönlichkeit einem Standpunkt Gewicht verleihen würde, der Frauen »näher an der Natur« sieht. Doch zugleich spielt die Art und Weise, wie Frauen Beziehungen herstellen, ihr Zugang zur Welt, zweifelsohne eine bedeutende und wichtige Rolle im kulturellen Prozeß. Denn während sich ein relativ unmittelbarer Weltzugang in gewissem Sinne am unteren Ende des Spektrums geistiger Funktionen des Menschen befindet, fest verankert und spezifizierend anstatt transzendierend und synthetisierend, so befindet sich diese Art des Weltzugangs zugleich auch am oberen Ende dieses Spektrums. Denken Sie an das Mutter-Kind-Verhältnis. Mütter sind ihren Kindern in der Regel als Individuen verbunden, unabhängig von Geschlecht, Alter, Schönheit, Stammeszugehörigkeit oder anderen Kategorien, an denen das Kind teilhaben mag. Jede Beziehung von dieser Qualität – nicht nur von Mutter und Kind, sondern jede äußerst persönliche, relativ unmittelbare Bindung – kann als eine Herausforderung an die Kultur und die Gesellschaft »von unten« begriffen werden, insofern, als sie das verstreute Potential individueller Loyalitäten gegenüber der Solidarität der Gruppe repräsentiert. Sie kann aber auch als die Verkörperung der synthetisierenden Vermittlung für Kultur und Gesellschaft »von oben« aufgefaßt werden, da sie allgemeine menschliche Werte über und jenseits der Loyalitäten für bestimmte soziale Kategorien repräsentiert. Jede Gesellschaft braucht soziale Kategorien, die über persönliche Loyalitäten hinausgehen, doch muß jede Gesellschaft daneben auch all ihren Mitgliedern einen Sinn für höchste moralische Eintracht vermitteln, der über und jenseits dieser sozialen Kategorien steht. Daher hängt die scheinbar typisch weibliche Psyche, die dazu tendiert, Kategorien zu mißachten und direkt und persönlich nach einer »Gemeinschaft«[37] mit anderen zu streben, mit den höchsten Ebenen des kulturellen Prozesses zusammen, wenngleich sie aus einer anderen Perspektive infrakulturell wirken mag.

4. Die Implikationen der Zwischenstellung der Frau

Mein primäres Anliegen in diesem Aufsatz ist der Versuch, den universalen sekundären Status der Frau zu erklären. Da ich dieses Problem als eine intellektuelle und persönliche Herausforderung an mich ansehe, halte ich es für notwendig, mich damit auseinanderzusetzen, bevor ich die Position der Frau in einer bestimmten Gesellschaft untersuche. Lokale Besonderheiten in Wirtschaft, Ökologie, Geschichte, politischen und sozialen Strukturen,

Werten und Weltanschauungen können zwar Variationen innerhalb dieses Allgemeinen erklären, nicht jedoch das Allgemeine selbst. Und wenn wir die Ideologie vom biologischen Determinismus nicht akzeptieren wollen, dann müssen wir, so meine ich, von Universalien der menschlichen Kultur ausgehen. Die Konturen meines Ansatzes – wenn auch natürlich nicht die spezifische Lösung – werden somit durch das Problem selbst bestimmt und nicht durch eine Vorliebe meinerseits für abstrakte globale Strukturanalysen.

Ich habe gezeigt, daß die universale Abwertung der Frau dadurch erklärt werden kann, daß Frauen als der Natur näherstehend angesehen werden als Männer, und daß Männer eindeutiger einem höheren Niveau der Kultur zugeordnet werden. Die Unterscheidung Natur/Kultur ist an sich ein Produkt der Kultur, wobei Kultur minimal definiert wird als die Überschreitung der natürlichen Gegebenheiten des Daseins aufgrund von Denk- und Technologiesystemen. Das ist natürlich eine analytische Definition, doch habe ich gezeigt, daß jede Kultur diese Vorstellung auf irgendeiner Ebene in der einen oder anderen Form besitzt, sei es auch nur in Form eines Rituals als eine Bestätigung der menschlichen Fähigkeit, die Natur zu manipulieren. Auf jeden Fall konzentriert sich mein Beitrag darauf zu zeigen, warum Frauen immer wieder, in den verschiedensten Weltanschauungen und in Kulturen von unterschiedlichster Komplexität, unterstellt wird, daß sie der Natur näher stehen als Männer. Die Physiologie der Frau, die mehr Zeit auf die Reproduktion der »Gattung« verwendet als der Mann; die Assoziation der Frau mit dem strukturell untergeordneten häuslichen Bereich und ihre entscheidende Funktion, tiergleiche Kleinkinder in kultivierte Lebewesen umzuwandeln; »die Psyche der Frau«, die durch ihre eigene Sozialisation an die Mutterrolle angepaßt wird und zu einem stärkeren Personalismus und zu weniger mittelbaren Formen des Weltzugangs neigt – all diese Faktoren erwecken den Eindruck, daß Frauen direkter und tiefer in der Natur verwurzelt sind. Doch zugleich werden ihre »Mitgliedschaft« und ihre absolut notwendige Teilhabe an der Kultur von der Kultur erkannt und lassen sich nicht leugnen. Ihr wird also eine Zwischenstellung zwischen Natur und Kultur zugewiesen.

Diese Zwischenstellung hat einige Implikationen für die Analyse, je nachdem, welche Schlüsse man daraus zieht. Erstens wird dadurch natürlich meine Ausgangsfrage beantwortet, warum die Frau überall niedriger eingestuft wird als der Mann, denn selbst wenn sie nicht schlicht und einfach als Natur angesehen wird, so geht man doch davon aus, daß sie der Natur weniger überlegen ist als der Mann. In diesem Fall bedeutet Zwischenstellung lediglich einen »mittleren Status« in der Seinshierarchie von der Kultur zur Natur.

Zweitens kann Zwischenstellung die Bedeutung von »vermittelnd« haben, d. h., der Frau wird eine Art Synthetisierungs- oder Konvertierungsfunktion zwischen Natur und Kultur zugeschrieben, die (von der Kultur) nicht als zwei Enden eines Kontinuums angesehen werden, sondern als zwei radikal unterschiedliche Arten von Prozessen in der Welt. Die häusliche Einheit – und damit auch die Frau, die in praktisch jedem Fall ihre primäre Repräsentantin ist – ist eine der Schaltstellen für die Transformation von Natur in Kultur, besonders in bezug auf die Sozialisation von Kindern. Die kontinuierliche Lebensfähigkeit jeder Kultur hängt von gründlich sozialisierten Individuen ab, deren Weltsicht durch die Begriffe dieser Kultur geprägt ist und die mehr oder minder bedingungslos ihren moralischen Regeln verpflichtet sind. Die Funktionen der häuslichen Einheit müssen genau kontrolliert werden, um sich ihrer Erzeugnisse zu versichern, und die Stabilität der häuslichen Einheit muß, so weit möglich, außer Frage stehen. (Einige Schutzmaßnahmen für die Integrität und Stabilität der häuslichen Gruppe sehen wir in den massiven Tabus gegen Inzest, Muttermord, Vatermord und Brudermord.[38]) Insofern als die Frau universal die primäre Vermittlerin der frühen Sozialisation ist und praktisch als Verkörperung der Funktionen der häuslichen Gruppe angesehen wird, ist sie den stärkeren Restriktionen und Beschränkungen dieser Gruppe ausgesetzt. Ihre (kulturell definierte) Stellung zwischen Natur und Kultur, die hier die *Vermittlung* (d. h. das Durchführen von Konvertierungsfunktionen) zwischen Natur und Kultur bedeutet, würde so nicht nur ihren niedrigeren Status, sondern auch die größeren Restriktionen erklären, mit denen ihre Tätigkeiten behaftet sind. In praktisch jeder Kultur sind die ihr erlaubten sexuellen Aktivitäten stärker eingegrenzt als die des Mannes, ihr wird eine viel kleinere Bandbreite an Rollenmöglichkeiten angeboten, und sie hat einen viel beschränkteren Zugang zu den sozialen Institutionen ihrer Kultur. Auch sieht ihre Sozialisation fast in der ganzen Welt so aus, daß ihr engere und in der Regel konservativere Einstellungen und Meinungen vermittelt werden als dem Mann, was durch die begrenzten sozialen Kontexte in ihrem Erwachsenenleben noch verstärkt wird. Dieser sozial erzeugte Konservatismus und Traditionalismus im Denken der Frau stellt eine weitere – vielleicht die schlimmste, sicherlich die heimtückischste – soziale Restriktion dar und hängt eindeutig mit der traditionellen Funktion der Frau zusammen, gut sozialisierte Mitglieder der Gruppe zu produzieren.

Schließlich mag die Zwischenstellung der Frau die Implikation größerer symbolischer Ambiguität haben.[39] Wenn wir unser Bild von der Beziehung von Kultur und Natur noch einmal verschieben, so können wir uns die Kultur in diesem Fall als eine kleine Lichtung in dem Wald vorstellen, der das größere System der Natur ausmacht. Von dem Standpunkt aus befindet sich das, was zwischen Kultur und Natur vermittelt, an der fortlaufenden Peripherie der Lichtung der Kultur; und obwohl dieses Vermittelnde den Eindruck erwecken kann, daß es sowohl über als auch unter (und neben) der Kultur steht, befindet es sich einfach außerhalb von ihr und umgibt sie. So können wir beginnen zu begreifen, wie ein System kulturellen Denkens der Frau vollkommen polarisierte und scheinbar einander widersprechende Bedeutungen zuordnen kann, da Extreme aufeinandertreffen. Daß sie häufig sowohl Leben als auch Tod repräsentiert, ist das einfachste Beispiel, das genannt werden kann.

Für einen anderen Blick auf eben diesen Sachverhalt möchte ich daran erinnern, daß die der Frau zugeordnete psychische Verfaßtheit am unteren und auch am oberen Ende der Skala menschlicher Modi des Weltzugangs steht. Die Tendenz, direkter mit Menschen als Individuen in Kontakt zu treten und nicht als RepräsentantInnen der einen oder anderen Kategorie kann entweder als das »Ignorieren« (und somit als Untergraben) oder als »Transzendieren« (und somit als das Erreichen einer höheren Synthese) der sozialen Kategorien aufgefaßt werden, je nach der an bestimmten Zwecken orientierten kulturellen Perspektive. So können wir ohne Schwierigkeiten sowohl die subversiven weiblichen Symbole erklären (Hexen, der böse Blick, Menstruationsunreinheit, Kastrationsmütter) als auch die weiblichen Symbole der Transzendenz (Muttergottheiten, gnädige Spenderinnen des Heils, weibliche Symbole der Gerechtigkeit und die starke Präsenz weiblicher Symbole in den Bereichen Kunst, Religion, Ritual und Gesetzgebung). Weibliche Symbolik manifestiert viel häufiger als männliche Symbolik die Neigung zu polarisierter Mehrdeutigkeit – manchmal auf einer extrem hohen Ebene, manchmal auf extrem niedriger Ebene, selten im normalen Rahmen menschlicher Möglichkeiten.

Wenn die Zwischenstellung der Frau (kulturell gesehen) zwischen Kultur und Natur diese Implikation einer verallgemeinerten Ambiguität der

Bedeutung hat, die für marginalisierte Phänomene charakteristisch ist, dann können wir auch die kulturellen und historischen »Umkehrungen« besser erklären, die Frauen auf die eine oder andere Weise mit der Kultur in eine Reihe stellen und Männer mit der Natur. Um einige Fälle zu nennen: die Sirionó in Brasilien, die laut Ingham[40] »Natur, das Rohe und Männer« in Gegensatz setzen zu »Kultur, dem Gekochten und Frauen«;[41] Nazi-Deutschland, wo Frauen als die Behüterinnen der Kultur und der Moral galten; der europäische Minnesang, in dem der Mann sich als rohe Kreatur und die Frau als ein makelloses erhöhtes Objekt betrachtete – ein Denkmuster, das sich zum Beispiel bei spanischen Bauern bis heute erhalten hat.[42] Zweifelsohne gibt es weitere Fälle dieser Art, die auch einige Aspekte des Frauenbilds in unserer eigenen Kultur einschließen. Jeder dieser Fälle, bei dem die Frau der Kultur und nicht der Natur zugeordnet wird, erfordert eine detaillierte Analyse der spezifischen historischen und ethnographischen Daten. Doch sind zumindest die Grundlagen für solche Analysen gelegt, wenn wir aufzeigen, wie zum einen die Natur und zum anderen die weibliche Art zwischenmenschlicher Beziehungen aus unterschiedlicher Perspektive sowohl über als auch unter (oder ganz einfach außerhalb von) dem Machtbereich der Kultur stehen können.

Kurz gesagt: Die Annahme, daß die Frau als naturverbundener gesehen wird als der Mann, kann verschiedene Implikationen für weitere Analysen haben und auf unterschiedliche Weise interpretiert werden. Wenn ihre Stellung einfach als *mittlere* Position auf einer Skala von der Kultur bis nach unten zur Natur gesehen wird, dann wird sie weiterhin als niedriger im Verhältnis zur Kultur angesehen, was die pankulturelle Annahme erklärt, daß Frauen in der Ordnung der Dinge niedriger stehen als Männer. Wenn sie als *vermittelndes* Element in der Beziehung von Natur und Kultur aufgefaßt werden, dann kann dadurch zum Teil die kulturelle Tendenz erklärt werden, daß Frauen nicht nur abgewertet werden, sondern daß auch ihre Funktionen abgesteckt und begrenzt werden. Denn die Kultur muß die Kontrolle über ihre (pragmatischen und symbolischen) Mechanismen für die Umwandlung von Natur in Kultur behalten. Und wenn der Frau ein *doppeldeutiger* Status zwischen Kultur und Natur zugewiesen wird, erklärt sich dadurch die Tatsache, daß sie in bestimmten kulturellen Ideologien und Symbolisierungen gelegentlich mit der Kultur assoziiert werden kann oder zumindest häufig polarisierte und widersprüchliche Bedeutungen in einem einzigen symbolischen System zugeschrieben bekommt. Ein mittlerer Status, Vermittlungsfunktionen und

Doppeldeutigkeit – das alles sind unterschiedliche Deutungen (für unterschiedliche kontextabhängige Zwecke) der Tatsache, daß der Frau eine Zwischenstellung zwischen Natur und Kultur zugewiesen wird.

5. Schlußfolgerungen

Zum Schluß muß noch einmal betont werden, daß das ganze System eher ein Konstrukt der Kultur als eine Tatsache der Natur ist. Die Frau steht der Natur nicht »wirklich« näher oder weniger nah als der Mann – beide verfügen sie über ein Bewußtsein, beide sind sie sterblich. Doch gibt es sicherlich Gründe, warum sie ihr näher zu stehen scheint, was ich in diesem Aufsatz zu zeigen versucht habe. Das Ergebnis ist ein (traurigerweise) effizientes Feedback-System: Verschiedene Aspekte der Situation der Frau (physische, soziale, psychologische) tragen dazu bei, daß sie als der Natur näherstehend betrachtet wird, während die Auffassung, daß sie der Natur nähersteht, umgekehrt institutionellen Formen eingeschrieben ist, die ihre Situation reproduzieren. Die Implikationen für soziale Veränderungen befinden sich in einem ähnlichen Teufelskreis: Ein anderer kultureller Blick kann nur aus einer anderen sozialen Realität erwachsen; eine andere soziale Realität kann nur aus einem anderen kulturellen Blick erwachsen.

Es ist also klar, daß die Situation von beiden Seiten angegangen werden muß. Bemühungen, die sich nur auf eine Veränderung der sozialen Institutionen richten (zum Beispiel durch das Einrichten von Quotenregelungen oder durch die Durchsetzung eines Gesetzes für »Gleiches-Gehalt-bei-gleicher-Arbeit«) kann keine weitreichenden Wirkungen haben, wenn die kulturelle Sprache und Metaphorik weiterhin ein relativ abwertendes Bild der Frau erzeugen. Doch zugleich können auch Bestrebungen, die ausschließlich auf die Veränderungen kultureller Voraussetzungen (zum Beispiel durch Männer- und Frauengruppen, in denen das Bewußtsein dafür verstärkt wird, oder durch eine Revision der Lehrbücher und der Metaphorik der Massenmedien) keinen Erfolg haben, solange die institutionelle Grundlage der Kultur nicht verändert wird, um den neuen kulturellen Blick zu unterstützen und zu verstärken. Und schließlich können und müssen sowohl Männer als auch Frauen gleichermaßen an kreativen und naturüberschreitenden Projekten teilhaben. Erst dann wird man die Frauen in der dialektischen Auseinandersetzung zwischen Kultur und Natur der Kultur zuordnen.

(Aus dem Amerikanischen von Schamma Schahadat)

Anmerkungen

1 Die erste Version dieses Aufsatzes wurde im Oktober 1972 in Form einer Vorlesung in dem Kurs »Frauen: Mythos und Realität« im Sarah Lawrence College vorgestellt, und ich verdanke meinen Studentinnen und meinen Kolleginnen (Joan Kelly Gadol, Eva Kollisch und Gerda Lerner), mit denen ich den Kurs unterrichtete, einige wichtige Anregungen. Ich widme den Aufsatz Simone de Beauvoir, deren Buch *Das andere Geschlecht*, das 1949 auf Französisch erschien, meiner Meinung nach bis heute die beste Monographie ist, die eine umfassende Darstellung der »Frauenfrage« bietet.

2 R. G. H. Siu, *The Man of Many Qualities*, Cambridge/Mass. 1968, S. 2.

3 Es stimmt natürlich, daß *yin*, das weibliche Prinzip, eine negative Valenz hat. Dennoch herrscht im Taoismus eine absolute Komplementarität zwischen *yin* und *yang*, was von der Erkenntnis zeugt, daß die Welt für ihr Überleben das gleichberechtigte Wirken und die gleichberechtigte Interaktion beider Prinzipien benötigt.

4 Einige Anthropologinnen werden diesen Beweistyp (soziostrukturelle Ordnungen, die Frauen explizit oder de facto aus bestimmten Gruppen, Rollen oder Status ausschließen) als Untergruppe des zweiten Beweistyps (symbolische Formulierungen der Unterlegenheit) ansehen. Ich würde dieser Ansicht zwar nicht widersprechen, doch die Mehrheit der Anthropologinnen würde wahrscheinlich zwischen den beiden Typen unterscheiden.

5 Robert Lowie, *The Crow Indians* (1935), New York 1956, S. 61.

6 Ebd., S. 44.

7 Ebd., S. 60.

8 Ebd., S. 229. Da wir uns schon einmal mit den verschiedenen Arten von Ungerechtigkeit auseinandersetzen, so wollen wir anmerken, daß Lowie diese Puppe, das heiligste Objekt im Stammesrepertoire, ihrer Besitzerin, der Witwe von Wrinkled-Face, abgekauft hat. Sie wollte 400 Dollar für die Puppe, doch dieser Preis überstieg »gewaltig [Lowies] finanzielle Mittel«, so daß er sie schließlich für 80 Dollar bekam.

9 Mit Respekt für Claude Lévi-Strauss, *Les structures élémentaires de la parenté*, Paris 1949; dt. *Die elementaren Strukturen der Verwandtschaft*, Frankfurt am Main 1981, im weiteren zitiert als *Strukturen* [die Seitenzahlen beziehen sich in der Folge auf die dt. Ausgabe, *A. d. Ü.*]; und *Le cru et le cuit*, Paris 1964; dt. *Das Rohe und das Gekochte*, Frankfurt am Main 1971; sowie passim.

10 S. dazu Sherry B. Ortner, »Sherpa Purity«, in: *American Anthropologist*, 75 (1973), S. 49–63; und dies., »Purification Beliefs and Practices«, in: *The New Encyclopaedia Britannica*, 15. Auflage 1985, Bd. 26, S. 856–861.

11 De Beauvoir, *Le deuxième Sexe*, Paris 1949; dt. *Das andere Geschlecht*, Reinbek bei Hamburg 1968, S. 73. [Die Seitenzahlen beziehen sich hier und im weiteren auf die deutsche Ausgabe. – A. d. Ü.].

12 Ebd., S. 42.

13 Ebd., S. 44.

14 Ebd., S. 50.

15 Ebd., S. 72.

16 Ebd.

17 Lévi-Strauss, *Strukturen*, a. a. O., S. 663.

18 De Beauvoir, a. a. O., S. 72.

19 Die Semantiktheorie verwendet das Konzept der Motivierung (oder Motiviertheit) von Bedeutung, das unterschiedliche Möglichkeiten umfaßt, einem Symbol nicht durch arbiträre Assoziationen, sondern aufgrund bestimmter objektiver Eigenschaften dieses Symbols eine Bedeutung zuzuschreiben. Auf eine Weise ist dieser ganze Aufsatz mit seiner Fragestellung, warum Frauen unbewußt die Bedeutung zugewiesen bekommen, der Natur näherzustehen, eine Erforschung der Motivierung, die die Frau zu einem Symbol werden läßt. Für eine konzise Darstellung unterschiedlicher semantischer Motivationstypen s. Stephen Ullman, »Semantic Universals«, in: Joseph H. Greenberg (Hg.), *Universals of Language*, Cambridge/Mass. 1963, S. 217–262.

20 Eine Situation, die häufig dazu dient, sie selbst ihren Kindern ähnlicher werden zu lassen.

21 M. Rosaldo, »Women, Culture, and Society: A Theoretical Overview«, in: *Women, Culture and Society*, a. a. O., S. 17–42.

22 David M. Schneider (persönliche Mitteilung) behauptet auf der Grundlage von Datenmaterial aus Ozeanien, daß das Inzesttabu nicht universal ist. An diesem Punkt will ich es so formulieren, daß es eigentlich universal ist.

23 Lévi-Strauss, *Strukturen*, a. a. O., S. 640.

24 Ich kann mich daran erinnern, daß ich meinen ersten männlichen Lehrer in der fünften Klasse hatte, und ich weiß noch, wie aufregend ich es fand – ich fühlte mich irgendwie erwachsener.

25 Lévi-Strauss, *Das Rohe und das Gekochte*, a. a. O.

26 Nancy Chodorow, »Family Structure and Feminine Personality«, in: *Women, Culture and Society*, a. a. O., S. 43–66.

27 Rae Carlson, »Sex Differences in Ego Functioning: Exploratory Studies of Agency and Communion«, in: *Journal of Consulting and Clinical Psychology*, 37 (1971), S. 267–277.

28 Zitiert nach Chodorow, a. a. O., S. 56 (Carlson, a. a. O., S. 270).

29 Chodorow, a. a. O., S. 43.

30 Ebd.

31 Ebd., S. 44.

32 Ebd., S. 51.

33 Ebd., S. 49.

34 Rosaldo, a. a. O., S. 28–29; Chodorow, a. a. O., S. 58.

35 Chodorow, a. a. O., S. 51.

36 Rosaldo, a. a. O., S. 29.

37 Chodorow, a. a. O., S. 55, im Anschluß an David Bakan, *The Duality of Human Existence*, Boston 1966.

38 Niemand scheint sich mit der Frage des Schwestermords auseinanderzusetzen – ein Aspekt, der untersucht werden sollte.

39 S. auch Rosaldo, a. a. O.

40 John M. Ingham, »Are the Sirionó Raw or Cooked?«, in: *American Anthropologist*, 73 (1971), S. 1092–1099, hier S. 1098.

41 Inghams Diskussion ist selbst schon recht zweideutig, da Frauen auch mit Tieren assoziiert werden: »Die Gegensätze Mann/Tier und Mann/Frau sind offensichtlich ähnlich [...] Die Jagd ist das Mittel, durch das Frauen ebenso wie Tiere erlegt werden.« (ebd., S. 1095) Eine sorgfältige Auslegung der Daten legt nahe, daß sowohl Frauen als auch Tiere in dieser Tradition Vermittler zwischen Natur und Kultur sind.

42 S. dazu Julian Pitt-Rivers, *People of the Sierra*, Chicago 1961; und Rosaldo, a. a. O.

Carol P. MacCormack
Natur, Kultur und Geschlecht: Eine Kritik[*1]

I. Kategorien und Transformationen

Dieser Artikel möchte den Glauben untersuchen, daß menschliche Wesen sich von Tieren unterscheiden und seine Implikation, daß Kultur und Natur sich deutlich getrennt gegenüberstehen. Uns soll auch die Frage nach den metaphorischen Transformationen des Kontrastes zwischen Natur und Kultur in roh – gekocht, wild – gezähmt usw. beschäftigen. Wir werden uns dann auf eine kontroversere Ebene begeben und der Möglichkeit nachgehen, daß der Kontrast zwischen weiblich und männlich als eine weitere metaphorische Transformation des vorgeblich universalen Kontrastes zwischen Natur und Kultur verstanden werden kann.[2] Es sollen uns jedoch nicht nur bloße Kategorien und metaphorische Anhäufungen von Kontrasten beschäftigen, die einander in hölzernem Gegensatz gegenüberstehen, sondern wir wollen auch unsere Vorstellung davon erörtern, wie Natur zu Kultur wurde; den Prozeß, von dem wir glauben, daß wir durch ihn zu Menschen geworden sind. Oder, in der Formulierung von Rousseau, wie wir uns aus einem Naturzustand fortentwickelten, um Wesen mit Sprache und Kultur zu werden.

In der Nachfolge Rousseaus mißt Lévi-Strauss diesen Übergang eher dem menschlichen Vermögen, zum Kulturwesen zu werden, als den Manifestationen der Kultur selbst bei.[3] Aufgrund unserer Fähigkeit, bestimmte Unterscheidungen wie die zwischen »uns« als einer Verwandtschaftskategorie und den »anderen« zu treffen, und unserer Fähigkeit, Regeln des Inzesttabus und der Exogamie zu kennen, sind wir zum Rousseauschen Gesellschaftsvertrag fähig, nach dem wir einen Naturzustand aufgeben, der Inzest und soziale Isolierung in kleinen Verwandtschaftsgruppen bedeutet, um statt dessen Verwandtschaftsbeziehungen und Gesellschaftsverträge mit anderen einzugehen.[4] Um als Art zu überleben, müssen wir Nahrung zu uns

* Original: »Nature, culture and gender: A critique«, in: Carol P. MacCormack und Marilyn Strathern (Hg.), *Nature, Culture and Gender*, Cambridge 1980, S. 1–24.

nehmen, uns vermehren und andere grundlegende animalische Bedürfnisse befriedigen. Dies zu tun, entspricht unserer Natur, insofern es notwendig für alle tierischen Lebewesen ist. Während die meisten grundlegenden menschlichen Bedürfnisse befriedigt werden müssen, weil sonst das *Individuum* stirbt und sie vom Einzelnen befriedigt werden können, ist der Geschlechtstrieb nicht notwendig, um das Leben von Einzelnen zu erhalten, sondern das von *Gesellschaften*, und dieses Bedürfnis kann nicht vom Einzelnen befriedigt werden, sondern setzt das Gegensatzpaar männlich – weiblich voraus. Die Sexualität gehört dem Bereich der Natur an, aber sie geht durch Inzestverbote und Exogamieregeln in den Bereich der Kultur über.[5]

Aus der Regel, »uns« (Geschwister) zu veräußern und »andere« (Ehepartner/in) zu erhalten, folgen weitere Muster, nach denen Personen, Güter, Dienstleistungen und Informationen ausgetauscht werden. Austauschvorgänge, die die Struktur von menschlicher Gesellschaft zum Ausdruck bringen, ergeben Hinweise auf die Struktur eines grundlegenden menschlichen Codes. Als Basis für die Existenz einer solchen Struktur wird die menschliche Fähigkeit angesehen, binäre Unterscheidungen zu treffen.[6] Der Verstand baut seine Wahrnehmung der Welt über Oppositionen und Kontraste auf. Niemand nimmt Licht wahr, ohne die Dunkelheit zu kennen, oder stimmlose Reibelaute ohne stimmhafte. Doch isolierte Kontraste stellen keinen Zweck an sich dar, denn der menschliche Verstand sucht nach weiteren kontrastiven Phänomenen, und fügt sie, wenn er sie gefunden hat, in sein Klassifikationssystem ein. Auf einer bewußten Ebene sind dem Menschen eher konkrete Manifestationen deutlich als die Beziehungsverhältnisse selbst, aber für die Strukturalisten ist die unbewußte Neigung, Beziehungsverhältnisse wahrzunehmen, grundlegend für den menschlichen Verstand.[7] Die erste Unterscheidung, die jedes neugeborene menschliche Wesen trifft, ist die zwischen Selbst und ernährendem Anderen. Wenn Kinder größer werden, beginnen sie, phonetische Kontraste zu erkennen und weiten damit den Bereich der logischen Operationen aus, die angeborener Bestandteil ihres Verstandes sind. Tiere kennen weder Verwandtschaftsgrenzen, Inzesttabus noch andere sozial vermittelte Regeln. Die Fähigkeit, für alle Individuen verbindlichen Regeln zu folgen, ist wesentlich für die Bildung der menschlichen Gesellschaft. Aus der Fähigkeit, solche Regeln zu kennen und zu formulieren, erwachsen Heirat, soziale Verbindungen, Sprache und Austausch jedweder Art.[8] Die ursprüngliche Transformation von Natur zu Kultur wiederholt sich, wenn sich Gesellschaften durch Weitergabe ihrer kulturellen Regeln erhalten.

2. Unbewußtes und Bewußtes

Strukturalisten gehen von der Überzeugung aus, daß es eine einzige grundlegende Struktur binären Denkens gibt, die allen menschlichen Verstandesfunktionen und ebenso allem menschlichen Verhalten zugrunde liegt, und daß diese durch methodische Analyse anhand linguistischer Techniken entschlüsselt werden kann. Wenn man diese Struktur einmal kennt, können wir möglicherweise mit ihrer Hilfe das gesamte menschliche Verhalten in seiner ganzen sichtbaren Vielfalt besser verstehen. Wenn wir wissen, wie unser Verstand kodiert ist, können wir auch die Produkte unseres Verstandes wieder dekodieren.[9]

Die Theorie des Strukturalismus wird durch die linguistische Theorie inspiriert, insbesondere durch die Arbeiten de Saussures, der Sprache als ein von allen anderen kulturellen Produkten isoliert beschreibbares Zeichensystem auffaßte. Er zerlegte Sprache in diskrete Elemente und untersuchte dann, wie diese einzelnen Zeichen durch Kombination miteinander Bedeutung hervorbrachten. De Saussure erweiterte seine Fragestellung auf Formen der Etikette, auf Militärsignale, Rituale und andere Bedeutungssysteme und bezog auch diese in seine Theorie mit ein. Aus ihnen allen konnte er abstrakte, formale Modelle einer zugrunde liegenden Struktur entwickeln.

In der Folge de Saussures begab sich Lévi-Strauss auf die Suche nach dem Grund der verwandtschaftlichen, mythischen und totemistischen Klassifizierungen in unserer intellektuellen Natur, die auf ihrer tiefsten und allgemein menschlichsten Schicht größtenteils unbewußt sind, so wie z. B. das Erkennen phonetischer Oppositionen ein systematischer und rationaler Vorgang ist, obwohl er kaum in unser Bewußtsein dringt. Verwandtschaftsbeziehungen haben eine zur Sprache analoge Struktur und funktionieren wie ein Code.[10]

Lévi-Strauss gehört nicht zu den Idealisten, für die der menschliche Geist grundlegende logische Kategorien und letzte Wahrheiten in sich birgt. Er hält allerdings am Kantschen Unbewußten fest, das kombiniert und kategorisiert, aber es ist bei ihm ein Kategorisierungssystem, das homolog mit der Natur besteht oder gar mit ihr identisch ist.[11] Es hat seinen Sitz im physischen Gehirn und besitzt die Fähigkeit, Codes zu konstituieren, die wir Kultur nennen.[12]

Nach Lévi-Strauss ist »das Unbewußte [...] immer leer – oder, genauer gesagt, es ist mit mentalen Bildern verbunden wie der Magen mit der Speise, die durch ihn wandert. Als Organ mit einer spezifischen Funktion organisiert das Unbewußte unartikulierte, von außerhalb seiner selbst stammende Elemente nach bestimmten Strukturgesetzen.«[13] Es ist die Aufgabe des Gehirns auf dieser unbewußten Ebene, geordnete Repräsentationssysteme hervorzubringen, indem es die Wahrnehmungen, die es aufnimmt, in Kontrast- und Oppositionsbeziehungen bringt.

Eine der großen Schwierigkeiten von Lévi-Strauss' Strukturalismus ist das Wesen der Verbindung zwischen diesen unbewußten Funktionen des Gehirns und der ›Realität‹, die der Strukturalismus erklären möchte. Lévi-Strauss siedelt jene unbewußte Struktur in der Tiefe unbewußter Funktionen an und spricht ihr einen ontologischen Status oder eine ontologische Existenz zu. Worin besteht aber die exakte Beziehung zwischen der Organisationsleistung des Unbewußten und dem begrifflichen Bereich der sozialen Struktur, der politischen Beziehungen usw.? Auf dieser letzteren Bewußtseinsebene dienen Konzepte und operationale Kategorien dazu, empirischen Wahrnehmungen Bedeutung zu verleihen. Entweder können wir die Art der Beziehung zwischen physischer Gehirnfunktion und der Leistung des Verstandes, konzeptuelle Modelle zu bilden, unerklärt lassen, oder wir können sie auf eine von zwei möglichen Weisen vereinigen.

Die erste Möglichkeit gibt einem biologischen Reduktionismus den Vorzug, der die Rolle des physischen Gehirns hervorhebt. Tatsächlich ist ein großer Teil von Lévi-Strauss' Denken reduktionistisch. Er verwendet Natur auf zweierlei Weise: erstens als die Welt der Phänomene, wie wir sie wahrnehmen, unter Ausschluß der Kultur. Natur wird in dieser Verwendung zur Restkategorie für alles, was nicht der Kultur angehört.[14] Aber sie meint auch menschliche Natur, auf die kulturelle Codes reduziert werden, und Leach hat zu Recht bemerkt, daß Lévi-Strauss sich damit in einem Paradox verfängt. Falls es ihm gelänge, die universale Geltung von Fakten wie des Inzesttabus oder der Exogamieregeln für alle Menschen zu erweisen, dann gehören sie notwendigerweise der Natur an. Er nimmt jedoch an, daß die ausschließlich dem Menschen eigene Kulturfähigkeit auf etwas beruht, das nicht natürlich ist; auf etwas, das durch soziale Mechanismen vermittelt und willkürlich im gleichen Sinne ist wie die Beziehung zwischen

Symbol und Bedeutung in der Sprache.[15] Auf diese Weise reduzierte Lévi-Strauss Kultur einerseits auf Biologie; Kultur ist Natur, physisches Gehirn und menschliche Natur. In seinem späteren Werk legte er jedoch nahe, daß der Gegensatz von Natur und Kultur lediglich als künstliche Schöpfung der Kultur[16] und als methodologisches Hilfsmittel[17] aufzufassen sei.[18]

Schneider radikalisierte das Argument: Kultur sei nicht Natur, sondern Natur ein ganz und gar kulturelles Konzept.[19] Wir können alle Repräsentationen von Struktur als *Konzepte* von Struktur auffassen, die auf einer bewußten Ebene in einem Vorgang der Modellbildung formuliert werden.[20] Wir befassen uns in *Nature, Culture and Gender*[21] jedoch nicht mit einem unergründlichen Unbewußten, sondern mit volkstümlichen Modellen von Natur, Kultur und Geschlecht, die in konkreten Gesellschaften ihren bewußten Ausdruck finden. Das soll nicht heißen, daß jedes Mitglied einer untersuchten Gesellschaft ein vollständiges und kohärentes Modell von ihr mitteilen kann. Der Beobachter muß ein solches selbst aus expliziten Feststellungen, Mythen, Symbolen, Klassifikationsweisen und anderen Beobachtungen entwickeln. Es gibt auch nicht ein einziges Modell, das die Gedanken aller Menschen in einer Gesellschaft beschreibt. Wenn wir uns ein Modell als Handlungsanleitung vorstellen, z. B. für Heiratsallianzen, kann es durchaus verschiedene solcher Handlungsanleitungen innerhalb einer Gesellschaft geben, die für jeweils verschiedene Gruppen mit unterschiedlicher Teilhabe an der politischen Macht in dieser Gesellschaft Gültigkeit besitzen. Oder wir könnten an unterschiedliche normative und pragmatische Modelle denken, die Handelnde gleichzeitig zur Verfügung haben.

Scheffler hat gefordert, daß alle formalen Modelle drei Eigenschaften haben sollten: 1. Einfachheit, 2. Konsistenz, und sie sollten 3. von allen Mitgliedern in ihrem Geltungsbereich als zulänglich und angemessen anerkannt werden.[22] Lévi-Strauss weist die Frage nach der Angemessenheit und der Übereinstimmung mit bewußten Modellen zurück, indem er das Bewußtsein lediglich als einen Schirm versteht, der die Tiefenstruktur möglicherweise verschleiert.[23] Nutini versuchte, einen Mittelweg zu finden. Er brachte das Argument ins Spiel, daß sich unbewußte und bewußte Modelle nicht grundsätzlich, sondern graduell unterscheiden und daß wir es mit einem einzigen Modell zu tun haben, das sich durch möglichst sorgfältige und detaillierte Feldforschung eruieren läßt.[24] Leach hat dazu bemerkt, daß, wenn wir uns an die Erforschung einer fremden Kultur machen, wir uns sehr rasch ein Modell zu ihrer Erklärung zurechtlegen, welches jedoch größtenteils durch unsere eigenen Vorannahmen geprägt ist und nichts mit dem Modell zu tun haben muß, wie es im Bewußtsein der Angehörigen dieser Kultur besteht. Später, im Laufe von Monaten, wenn wir die Sprache und Denkmuster der Menschen kennengelernt haben, müssen wir unser Modell grundlegend revidieren. Forscher, die anhand ethnographischer Publikationen aus der Distanz arbeiten, und Ethnographen, die, noch bevor sie ihre Feldstudien überhaupt begonnen haben, die zentralen Kategorien und ihre Bedeutung bereits zu kennen glauben, laufen mit großer Wahrscheinlichkeit Gefahr, nur diejenigen Phänomene wahrzunehmen, die zu ihren Vorannahmen passen. Leach weist Lévi-Strauss' Definition der Sozialanthropologie als einem Zweig der Semiotik mit dem zentralen Ziel, innere logische Strukturen in der Bedeutung von Anordnungen (*sets*) und Symbolen zu erkennen, zurück. Er selbst untersuchte statt dessen Bedeutungen im tatsächlichen sozialen Verhalten von Menschen.[25]

Die strukturalistische Theorie liefert umfassende Erklärungen, weil sie sich aber auf das Unbewußte bezieht, ist sie schwer zu beweisen. Theorien auf einer eher empirischen Basis sind leichter zu überprüfen. Ihre Erklärungsmodelle sind jedoch weniger zufriedenstellend und häufig tautologisch. Manche Forscher haben behauptet, daß sich strukturalistisch arbeitende Sozialwissenschaftler am Vorgehen von Naturwissenschaftlern orientieren, indem sie beobachten, beschreiben und dann formale Modelle entwickeln, aufgrund derer sie Schlüsse über die Bedeutung der beobachteten Phänomene ziehen.[26] Leach dagegen spekuliert, daß Lévi-Strauss sich von der anderen Seite her mit der Frage zu beschäftigen begann, »wie und woher es kommt, daß der Mensch, der doch ein Teil der Natur ist, sich selbst als ›anders als‹-Natur zu begreifen vermag, obwohl er, um überhaupt bestehen zu können, ständig die ›Beziehung zu‹ der Natur aufrechterhalten muß«.[27] Lévi-Strauss hat die Beobachtung gemacht, daß Dinge wie Inzesttabu und Kochen zwar weit verbreitet, aber nicht notwendig sind, um in der animalischen Welt das Leben aufrechtzuerhalten. Deshalb müssen diese Dinge Symbole sein, »die zur Unterscheidung von Kultur und Natur dienen als Rückversicherung für den Menschen, daß er kein wildes Tier ist«.[28] Andere haben dazu bemerkt, daß Lévi-Strauss' Methode nicht induktiv, sondern in erster Linie deduktiv sei. Er vertrat die Hypothese, daß in jedem Mythos eine strukturierende binäre Opposition zu finden sein müsse, die nicht nur für eine Version des Mythos spezifisch sei. In der Tat konnte er solche Oppositionen finden und darüber hinaus häufig weitere komplementäre Oppositionspaare.[29]

3. »Natur« und »Kultur« als kulturelle Konstrukte

Wir wollen nicht in Abrede stellen, daß Binarismen ganz wesentlich für das menschliche Denken sind. Wir müssen uns aber mit der angeblich universalen Bedeutung einiger kategorialer Begriffe auseinandersetzen. Indem die strukturalistische Methode Daten auf ihre symbolische Struktur zu reduzieren sucht, scheinen die Symbole realer als die Phänomene. Der Signifikant wird wichtiger als das Signifikat.[30] Aber Symbole wie ›Natur‹ oder ›das Weibliche‹ werden jeweils mit Bedeutungen versehen, die von der betreffenden Kultur abhängig sind. M. Douglas sowie G. S. Kirk weisen mit Nachdruck darauf hin, daß Inhalte nicht außer Betracht gelassen werden dürfen. Unterschiedliche Versionen eines Mythos, zum Beispiel, können nicht auf eine einzige Struktur zurückgeführt werden.[31] Die strukturalistische Analyse sollte in bezug auf einen bestimmten Mythos erklären können, wie dessen Bedeutungsinhalte entstehen, und aus diesem Grunde setzt eine solche Erklärung das Verständnis der Kultur voraus, in der der Mythos entstanden ist.[32]

Lévi-Strauss unternahm daher den Versuch, den Kontrast zwischen Natur und Kultur in ein zeitloses und wertfreies Modell zu fassen, das die Funktionsweise des menschlichen Verstandes darlegen sollte. Ideen über Natur und Kultur sind aber nicht wertfrei. Der ›Mythos‹ der Natur ist ein System arbiträrer Zeichen, das von einem sozialen Konsens über Bedeutung abhängt. Weder das Konzept von Natur noch das von Kultur sind ›gegeben‹, und sie können nicht von der Voreingenommenheit der Kultur, in der diese Konzepte entstanden sind, unberührt bleiben. Unsere europäischen Ideen über Natur und Kultur haben ganz grundlegend mit unseren Ursprüngen und unserer Geschichte zu tun. Das ›Natürliche‹ ist das, was uns aus unserer Herkunft als Primaten angeboren ist, während ›das Kulturelle‹ als das Willkürliche und Künstliche gilt. In unserer Entwicklungsgeschichte haben wir unsere Vervollkommnung betrieben, uns aber gleichzeitig Zwängen unterworfen, indem wir unsere eigene künstliche regelgebundene Ordnung geschaffen haben.

Unser Geist strukturiert den Mythos, der dann seinerseits unsere Wahrnehmung des phänomenologischen Universums bestimmt. Die Genesis, zum Beispiel, stellt den Menschen der Natur gegenüber und verspricht ihm Herrschaft über sie. Später, im Protestantismus, wird dem Einzelnen die Verantwortung für das rationale Verstehen und die Nutzbarmachung der Natur zugewiesen. Der Mythos in seiner gegenwärtigen Form spiegelt den Glauben der Industriegesellschaft wider, daß die Gesellschaft durch unternehmende Tatkraft geschaffen wird. Sahlins hat vorgebracht, daß »die Entwicklung aus einem Hobbesschen Naturzustand der Ursprungsmythos des westlichen Kapitalismus ist«.[33] In unserer Welt genießen Naturwissenschaftler und Vertreter der unternehmerischen Welt, die im Verstehen und der Kontrolle über die mächtige Domäne der Natur besondere Leistungen vollbringen, unsere besondere Hochachtung. Ebenso gilt unsere besondere Wertschätzung Menschen, die tierische Triebe überwinden und sie in Übereinstimmung mit moralischen Geboten in Schranken halten. Wenn Frauen als ›der Natur zugehörig‹ definiert werden, so bedeutet dies ein hohes Prestige oder sogar eine moralische Hochschätzung für die Herrschaft des Mannes über die Frau, analog zur positiven Bewertung der menschlichen Herrschaft über Quellen natürlicher Energie oder die Libidoenergie des Individuums. Es erscheint uns in unserer jüdisch-christlichen und industriellen Tradition nur zu logisch, Natur mit Wildheit und dem Weiblichen zu assoziieren.[34] Doch hat selbst unsere eigene spezifische europäische Geistesgeschichte nicht durchgängig das Natürliche mit Wildheit in Verbindung gebracht.

Im 18. Jahrhundert galt Natur als der Aspekt der Welt, der, wie die naturwissenschaftliche Forschung erwiesen hatte, nach vorhersagbaren Gesetzmäßigkeiten funktionierte, aber gleichzeitig als etwas, das noch nicht beherrscht werden konnte. Frauen galten als Hüterinnen von ›natürlichen Gesetzen‹ und ›natürlicher Moral‹, sie galten aber gleichzeitig als emotional und triebhaft und mußten daher innerhalb sozialer Regeln in Schranken gehalten werden. Natur und Kultur (oder Gesellschaft) als gegensätzliche Kategorien entstanden, historisch betrachtet, als Teil einer besonderen ideologisch-polemischen Debatte im Europa des 18. Jahrhunderts. Diese schuf jedoch neue Widersprüche, indem sie Frauen als natürlich (überlegen), gleichzeitig aber auch als Instrumente einer Gesellschaft von Männern (untergeordnet) definierte.

Mitte des 19. Jahrhunderts lieferte die Evolutionstheorie eine ›natürliche‹ Erklärung für Geschlechtsunterschiede. 1861 postulierte Bachofen eine ursprüngliche Periode des ›Mutterrechts‹, in der Frauen im Staat wie im Haushalt regierten, daß sie dann in der klassischen Zeit aber durch die Vorherrschaft des römischen Patriarchats unterdrückt worden seien. McLennan schrieb 1865 über eine Phase in der Geschichte, in der Männer Frauen raubten und tauschten, und betonte das Bedürfnis nach Exogamieregeln und Heiratsallianzen, wenn eine Gesellschaft in Frieden leben wollte. Morgan beschrieb 1877 detailliert ein matrilineares Stadium in der menschlichen Geschichte, das von männlicher Vorherrschaft abgelöst wurde, ein Gedanke, den Engels 1884 in *Der Ursprung der Familie, des Privateigentums und des Staats* wieder aufgriff.[35] Die Zweideutigkeiten und Widersprüche des 18. Jahrhunderts reichen bis ins 20. Jahrhundert hinein und haben das eher einfache unilineare Evolutionsmodell des 19. Jahrhunderts verdrängt. Wie können wir also, mit dieser Ambiguität und Komplexität im Zentrum unserer europäischen Definitionen noch der Behauptung zustimmen, daß die folgende Auflistung von Metaphern eine universalmenschliche kognitive Struktur repräsentiert?

Natur	:	Kultur
Wild	:	Zahm
Weiblich	:	Männlich

Strukturalistische Modelle sind dynamisch, insofern sie Vorgänge des Werdens und sich Wandelns zu erfassen suchen. Wir Europäer haben eine bestimmte Vorstellung von Geschichte, von Zuwachs an Bildung, von fortschreitender Veränderung in der Zeit, und wir glauben an die Genesis als den einzigen und wahren Beginn. Wir leben in der Vorstellung, daß eine Kategorie sich in eine andere umwandeln kann, daß aus Natur Kultur wird, aus Kindern im Sozialisationsprozeß Erwachsene, die sich außerhalb ihrer Sippe verheiraten, aus Wildem Zahmes, aus Rohem Gekochtes. Zu einem großen Teil hängt Bedeutung für uns von ›Werden‹ ab.[36] Doch unsere Bedeutungen besitzen keine universale Gültigkeit, und einige Gesellschaften verstehen ›Natur‹ als unveränderbare, zur Wandlung unfähige Kategorie. Lévi-Strauss betonte nicht nur den Gesichtspunkt des Werdens, sondern auch den des Beherrschens, wobei das Soziale über das Biologische und die Kultur über die Natur dominiert.[37] Die etwas verworrene Folge der Ereignisse in der Genesis bewegt sich zum Beispiel von brodelnder Natur hin zur Herrschaft des Menschen über die Natur in Übereinstimmung mit moralischen Regeln.

Wenn man diesen Vorgang in der Sprache der Linguistik faßt, so läßt sich
formulieren, daß der Übergang von Natur zu Kultur eine zum großen Teil
abgekürzte syntagmatische Kette mythischer Einheiten ist, die eine met-
onymische Achse von links nach rechts bilden. In der Lesart von oben nach
unten erhalten wir paradigmatische Assoziationen oder metaphorische
Transformationen:[38]

METONYMISCH
———————————————————————→

META-	↑	Natur	:	Kultur
PHO-		Kind	:	Ehepartner
RISCH		Wild	:	Zahm
	↓	Roh	:	Gekocht

Wenn wir das Geschlecht zu diesen Paaren hinzufügen, wird die Logik
der Ordnung durchbrochen:

METONYMISCH
———————————————————————→

META-	↑	Natur	:	Kultur
PHO-		Kind	:	Ehepartner
RISCH		Wild	:	Zahm
		Roh	:	Gekocht
	↓	Weiblich	:	Männlich

In unserem europäischen Denksystem stellt das Geschlecht (*gender*) zwei
offensichtliche Kategorien der sozialen Differenzierung bereit, doch es fehlt
ihm das dynamische Potential des sich Wandelns der anderen Gegensatz-
paare. In welchem Sinn kann auf der Metonymieachse weiblich zu männlich
werden, so wie Natur zu Kultur wird? Überhaupt nicht, wenn wir Geschlecht als unveränderliche Kategorie ›in der Natur‹ betrachten. Aber auch
die Geschlechtskategorien ›in der Kultur‹ sind der Betrachtung wert. Insofern sie nämlich sozial konstruierte sind.[39] Aber in Fällen, wo Individuen
die Entscheidung treffen, ihre soziale Identität zu verändern, sind es nicht
nur Frauen, die eine männliche Identität annehmen, sondern einige Männer nehmen auch eine weibliche an.

Wir haben, auf der metaphorischen Achse, bereits festgestellt, daß in einigen Abschnitten der europäischen Geschichte das Weibliche nicht ausschließlich mit dem Wilden identifiziert wurde, sondern mit einer harmonischen Hüterin der Naturgesetze. Ardener hat in seinem Bericht über die Bakweri die Metapher Natur–Wild–Weiblich hervorgehoben. Aber er hat weiter dargelegt, daß auch Männer mit Natur und Wildheit in Zusammenhang gebracht werden, zum Beispiel beim Jagen und im rituellen Handeln. Er hat damit ein Schlaglicht auf das Problem geworfen, nach welchen Kriterien die Auswahl von mythischen Texten oder beobachtetem Verhalten als gültigen Manifestationen der zugrundeliegenden Struktur erfolgen soll.[40]

Einige Autoren scheinen im Anschluß an Lévi-Strauss metaphorischen Assoziationen einen höheren ›Wahrheitswert‹ zuzubilligen, als der Begriff der Metapher verbürgen kann. Worte wie ›Natur‹ sind mehrdeutig, mit einer Vielzahl impliziter Bedeutungen. Die Metapher basiert auf einer figurativen, nicht buchstäblichen Bedeutung eines Wortes, und so kann sein Bedeutungsumfang durch die Metapher entweder schärfer gezeichnet oder aber erweitert werden. Die weibliche Menstruation verläuft zyklisch wie die Natur, und deshalb gelten weibliche Wesen als wild und unbezähmbar. Wildheit kann aber ebenso eine implizite Bedeutung von Männlichkeit sein. Weil die Metapher auf der polysemischen und offenen Natur der Worte basiert, steckt in ihnen ein Potential sowohl für Widerspruch als auch für eine ›Wiederbeschreibung der Realität‹, und sie darf nicht als Wahrheit im wörtlichen Sinne angesehen werden.[41] Harris hat in seiner Beobachtung der Laymi in Bolivien herausgefunden, daß diese zwar eine Reihe von Assoziationen kennen, die uns zu dem Schluß verleiten könnten, daß sie ›wild‹ mit ›weiblich‹ identifizieren, jedoch stellen die Laymi selbst genau diese Assoziation nicht her. »›Logische‹ Vorgehensweisen anzuwenden [...] heißt vergessen, daß es sehr komplexe Begriffe sind, die zum Vergleich stehen, und daß bei jeder Identifikation es unterschiedliche und spezifische Charakteristika dieser Phänomene sind, die zum Vergleich herangezogen werden.«[42]

Ein Großteil der ethnographischen Literatur legt nahe, Frauen nicht als Metaphern für Natur aufzufassen, sondern sie (und ebenso die Männer) als Vermittlerinnen zwischen Natur und Kultur zu betrachten, indem sie gegenseitig Ehen eingehen, rohes Fleisch und Gemüse in gekochte Nahrungsmittel umwandeln, in ihrer Leistung der Kultivierung, Domestizierung und der Hervorbringung von Kulturprodukten aller Art.[43]

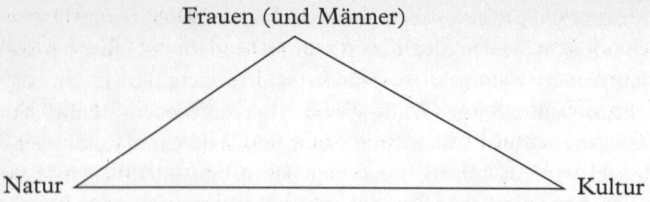

Frauen (und Männer)

Natur

Kultur

Wenn wir eine Extremposition einnähmen und Frauen, nicht aber Männer, als Trägerinnen der Sozialisierung, als Kulturbringerinnen und Köchinnen definieren – als die Vermittlerinnen zwischen Natur und Kultur –, und wenn wir sie in der Verwandtschaftsstruktur als die Vermittlerinnen zwischen exogamen sozialen Gruppen betrachten, dann müßten wir uns die Attribute, die Strukturalisten Vermittlern zuweisen, genauer ansehen. Weil sie die Fähigkeit besitzen, Gegensätze zu versöhnen und zu vereinigen, gelten Vermittler als Gottheit oder Messias, aber auch als Gaukler und Clowns.[44] Diese Beschreibung paßt nun aber in keiner Weise zu einigen strukturalistischen Definitionen der Frau als einfaches, passives Objekt in Verwandtschaftssystemen und weist damit auf eine weitere logische Inkonsistenz strukturalistischer Modelle hin.

Die ethnographische Literatur bietet keine Rechtfertigung für diese extreme Position, Frauen, aber nicht Männer, als Vermittlerinnen zwischen Natur und Kultur zu definieren, noch setzt sie durchgängig die weiblichen Attribute ausschließlich mit denen der Natur gleich. In der Mount-Hagen-Region in Papua-Neuguinea, zum Beispiel, kennen die Menschen nicht den Kontrast zwischen Natur und Kultur in der Weise wie die Europäer, und sie teilen bestimmte Eigenschaften sowohl Männern als auch Frauen zu, die westliche Strukturalisten in ›natürlich‹ und ›kulturell‹ unterteilen würden.[45] Die Bewohner der Mount-Hagen-Region denken nicht in den Kategorien von Natur und Kultur, wie wir sie verstehen, sondern sie unterteilen ihre Welt in die Kategorien ›angepflanzt‹ (mbo) und ›wild‹ (romi). ›Angepflanzt‹ bezieht sich auf den Anbau von Feldfrüchten, die Zucht von Schweinen und auf menschliche Wesen, die dem Gebiet des Clans angehören; ›wild‹ bezeichnet das Abgeschiedene, Exotische, Nicht-Menschliche. Die Kategorien ›Männlich‹ – ›Weiblich‹ werden nicht einheitlich als sekundäre Unterscheidungsmerkmale verwendet. Diese Menschen haben zwar geschlechtsspezifische Kategorien in Gebrauch, wobei Männlich Dinge mit hohem Prestigewert (nyim), Weiblich Abfall und Schmutz (korpa) repräsentiert, doch lassen sich diese Kategorien nicht durch den Unterschied zwischen dem Gepflanzten und dem Wilden erklären.

Im Weltmodell dieses Volkes wird Natur nicht zu Kultur. Man trifft mit dem ›Wilden‹ zusammen und wird mit ihm fertig, aber es wird nicht beherrscht, und auch nicht der Kultur einverleibt, durch ›Naturgesetze‹ erklärt oder seiner Mächte beraubt. Es wird nicht, infolge des menschlichen ›Fortschritts‹, zu einer ständig schrumpfenden Restkategorie. Die Macht des Wilden vermag einen Einfluß auf das menschliche Tun auszuüben, eben weil es eine Antithese zu *mbo* ist. In vergleichbarer Weise kennt man im Gebiet der Gimi in Papua-Neuguinea ebenfalls keine Entwertung der Natur. Das Wesen des Mannes wird mit dem Wilden, seinen Geistern und Vögeln identifiziert. *Kore* bedeutet Wald, Leben nach dem Tode, und es dient als ehrenhafte Anrede für hochgestellte männliche Persönlichkeiten. Unterscheidungen zwischen den Geschlechtern unterliegen nicht so sehr dem kühlen, rationalen Prozeß kategorialer Unterscheidungsbildung, den Lévi-Strauss betont, sondern folgen höchst emotional besetzten Belangen von Sexualität, Geburt, Erziehung, Ernährung und dem weiblichen Vermögen, den Kern der männlichen Seele an den Wald zurückzugeben als Geist/ Flöte/Vogel; eine Auffassung, die letztlich die Abhängigkeit des Mannes von der Frau berührt.[46]

Es erscheint unmöglich, mit Sicherheit nachzuweisen, daß der Gegensatz von Natur und Kultur als wesentliches Merkmal einer universalen *unbewußten* Struktur existiert, und Ergebnisse aus der ethnographischen Forschung legen nahe, daß es diese Unterscheidung, wie sie heute von uns in Europa getroffen wird, als universales Merkmal von Modellen im Bewußtsein von Naturvölkern nicht gibt. Wenn wir die Kategorien ›Natur – Kultur‹ lediglich als methodologisches Hilfsmittel zur Einordnung der Vorstellungen von Naturvölkern, die ungefähr unserer europäischen Auffassung entsprechen, verwenden wollen, dann brauchen Geschlechtskategorien nicht notwendigerweise mit ihnen verknüpft zu sein. Goodales Beschreibung der Kaulong in Neu-Britannien bietet die folgende metaphorische Auflistung:

Tier			:			Mensch
Produktion			:			Reproduktion
Wald	:		Garten	:		Dorf

Die Kaulong kennen keine strenge Arbeitsteilung nach Geschlechtern. Sowohl Männer als auch Frauen entwickeln ihre soziale Identität aus dem Anbau landwirtschaftlicher Produkte und dem Erwerb anderer Güter im Austausch dafür. Beide stehen im Zentrum ihres eigenen Netzwerks aus Verwandtschaftsbeziehungen und Geschäftsverbindungen. Im Gegensatz dazu hat bei ihnen die Fortpflanzung in sozialer Hinsicht einen eher geringen Stellenwert, da sie nur einen Partner erfordert. Verheiratete müssen außerhalb des Dorfes in Gärten leben, und sie werden durch den Wohnsitz und andere Tabus ausgegrenzt.

Bei den Laymi in Bolivien findet eine solche Ausgrenzung nicht für Verheiratete, sondern für Unverheiratete statt:[47]

unvollständige Arbeitsteilung : vollständige Arbeitsteilung
Unverheiratet : Verheiratet

Durch eine eindeutig definierte Arbeitsteilung zwischen den Geschlechtern gelten unverheiratete Männer und Frauen in sozioökonomischer Hinsicht als nicht vollständig. Im Gedankengut der Laymi gilt nur die Vereinigung von Mann und Frau in der Ehe als kulturell vollwertig, so daß sogar die Geister in der ›Natur‹ einen Ehepartner erhalten.

Die Sherbro in Westafrika ähneln den Kaulong darin, daß Frauen für Handel und Dienstleistungen zuständig sind und eine wichtige Rolle in den Verwandtschaftsgruppen innehaben, den Laymi jedoch durch eine eindeutige, geschlechtsspezifisch definierte Arbeitsteilung. Sozialisation wird als Prozeß angesehen, der proto-soziale Kinder zu initiierten Erwachsenen macht, die gelernt haben und sich feierlich verpflichten, sich an die Gesetze der Vorfahren zu halten (Kultur). Frauen werden bei ihnen jedoch ebenso sorgfältig und vollständig in soziale Aufgaben eingeführt wie Männer. Weibliche Würdenträger, weibliche Symbolik und weibliche Vorfahren haben eine ebenso große Bedeutung in rituellen Handlungen wie ihre männlichen Entsprechungen:[48]

»Natur« : »Kultur«
proto-sozial (Kinder) : initiiert (Erwachsene)

4. Geschlechtsattribute in Verwandtschaftsmodellen

Obwohl Lévi-Strauss ausdrücklich feststellt, daß die Struktur nicht auf der Ebene der empirischen Realität zu finden ist,[49] bezieht er sich in seiner Konstruktion eines Modells der menschlichen Gesellschaft, in der Frauen lediglich passive Objekte männlichen Handelns sind, auf eben diese empirische ›Realität‹.[50] Sein Modell der menschlichen Gesellschaft geht von der grundlegenden Annahme aus, daß »die Männer besitzen und die Frauen besessen werden [...] Gattinnen, die erworben, und Schwestern und Töchter, die fortgegeben werden«.[51] In seiner Sichtweise sind Männer und Frauen formal gesehen austauschbar und gleichwertig, nicht aber von einem sozialen Standpunkt aus. Eine Schwester verändert ihre Rolle zu der einer Ehefrau durch die Transaktionen der Männer, aber er will nicht anerkennen, daß auch Männer in der Folge von Heiratsverbindungen ihre Rollen verändern, am deutlichsten, wenn mit der Heirat eine Übersiedlung zum Wohnort der Frau verbunden ist. Strukturalisten, die mit dem Lévi-Strausssschen Modell von Verwandtschaftsbeziehungen arbeiten, definieren demzufolge Männer als aktiv Handelnde, Frauen als passiv Erleidende; Männer als Subjekt und Frauen als Objekt. Obwohl Lévi-Strauss offensichtlich empirisches Material verwendete, um den Geschlechts-Aspekt in seinem Modell zu entwickeln, ziehen sich Strukturalisten, wenn Fälle von matrilinearen Mitgift-Regelungen angeführt werden, in denen Männer sich zwischen Gruppen bewegen,[52] oder Fälle von Gesellschaften, wo Frauen formal verankerte entscheidungsgebende Rollen einnehmen,[53] auf eine Position der Gleichgültigkeit gegenüber ›Oberflächenmanifestationen‹ zurück, die die Tiefenstruktur angeblich verhüllen.[54] Ist es lediglich so, daß des einen ›Empirizismus‹ des anderen ›treffendes Beispiel‹ ist, oder fördern solche ethnographischen Beobachtungen tatsächlich falsche Modelle zutage, die die wirkliche Struktur nur verhüllen? Wenn das der Fall ist, warum verbergen dann Gesellschaften ihre grundlegenden Strukturen hinter irreführenden Modellen? Nutini hat angeregt, daß einige bewußte Modelle genauer sein könnten als jedes irgend von Anthropologen errichtete Modell, und sogar wenn sie Täuschungen enthielten, seien eben diese Fehler Teil der sozialen Wirklichkeit, die beschrieben werden soll.[55]

Das Modell der Verwandtschaftsbeziehungen, wie es Lévi-Strauss formulierte, ist eine logische Konstruktion, die auf dem behaupteten universalen Gesetz des Inzesttabus und einer Anzahl von Exogamieregeln aufbaut. Es verhält sich gegenüber der viel komplexeren Ebene des tatsächlichen

Verhaltens von Männern und Frauen ambivalent. Die Logik dieses Modells, wie es besteht, leugnet oder übergeht die Beobachtung mit Desinteresse, daß Frauen bei der Brautwerbung aktiv sein können,[56] oder bisweilen in der Anbahnung von Ehen aktiv sind und bei Heirats-Transaktionen am Reichtum von verwandtschaftlicher Arbeit und Gütern teilhaben. Das Modell berücksichtigt Frauen nicht, die keine Ehe eingehen, weder Scheidungen noch die aktive Rolle, die Frauen beim Schließen nachfolgender Ehen einnehmen. Wenn wir dem Modell folgen, dann ist das eben beschriebene Verhalten, das durchaus statistische Signifikanz besitzt,[57] konzeptuell anomal, wenn nicht gar ›unnatürlich‹. Ein solches Verhalten kann jedoch auch als gesunde Anpassung an die physischen und sozialen Bedingungen betrachtet werden, in denen sich Frauen befinden. Vieles spricht dafür, daß die Grundannahmen unserer eigenen westlichen Kultur über die natürliche Welt als etwas, auf das es einzuwirken gilt, und unsere Vorstellungen von Besitz, die Errichter von Modellen prädisponieren, das Männliche als Subjekt und das Weibliche als Objekt zu betrachten.

Weiter schmälert die Reduktion von Frauen auf den Status passiver Objekte die Erklärungskraft des Modells. Nach dem bestehenden Modell werden Schwestern (und Töchter) den Männern durch das Inzesttabu vorenthalten, und sie werden von ihnen fortgegeben, um die Ehefrauen anderer Männer zu werden.[58] Auf diese Weise entsteht die folgende Reihe metaphorischer Transformationen:

Natur	:	Kultur
Inzest	:	Exogamieregeln
Schwester	:	Ehefrau

Wenn wir jedoch zu den zuerst aufgestellten Prinzipien zurückkehren, daß prokreative Sexualität das binäre Set von Männlich und Weiblich erfordert, müssen dann nicht beide Kategorien in dieser Zusammenstellung als notwendige Folge des Inzesttabus Rollenveränderungen durchlaufen? Wenn Frauen ihr sexuelles Reifealter erreichen, werden sie von ihren ›Brüdern‹ in der Tat als die Ehefrauen anderer Männer betrachtet, und, wenn Männer ihre sexuelle und soziale Reife erlangen, müssen sie entsprechend von ihren ›Schwestern‹ als die Ehemänner anderer Frauen betrachtet werden. Man könnte die Auflistung von Metaphern etwa folgendermaßen umformulieren:

Natur	:	Kultur
Inzest	:	Exogamieregeln
Geschwister	:	Gatte/Gattin

Vermutlich wird die Leserin jetzt einwenden, daß wir natürlich wissen, daß für die Aufrechterhaltung der Funktion von Inzesttabu und Exogamieregeln, nämlich Austausch zu initiieren und soziale Gruppen zu integrieren, sowohl Männer als auch Frauen soziale Rollenveränderungen durchlaufen. Das ist offensichtlich und braucht nicht eigens erwähnt zu werden. Ist es also eine Komponente der einen ›wahren‹ Struktur, und haben Lévi-Strauss und andere ein verschleierndes Modell entworfen, das die Tiefenstruktur verbirgt?

Damit normative Heiratssysteme ihre Aufgabe, blutsverwandte Gruppen zu einer menschlichen Gesellschaft zu verweben, erfüllen können, können Frauen nicht einfach passiv sein. Manche Frauen widersetzen sich einer vereinbarten Heirat und bieten genug Widerstand auf, um die komplexen langfristigen Austauschmuster, mit denen Allianzsysteme einhergehen, zu durchbrechen. Andere stimmen einer Heirat aktiv zu und ermöglichen es so einem Bruder, die Frau einer mit der seinen im Austausch stehenden Gruppe zu heiraten. Mit der Zustimmung zur Heirat versorgt eine Frau in gewissem Sinne ihren Bruder mit einer Ehepartnerin und beansprucht auf diese Weise seine Unterstützung für sie und ihre Kinder für den Rest seines Lebens.[59] Auf der Ebene von Mythos und Ritual mögen die rituellen Assoziationen von Männern und Frauen in ausgeglichener Wechselseitigkeit bestehen, da sie aufeinander angewiesen sind, um ein vollständiges konzeptuelles System zu gewährleisten.[60] Aber auch in Gesellschaften, in denen es nur die Assoziationen der Männer gibt, brauchen Männer die aktive Kooperation der Frauen als ein in Schrecken versetztes Publikum zur Bestätigung des Schreckens der Götter oder als nicht-initiierte Gruppe zur Bestätigung des Geheimnisses der Initiierten.[61]

Die Attribute, die wir Geschlechtskategorien beimessen, haben ihre Grundlage in der Wahrnehmung dessen, wie Männer und Frauen sich verhalten. Ardener hat den Gedanken verfolgt, daß sich Männer in höherem Maße im geographischen und sozialen Raum bewegen als Frauen und sie deshalb andere häufiger in ihren Gesichtskreis aufnehmen, als es Frauen möglich ist. Sie entwickeln deshalb mit höherer Wahrscheinlichkeit ›Metaebenen der Kategorisierung‹, die es ihnen ermöglichen, sich und ihre

Frauen konzeptuell von anderen Männern und deren Frauen abzugrenzen.[62] Frauen sind jedoch nicht universell auf die häusliche Sphäre beschränkt. Es gibt Beispiele von Frauen aus der »Dritten Welt«, Angehörigen niederer Klassen oder Kasten, die auf der Suche nach Lohnarbeit weit umherreisen.[63] Frauen wandern in großer Zahl in städtische Gebiete ab.[64] Einige Frauen legen als Händlerinnen Hunderte von Meilen zurück.[65] Sogar Ardener berichtet von Bakweri-Frauen, die weit in unbekannten Gebieten umhergereist seien.[66] Weil ein autoritatives Muster von Verhaltensmanifestationen, die die putative Tiefenstruktur verhüllen, nicht ›gegeben‹ ist, kann die Anthropologin jedes beliebige Verhalten als Hinweis auf die Tiefenstruktur heranziehen oder verwerfen.

Am meisten scheinen Frauen in Gesellschaften mit patrilinearen Abstammungslinien eingeschränkt zu werden, wo sie brautgeldpflichtige Ehen eingehen, und weder Handel noch Lohnarbeit betreiben. Aber sogar in diesem Gesellschaftstyp sind es für gewöhnlich die Frauen, die ihre eigene Familie verlassen, um bei der des Ehemanns zu wohnen. Sie lernen bereits in ihrer Kindheit, daß dies ihr Schicksal ist.[67] Wenn wir Frauen ein Potential an Intelligenz und intellektueller Neugier gleichrangig zu der des Mannes nicht aberkennen wollen, können wir ihnen logischerweise nicht konzeptuelle Modelle absprechen, mit denen sie ihre eigene Existenz sinnvoll deuten. Wenn sie »als Jugendliche kichern, als Erwachsene losprusten, die Frage verweigern, über das Thema lachen usw.«,[68] reagieren sie da etwa auf die kulturellen Annahmen, die unbewußt die Fragen des Forschers beeinflußt haben? Gibt nicht der Statusunterschied zwischen einem Europäer in einem kolonialisierten Land und einer einheimischen Dorfbewohnerin auf vorhersagbare Weise die Arten von Antworten bereits vor, die man in bestimmten kulturellen Kontexten erwarten kann?[69]

Viele der Publikationen über soziale Struktur, die einige Strukturalisten als Datenquelle benutzen, spiegeln den Einfluß eines früheren Modells wider, des ›juralen Modells‹ von Radcliffe-Brown. Dieses setzt die Idee der Abstammung mit der Weitergabe von Rechten, Pflichten, Macht und Autorität gleich. Jurale Regeln, die dazu meist von männlichen Informanten artikuliert wurden, betonen die Rolle der männlichen Autorität. Die volkstümlichen Modelle in den meisten Gesellschaften betonen jedoch ein viel komplexeres Muster von männlicher und weiblicher Interaktion, als es das jurale Modell zu erklären vermag.[70] Wenn wir in matrilinear organisierten Verwandtschaftssystemen z. B. über die Rolle des Bruders der Mutter hinaussehen, so haben dort Frauen die Kontrollfunktion über die Erneuerung der Abstammungs- und Geschlechtsidentität für Männer und Frauen inne und nehmen eine zentrale Position in der Struktur gegenseitiger Verpflichtungen ein. Frauen haben die Kontrolle über Vorgänge von großer kultureller Bedeutung inne und, wie auf den Trobriand-Inseln, kontrollieren sie den kosmischen Kreislauf selbst, »indem sie die Männer verlassen, um innerhalb der Frauengemeinschaft die Ausweitung ihrer eigenen, begrenzten Zeit zu vollbringen«.[71] Sogar in patrilinear organisierten Gesellschaften bedienen sich Männer ritueller Ausdrucksformen für ihre Angst vor der Abhängigkeit von der Frau als Erneuerin des Lebens,[72] und es lassen sich reichhaltige Beweise anführen, daß volkstümliche Vorstellungen über Abstammung und Kontinuität die wesentlichen Attribute der Frau betonen.[73] Innerhalb einer Gesellschaft erhält der Forscher oft sehr verschiedene Definitionen von ›Frau‹, abhängig davon, ob er, oder sie, nach Frau-als-Mutter oder Frau-als-Ehepartnerin fragt.

5. Geschlechtsattribute in Modellen wirtschaftlichen Austauschs

Wenn wir uns der Betrachtung von Verwandtschaftsbeziehungen ausgehend den Formen wirtschaftlichen Austauschs zuwenden, liegt es nahe, einen genaueren Blick auf den Austausch von Gütern und Dienstleistungen zu werfen. Mit der möglichen Ausnahme hochentwickelter Industriegesellschaften, in denen Maschinen die Arbeit ersetzen und das ›Problem der Arbeitslosigkeit‹ erzeugen, ist auch hier die Frage, ob wir den Frauen eine passive Rolle in der Produktion und im Austausch von Gütern und Dienstleistungen zuweisen können, wie es bei den Verwandtschaftstransaktionen versucht worden ist.

Die meisten Gesellschaften kennen eine Aufteilung der Arbeit nach Geschlechtskategorien; man kann dies als eine Metapher für die zeugende Sexualität betrachten. Ebenso wie sowohl Männer als auch Frauen für die sexuelle Reproduktion der Gesellschaft benötigt werden, so werden sie auch für die Produktion von Gütern und Dienstleistungen gebraucht, um die Gesellschaft zu erhalten und zu einem organischen Ganzen zu formen. Männer und Frauen haben also logischerweise an demselben kognitiven Modell teil, funktionieren nach demselben Regelwerk, sind beide abhängig voneinander. In einigen Gesellschaften haben Frauen eine überaus wichtige Funktion in der Produktion von Gütern, und in allen Gesellschaften stellen sie

Dienstleistungen bereit.[74] Ob die Tätigkeit zur Bereitstellung von Gütern und Dienstleistungen im familiären oder öffentlichen Bereich stattfindet, hat keinen Einfluß auf ihre Menge. Die häusliche Produktion sollte in ökonomischen Berechnungen nicht unberücksichtigt bleiben, und wenn sie sich nicht in Geldwert berechnen läßt, dann müssen bessere ökonomische Modelle gefunden werden. Sexuell unreife Kinder erbringen Dienstleistungen für Verwandte innerhalb des Bereichs des Inzesttabus, doch mit Erreichen der sexuellen Reife und nach der Heirat erbringen sie Dienstleistungen für Mitglieder anderer Gruppen außerhalb der Grenzen des Inzesttabus, ihre durch Heirat neu erworbenen Verwandten. In Gesellschaften mit patrilinear organisierten Institutionen können Ehemänner (und ihre nahen Verwandten) Brautgeld und Arbeit entsprechend ihrer verwandtschaftlichen Verpflichtung geben, und Ehefrauen geben Kinder und Arbeit ebenfalls entsprechend ihren verwandtschaftlichen Verpflichtungen:

Natur	:	Kultur
durch das Inzesttabu gebundene Verwandte	:	angeheiratete Verwandte
Güter und Dienstleistungen für »uns«	:	Güter und Dienstleistungen für »andere«
Jungen und Mädchen	:	Männer und Frauen

Die Definition der Männer auf Gebende und die der Frauen auf Gegebene zu beschränken, hieße das Modell einer Art von Symmetrie und Balance, wie es notwendigerweise besteht, zu verleugnen.

Gibt es aber einen qualitativen Unterschied zwischen Gütern und Dienstleistungen abhängig davon, ob sie von Männern oder von Frauen erbracht werden? In vielen Gesellschaften besitzen Männer fraglos mehr Macht und verfügen über die Produkte der weiblichen Arbeit, wodurch ihnen eine größere Gütermenge zur Verfügung steht, mit der sie wiederum neue Allianzen knüpfen können. Falls es besser ist, ›auszuheiraten‹ als ›auszusterben‹,[75] könnte man Allianzen, die durch männlichen Reichtum initiiert werden, einen positiven Wert beimessen.[76] Allianzen integrieren unterschiedliche Gruppen, und in den meisten Gesellschaften sind Männer im politischen Bereich aktiver, wo die Integration sozialer Einheiten stattfindet, während Frauen in häuslichen Gruppen als kleinen Teilbereichen der Gesellschaft aktiver sind. In diesem Sinne können wir Männern einen hohen Wert beimessen, da sie ihren engen Bereich überschreiten und Fremdes zusammenführen.[77] Dies läßt allerdings die Tatsache außer acht, daß diejenigen, die durch Politik vereinigend wirken, durch Kriege ebenso trennen und zerstören.

Ökonomischer Austausch umfaßt sowohl Dienstleistungen als auch Güter. Wenn wir den gesamten Bereich von Gütern und Dienstleistungen, die in einer Gesellschaft ausgetauscht werden, in Betracht ziehen, können wir dann davon ausgehen, daß die Güter, über die Männer verfügen und die sie bereitstellen, notwendigerweise einen höheren Stellenwert besitzen als Dienstleistungen, über die Frauen verfügen und bereitstellen? Wie Lévi-Strauss seine Analyse des Austauschs auf das biologische Gesetz ›auszuheiraten‹ oder ›auszusterben‹ konzentrierte, so können wir ebenso auf einer biologischen Ebene die Frage stellen, ob mit höherer Wahrscheinlichkeit die ›hochentwickelten‹ Austauschformen, die Männer praktizieren, das Überleben des Homo sapiens als Gattung sicherstellen, oder die häusliche Produktion, das Teilen und die Fortpflanzung durch die Frauen. Im häuslichen Bereich erbrachte Dienstleistungen werden in modernen Industriegesellschaften entwertet, weil Arbeit als ›Lohnarbeit‹ definiert und von der häuslichen Sphäre getrennt wird, und weil hier ein ›Bevölkerungsproblem‹ in Anschlag gebracht wird. Dies sind jedoch Befangenheiten unserer eigenen Kultur und können keine universelle Geltung in Anspruch nehmen.

6. Natur, Kultur und die biologische Reproduktion der Gesellschaft

Ortner setzte die Lévi-Straussche Tradition fort, Fragen über die Menschheit zu stellen und dann eine Antwort zu versuchen, fort. Sie fragt, wie wir die universale Unterordnung der Frau erklären können, um dann unverzüglich ein biologisch-reduktionistisches Argument heranzuziehen, und sie glaubt erkannt zu haben, daß »die Frau durch ihren Körper zur bloßen Reproduktion von Leben verdammt scheint, der Mann dagegen, dem natürliche kreative Funktionen fehlen, muß (oder kann) seine Kreativität extern, ›künstlich‹, durch das Medium der Technologie und der Symbole behaupten. Dadurch schafft er relativ haltbare, ewige, transzendente Objekte, während die Frau nur Vergängliches schafft – den Menschen.«[78] Diese auf de Beauvoir[79] zurückgehende Sichtweise sticht durch ihren Ethnozentrismus hervor. Eine überaus große Zahl von Gesellschaften, insbesondere die totemistischen Gesellschaften, die Lévi-Strauss für seine Analyse heranzog, besitzt Linéage-Systeme, die definitionsgemäß dauerhaft sind. Jedes einmal geborene menschliche Leben fügt sich in eine große Kette des menschlichen Seins ein und sichert somit die Unsterblichkeit sowohl des eigenen Ich als auch der Gruppe. Häuser verrotten, Dörfer werden abgebrochen, Reiche zerfallen, aber es besteht der feste Glaube, daß die Linéage einschließlich der ›realen‹ Gesellschaft der Vorfahren ewig fortdauern wird.

Gibt es etwas wesenhaft ›Natürlicheres‹ in der weiblichen Physiologie als in der männlichen? In den meisten Gesellschaften wird die Rolle des Mannes bei der Fortpflanzung als ebenso bedeutsam wie die der Frau für die Kontinuität von sozialen Gruppen angesehen. Beide, Männer und Frauen, zeugen, nehmen Nahrung zu sich, scheiden aus und erfüllen andere lebenswichtige Bedürfnisse. Dies zu tun, ist natürlich, aber die sozialen Vorschriften für das Zu-Sich-Nehmen von Nahrung, die Zeit, den Ort und die Stellung beim Ausscheiden und natürlich auch die Vorschriften über Zeit, Ort und Stellung bei Ejakulation und Entbindung sind kulturell festgelegt. Fruchtbarkeit und Geburt werden durch Definitionen von Symptomen und technologischen Modifikationen infolge der chemischen und mechanischen Therapie heute in nahezu allen Gesellschaften bestimmt und können nicht als einziges Kriterium für die Definition der Frau als ›natürlich‹ gelten.[80]

Die Behauptung, daß Frauen durch ihre biologische Struktur gleichsam schicksalhaft dem Bereich der Natur und nicht der Kultur angehören, ist natürlich eine mythische Behauptung, und weder Ortner noch Lévi-Strauss erhalten sie aufrecht. Natürlich kann die Frau nicht gänzlich mit der Natur identifiziert werden, denn »es ist offensichtlich, daß sie ein richtiges menschliches Wesen ist, wie auch der Mann ausgestattet mit menschlichem Bewußtsein; sie macht die Hälfte der menschlichen Rasse aus, und ohne ihre Teilhabe würde das ganze Unternehmen zusammenbrechen«.[81] Oder, wie es Lévi-Strauss formuliert, »kann die Frau niemals zu einem bloßen Zeichen werden, denn sogar in der Männergesellschaft ist sie nach wie vor eine Person, und wenn sie als Zeichen definiert wird, muß sie auch als Erzeugerin von Zeichen betrachtet werden«.[82] Auf diese Weise taucht Lévi-Strauss' Paradox in metaphorischer Transformation wieder auf:

1. Die Kultur überschreitet die Natur, aber sie gründet im menschlichen Geist (Gehirn), der der Natur angehört.

2. Männer überschreiten aufgrund ihrer besonderen geistigen Eigenschaften die Natur, aber sie verbleiben in der Natur als Geborene, Zeugende und Besitzer eines menschlichen Geistes.

3. Frauen überschreiten aufgrund ihrer besonderen geistigen Eigenschaften die Natur, aber sie verbleiben in ihr als Geborene, Gebärende, Stillende und als Besitzerinnen eines menschlichen Geistes.

Man könnte 2. und 3. auch folgendermaßen zusammenfassen:

4. Männer und Frauen überschreiten aufgrund ihrer besonderen geistigen Eigenschaften die Natur, aber sie verbleiben in der Natur als Geborene, sich Fortpflanzende, Ernährer und als Besitzerinnen eines menschlichen Geistes.

Dürfen wir nun daraus schließen, daß Männer und Frauen sowohl die Natur als auch die Kultur verkörpern und es keinen logischen Grund gibt, der uns anzunehmen zwingt, daß auf einer unbewußten Ebene Frauen wegen ihrer Natürlichkeit dem Mann entgegengesetzt oder untergeordnet sind?

7. Ideologie und die Angemessenheit von Modellen

Ortner stellt die Behauptung auf, daß »überall, in jeder uns bekannten Kultur, Frauen als in gewissem Maße als dem Mann unterlegen angesehen werden«.[83] Aber sie sagt nicht, wer es denn sei, der eine solche Einschätzung der Frauen vornimmt. Sind es die Männer? Oder die Frauen selbst? Oder auf wie viele trifft dies zu? In der Feldforschung habe ich mit vielen weiblichen Häuptlingen, weiblichen Oberhäuptern von Großfamilien, Anführerinnen von geheimen Frauenbünden und Haushaltsvorständen gesprochen, die alle dieser so drastisch formulierten Hypothese auf keine Weise zustimmen würden. Sie selbst würden sagen, daß Frauen den Männern in einigen Belangen unterlegen sind, und Männer in einigen Belangen den Frauen, und sie würden durch Beispiele belegen, wie fruchtbar sich diese Tatsache in der wechselseitigen Übernahme von Aufgaben in der Arbeitsteilung auswirken kann. Es würde diese unselige Diskussion über die Rollen der Geschlechter in den westlichen Industrienationen heute nicht geben, wenn nicht ein wesentlicher Teil der Männer und Frauen sich die These von der universalen Unterordnung der Frau zu eigen gemacht hätte. Dabei interessierte uns folgendes methodologisches Problem: Können strukturalistische Modelle ohne den Bezug auf die Bewußtseinsmuster der Menschen und statistische Beschreibungen Bestand haben? Scheffler votiert für Modelle, die von den betreffenden Menschen als zulänglich und angemessen anerkannt werden,[84] während Lévi-Strauss den eigenen Aussagen der Menschen als einer möglichen Quelle der Verschleierung der Tiefenstruktur mißtraut.[85]

Ardeners Position gegenüber Modellen von Natur, Kultur und Geschlecht ist nicht eindeutig. Einerseits mißt er den Bewußtseinsmustern der Menschen eine reale Relevanz bei und nennt die Bakweri-Frauen als Beispiel, die sich, wie er behauptet, der Natur zugehörig empfinden.[86] Wie Lévi-Strauss und Ortner möchte er Frauen nicht gänzlich im Bereich der Natur angesiedelt wissen, aber er glaubt, daß Frauen selbst sich sowohl mit Natur als auch mit Kultur identifizieren, wohingegen Männer sich gegen die Natur abgrenzen. Er ist ebenfalls überzeugt, daß die metaphorische Verbindung von ›Frau‹ und ›Natur‹ auf der Ebene der unbewußten Struktur Gültigkeit besitzt.[87] Er folgt jedoch letztendlich dem vertrauten Muster strukturalistischer Argumentation und reduziert das Argument auf die Biologie, wenn er sagt, daß »da Frauen nicht mit Männern identisch sind, es überraschend wäre, wenn sie sich auf dieselbe Weise gegen die Natur abgrenzten wie die Männer«.[88]

Aber die Verbindung zwischen Frauen und Natur ist kein ›vorgegebenes Faktum‹. Das Geschlecht selbst und auch Geschlechtsattribute lassen sich nicht auf reine Biologie beschränken. Die Bedeutungen, mit denen die Begriffe Männlich und Weiblich verbunden werden, sind ebenso arbiträr wie die von Natur und Kultur.[89] Diejenigen, die die These über Natur, Kultur und Geschlecht entwickelt haben, verwurzeln das Weibliche in der Natur und das Männliche im sozialen Feld.[90] Wenn aber Männer und Frauen einer gemeinsamen Spezies angehören und zusammen die menschliche Gesellschaft bilden, muß die Analyse der intrinsischen Geschlechtsattribute logischerweise in bezug auf denselben Bereich erfolgen. Ebenso geht die Formulierung von Soziologen in die Irre, die die Geschlechtsattribute des Mannes in übertriebener Weise aus dem Bereich der Biologie ableiten und damit die ›Natürlichkeit‹ der politischen Herrschaft des Mannes über die Frau erklären.[91]

In seiner Schlußfolgerung scheint Ardener auf die Ebene des bewußten Modells zurückzukehren; zum dominanten männlichen Modell nämlich, in dem ›einige Wesenszüge der Frauen‹ nicht in die Grenzen der Gesellschaft passen, wie sie Männer definiert haben.[92] Die Bakweri-Frauen selbst kämen mit dem männlichen Modell blendend zurecht und hätten sich damit abgefunden, weil sie sich unterordneten und durch das Übergewicht der männlichen Herrschaft ›stumm geworden‹ seien.[93]

Wir sind hier an einem relativistischen Standpunkt angelangt, wo Frauen eine andere Geschichte erzählen würden als Männer, sie aber kein Gehör finden, weil die europäischen Wissenschaftler sich den Männern als den autoritativen Sprechern zuwenden. Wir haben es hierbei nicht mehr mit putativen universalen Strukturen zu tun, sondern mit einem politischen Problem, weil die Frauen der Stimme beraubt werden von Männern, die die politische Machtelite bilden; wir sollten dagegen über unsere eigene europäische Kulturgeschichte nachdenken und nach den Gründen suchen, warum manche Anthropologen die bewußten Modelle, die sie bei kolonialisierten Männern vorfinden, als so befriedigend empfinden.

Obwohl sich strukturalistische Modelle auf die synchrone Dimension sozialer Phänomene beziehen, waren Lévi-Strauss und andere auch an der diachronen Dimension des sozialen Wandels interessiert. Wie de Saussure in seinem linguistischen Werk zwischen der Wissenschaft von der *langue* (Code) und der Wissenschaft von der *parôle* (Botschaft) unterschied, so arbeitet Lévi-Strauss sowohl mit dem synchronen Strukturalismus als auch der marxistischen Dialektik, die den sozialen Wandel und die letztendlichen Ursachen bestimmter kultureller Codes erklärt. Wenn Frauen im Garten arbeiten und weben, wird ihre Tätigkeit als eine aufgefaßt, die sich innerhalb der Ordnung der Natur befindet. Wenn Männer dieselbe Arbeit übernehmen und dabei Kultur in Form komplexer Maschinen dazwischenschalten, dann gehört ihre Tätigkeit offenbar in die Ordnung der Kultur.[94] Vermutlich werden Frauen von Männern als schlechte oder unbezahlte Arbeitskräfte betrachtet, als billiger natürlicher Rohstoff im Produktionsprozeß. Zum Thema der Entwicklung der Dritten Welt argumentiert Lévi-Strauss, daß die dortigen Gesellschaften nicht aus eigener Ursache ›unterentwickelt‹ seien, sondern weil kapitalistische Gesellschaften ihnen seit dem 16. Jahrhundert ihren Reichtum entzogen hätten. Eroberungszüge, die Gold aus der Neuen Welt, Sklaven aus Afrika oder andere Reichtümer wegführten, verbänden die nicht-industrialisierten Länder und die Industrienationen zu einem gemeinsamen System mit einer gemeinsamen Geschichte. Das Verhältnis zwischen den Kolonialherren und den kolonialisierten Völkern und das Verhältnis zwischen Kapitalisten und Proletariern in den Industriegesellschaften seien Manifestationen desselben Prozesses: »Die stumme Sklaverei in der Neuen Welt wurde als Grundstein gebraucht, auf dem die versteckte Sklaverei der europäischen Lohnarbeiter errichtet werden konnte.«[95]

Kolonialherren	:	Kolonialisierte
Kapitalisten	:	Proletarier

Für Lévi-Strauss liegen der Ursprung und die wahre Realität der Industriegesellschaft in der unumkehrbaren historischen Bedingung der Unterdrückung, und er kritisiert die Ansicht Malinowskis, daß Entwicklung das Resultat der Einwirkung einer höheren und aktiveren Kultur auf eine einfacher strukturierte und passivere Kultur sei. »›Simplizität‹ und ›Passivität‹ sind nicht eigentliche Merkmale dieser Gesellschaften, sondern das Ergebnis der Wirkung auf sie von ihren ersten Anfängen an; eine Situation, die durch Brutalität, Plünderung und Gewalt geschaffen wurde, ohne die die historischen Bedingungen dieser Entwicklung selbst nicht hätten entstehen können.«[96]

Obwohl Lévi-Strauss Engels in der Analyse der Kolonialisierung und der Entstehung des Proletariats zustimmt, folgt er ihm nicht in der Analyse des Prozesses, durch den die Frauen – durch das Aufkommen von Privatbesitz und die Privatisierung der weiblichen Arbeit –, als Kategorie zum ›Proletariat‹ der Männer, der ›Bourgeoisie‹, geworden seien.[97]

Kolonialherr	:	Kolonialisierter
Kapitalist	:	Proletarier
Männlich	:	Weiblich

Wenn Lévi-Strauss darauf beharrt, daß Simplizität und Passivität nicht intrinsische Eigenschaften von Kolonialisierten und Proletariern sind, dann muß er logischerweise ebenso darauf beharren, daß es keine intrinsischen Eigenschaften von Frauen sind, sondern das Ergebnis eines historischen Prozesses, der die Frauen ihrer Macht beraubt und an den Rand gedrängt hat. Wir meinen, daß das Verständnis der ›Botschaft‹ von Besitzverhältnissen ebenso wichtig ist wie des ›Codes‹ von Natürlichkeit, wenn wir die untergeordnete Rolle der Frau in der menschlichen Gesellschaft erklären und begreifen wollen.

Während der Aufklärung war der Naturbegriff von grundlegender Bedeutung für den politischen Diskurs sowie für die Entstehung der naturwissenschaftlichen Forschung. Maurice und Jean Bloch verankerten die Idee der Natur in einer politischen Dialektik, die das ›Naturrecht‹ der Lehre vom göttlichen Recht der Könige gegenübersetzte. Später brachte Rousseau die Bedeutung von ›Natur‹ als Quelle der Erneuerung und Reinigung einer korrumpierten Gesellschaft auf. Dieser Naturbegriff war wesentlich für Rousseaus radikale Verteidigung der Souveränität des Volkes und der Legitimität der Demokratie. Der Naturbegriff erhält seine Bedeutung teilweise durch die Begriffe, die ihm entgegengesetzt werden; Gott-Könige, Vor-Gesellschaft, korrumpierte Gesellschaft usw. Da ›Natur‹ zu verschiedenen Zeiten verschiedenen Lehren gegenübergestellt wurde, hat sich die Bedeutung dieses Begriffs entsprechend gewandelt.

Rousseau setzte die Idee der Natur als Führerin und Lehrerin einer reformierten Gesellschaft in eine weitere dialektische Beziehung zu einem Verständnis von Natur, das Natur mit weiblichen Emotionen und häuslichem Leben in Verbindung bringt. Die Ideen sozialer und politischer Reformierung im 18. Jahrhundert bezogen sich nicht auf die Frau. Obwohl Frauen ein höheres Maß an Natürlichkeit zugesprochen wurde als den Männern, wurden sie in sozialer Hinsicht als passiv, abhängig und dem Manne unterlegen angesehen. Dieser Widerspruch taucht in Lévi-Strauss' Vision von sozialer Struktur wieder auf und stellt einen Teil der Dialektik des Geschlechts dar, zu der dieses Buch einen Beitrag leisten will.

Im 18. Jahrhundert verstand man unter Natur zweierlei: Erstens galt sie als der Teil der Welt, in den man noch nicht vollständig eingedrungen war, aber auch als der Teil, den Männer verstanden, beherrschten und sich zu eigen gemacht hatten. Jordanova legt dar, wie wissenschaftliche Forschung und politischer Diskurs parallel zueinander verliefen, indem sie der Frau widersprüchliche Attribute zuwiesen. Sie galt als Hüterin des Naturrechts; die Mutter der Familie galt als die Gründerin der menschlichen Gesellschaft. Durch die wissenschaftliche Erklärung der Frau konnten die Rätsel der Natur aufgedeckt und verstanden werden. Aber Frauen galten auch als die Quelle der Leidenschaften, die in Schranken gehalten und kontrolliert werden mußten. Mitte des 18. Jahrhunderts lieferten die Beobachtungen einer anerkannten bio-medizinischen Tradition eine Definition des Menschen, die eine konzeptuelle Trennung zwischen einzigartig weiblichen und einzigartig männlichen Eigenschaften zu untermauern schien. Frauen wurden durch einen biologischen Determinismus ›erklärt‹, Männer dagegen in stärkerem Maße durch ihre sozialen Handlungen. Diese Forschungshaltung setzt sich auch heute noch in einigen Arbeiten über das Geschlecht fort.

Wir könnten den Bereich unserer Forschungen erweitern und uns wieder dem Verhältnis zwischen den europäischen Kolonialmächten und der »Dritten Welt« zuwenden. In der Diskussion über die Bedeutung von Kultur und Gesellschaft könnten wir die europäischen Konzepte als ›dominanten Code‹ betrachten (Ardener), der unsere eigene Sichtweise der Welt zum allgemeingültigen Maßstab erhebt. Wie Harris hervorhebt, werden wir auf diese Weise mit geringerer Wahrscheinlichkeit die ›stummen Codes‹ hören können. Sozialwissenschaftler müssen sich jedoch vor der Neigung hüten, durch die Dominanz des Diskurses unserer europäischen Kultur unsere eigenen Kategorien zu universalisieren und auf diese Weise gegenüber anderen Möglichkeiten, die Welt zu strukturieren, taub zu werden. Obwohl die untersuchten Völker insgesamt binäre Konstruktionen in bezug auf Natur und Geschlecht kennen, kann keine der resultierenden symbolischen Gleichungen auf einen simplen Kontrast von Natur/Kultur analog männlich/weiblich reduziert werden.

(Aus dem Englischen von Roland Rippl)

Anmerkungen

1 Meine Dankbarkeit gilt besonders Meyer Fortes, Christine Hugh-Jones, Steven Hugh-Jones, Jenny Teichmann und Marilyn Strathern. Ich bin nicht in jedem Punkt ihrem scharfsinnigen Rat gefolgt, aber ich zolle ihren Standpunkten tiefen Respekt.

2 Sherry B. Ortner, »Verhält sich weiblich zu männlich wie Natur zu Kultur?«, in diesem Band. Edwin Ardener, »Belief and the Problem of Women« und »The Problem Revisited«, in: Shirley Ardener (Hg.), *Perceiving Women*, London 1975, S. 1–18 und 19–28.

3 Robert Wokler, »Perfectable Apes in Decadent Cultures: Rousseau's Anthropology Revisited«, in: *Daedalus*, 107 (1978), S. 107–134.

4 C. R. Badcock, *Lévi-Strauss: Structuralism and Sociological Theory*, London 1975.

5 Claude Lévi-Strauss, *Die elementaren Strukturen der Verwandtschaft*, Frankfurt am Main 1981, S. 78.

6 Claude Lévi-Strauss, *Mythos und Bedeutung. Vorträge*, Frankfurt am Main 1980, S. 35–36.

7 Bei Gardener findet sich eine weitere Diskussion dieses Punktes, insbesondere in bezug auf Lévi-Strauss und Piaget. Howard Gardener, *The Quest for Mind: Piaget, Lévi-Strauss and the Structuralist Movement*, London 1976.

8 Claude Lévi-Strauss, *Die elementaren Strukturen der Verwandtschaft*, a. a. O., S. 81–82.

9 Harold W. Scheffler, »Structuralism in Anthropology«, in: Jacques Ehrmann (Hg.), *Structuralism*, Garden City/NJ 1970, S. 56–78.

10 Lévi-Strauss behauptet, daß Mythos und Musik nicht nur analog zur Sprache, sondern von ihr abgeleitet seien. Lévi-Strauss, *Mythos und Bedeutung*, a. a. O., S. 66.

11 Lévi-Strauss, *Die elementaren Strukturen der Verwandtschaft*, a. a. O., S. 55.

12 Lévi-Strauss, *Mythos und Bedeutung*, a. a. O., S. 22.

13 Lévi-Strauss, zitiert in Alan Jenkins, *The Social Theory of Claude Lévi-Strauss*, London 1979, S. 14.

14 C. R. Badcock, a. a. O., S. 98.

15 Edmund Leach, *Claude Lévi-Strauss*, New York 1970, S. 121 und ders., »Structuralism in Social Anthropology«, in: David Robey (Hg.), *Structuralism: An Introduction*, Oxford 1973, S. 37–56, hier S. 39.

16 Lévi-Strauss, *Die elementaren Strukturen der Verwandtschaft*, a. a. O., S. 37.

17 Claude Lévi-Strauss, *Das wilde Denken*, Frankfurt am Main 1973, S. 251–252.

18 Siehe Badcock, a. a. O. Dort eine umfassendere Diskussion mit einem Vergleich von Lévi-Strauss' biologischem Reduktionismus und Freud. In seinen späteren Arbeiten befaßt sich Lévi-Strauss mit der Ambiguität der Natur. Sie ist sub-kulturell, aber sie ist auch die Möglichkeit, von der sich der Mensch Kontakt zu Vorfahren, Geistwesen und Göttern erhofft. Insofern ist Natur ›übernatürlich‹. Lévi-Strauss, *Strukturale Anthropologie II*, Frankfurt am Main 1975, S. 359.

19 David Schneider. »What Is Kinship All About?« in: P. Reining (Hg.), *Kinship Studies in the Morgan Centennial Year*, Washington 1972.

20 Jenkins, a. a. O., S. 36–37.

21 MacCormack bezieht sich hier auf den von ihr gemeinsam mit Strathern herausgegebenen Sammelband, zu dem der vorliegende Artikel die Einleitung bildet. – A. d. Ü.

22 Scheffler, a. a. O., S. 67.

23 Lévi-Strauss, *Strukturale Anthropologie I*, Frankfurt am Main 1967, S. 304.

24 Hugo Nutini, »Some Considerations on the Nature of Social Structure and Model Building«, in: E. N. Hayes und T. Hayes (Hg.), *The Anthropologist as Hero*, Cambridge/Mass. 1970, S. 70–107, hier S. 82.

25 Leach, a. a. O., S. 105.

26 Howard Gardener, *The Quest for Mind: Piaget, Lévi-Strauss and the Structuralist Movement*, London 1976, S. 4–7.

27 Leach, a. a. O., S. 129.

28 Ebd.

29 Philip Pettit, *The Concept of Structuralism: A Critical Analysis*, Dublin 1975, S. 87–88.

30 Bob Scholte, »Structural Anthropology as an Ethno-logic«, in: Ino Rossi (Hg.), *The Unconscious in Culture*, New York 1974, S. 424–545, hier S. 428.

31 Mary Douglas, »The Meaning of Myth«, in: E. R. Leach (Hg.), *The Structural Study of Myth and Totemism*, London 1967, S. 49–70, hier S. 66. G. S. Kirk, *Myth*, Cambridge 1970, S. 78.

32 Eine Antwort auf diese Kritik findet sich bei Lévi-Strauss, *Mythos und Bedeutung*, a. a. O., S. 38 ff.

33 Marshall Sahlins, *Culture and Practical Reason*, Chicago 1976, S. 52–53. Sahlins bemerkte dazu: »Soweit mir bekannt ist, sind wir die einzigen, die sich selbst als von Wilden abstammend begreifen; jedermann sonst glaubt, er stamme von den Göttern ab.«

34 Edwin Ardener, a. a. O., S. 1–18.

35 Robert A. Lowie, *The History of Ethnological Theory*, New York 1937, S. 40 ff.

36 Roy Wagner, *The Invention of Culture*, Englewood Cliffs/NJ, 1975.

37 Lévi-Strauss, *Die elementaren Strukturen der Verwandtschaft*, a. a. O., S. 640.

38 Edmund Leach, *Culture and Communication*, Cambridge 1976, S. 25–27.

39 Nicole-Claude Mathieu, »Homme–Culture et Femmes–Nature?« in: *L'Homme*, 13 (1973), S. 101–141.

40 Ardener berichtet in diesem Zusammenhang: Die Männer »jagen auf den Bergspitzen weit weg von allen Dörfern und Farmen; dies findet seinen rituellen Ausdruck im Elephantentanz der Männer« (Edwin Ardener, a. a. O., S. 14). Wir können daraus schließen, daß das wilde Tier in uns allen steckt, nicht nur in den Frauen, und das Nicht-Soziale = Nicht-Menschliche = das Wilde = die Natur ist eine mächtige Metapher, die zum Nachdenken über den Menschen anregt. Ardener zitiert La Fontaines Beobachtung, daß das Wilde im Mann normalerweise für Tod und Zerstörung steht, das Wilde der Frau indessen für Ackerbau und Fruchtbarkeit. (Ebd., S. 16)

41 Paul Ricœur, *The Rule of Metaphor: Multi-disciplinary Studies of the Creation of Meaning in Language*, London 1978, S. 169 ff.

42 Harris, a. a. O., S. 70–94.

43 Ortner entwickelt eine Theorie der Frau als Naturwesen, aber sie hält diese extreme Position nicht aufrecht und erkennt die Rolle der Frau in der Vermittlung zwischen Natur und Kultur an. Ortner, in diesem Band. Siehe auch Lévi-Strauss, *Das wilde Denken*, a. a. O., S. 139.

44 Lévi-Strauss, *Mythos und Bedeutung*, a. a. O., S. 46.

45 Marilyn Strathern, »No nature, no culture«, in: MacCormack/Strathern (Hg.), *Nature, Culture and Gender*, a. a. O., S. 174–222.

46 Gillison, »Images of Nature in Gimi Thought«, in: *Nature, Culture and Gender*, a. a. O., S. 143–173.

47 Harris, a. a. O.

48 Carol P. MacCormack, »Proto-social to adult: a Sherbro transformation«, in: *Nature, Culture and Gender*, a. a. O., S. 95–118.

49 Lévi-Strauss, *Strukturale Anthropologie II*, a. a. O., S. 87.

50 Lévi-Strauss, *Strukturale Anthropologie I*, a. a. O., S. 62. In der Analyse der sozialen Struktur folgt Lévi-Strauss der Rousseauschen Tradition, indem er den Mann als aktiv und die Frau als passiv und kontrolliert definiert. Bei seiner Analyse des Mythos arbeitet er mit einer reichen Vielfalt von Eigenschaften, die der Frau zugeschrieben werden und bringt weiblich nicht ausschließlich, wie Ortner und Ardener, mit Natur in Verbindung.

51 Lévi-Strauss, *Die elementaren Strukturen der Verwandtschaft*, a. a. O., S. 213.

52 U. Junus, »Some Remarks on Minangkabau Social Structure«, in: *Bijdragen tot Taal – Land- en Volkenkunde*, 120 (1964), S. 293–362.

53 MacCormack, »Mende and Sherbro Women in High Office«, in: *Canadian Journal of African Studies*, 6 (1972), S. 151–164. Dies., »Madam Yoko: Ruler of the Kpa Mende Comfederacy«, in: Rosaldo/Lamphere (Hg.), *Women, Culture and*

Society, a.a.O., S. 173–188. Dies., »The Compound Head: Structures and Strategies«, in: *Africana Research Bulletin*, 6 (1976), S. 44–64. Dies., »Sande: The Public Face of a Secret Society«, in: B. Jules-Rosette (Hg.), *The New Religions of Africa*, Norwood 1979, S. 27–38.

54 Lévi-Strauss, *Strukturale Anthropologie I*, a.a.O., S. 304 und ders., *Strukturale Anthropologie II*, a.a.O., S. 87. In *The Meaning and the Use of the Notion of Model* warnt Lévi-Strauss davor, die theoretische Analyse von Modellen mit einer Beschreibung des Datenmaterials, auf das der empirische Beobachter bei seinen Feldforschungen trifft, zu verwechseln. »Bei vielen Gesellschaften Südostasiens ist es bequem und oft auch richtig, wenn man sagt, daß die Frauen zirkulieren und nicht die Männer. Doch das widerspricht nicht der Tatsache – der ein verallgemeinertes Modell vollkommen Rechnung trägt –, daß die Struktur des Systems unverändert bliebe, wenn die Regel umgekehrt formuliert würde, was im übrigen einige Populationen vorziehen.« Lévi-Strauss, *Strukturale Anthropologie II*, a.a.O., S. 95.

55 Nutini, a.a.O., S. 73 und 82.

56 Siehe auch: Harris, a.a.O., S. 70–94. Und: Jane C. Goodale, »Gender, Sexuality and Marriage: A Kaulong Model of Nature and Culture«, in: MacCormack/Strathern (Hg.), *Nature, Culture and Gender*, a.a.O., S. 119–142.

57 Caroline Bledsoe, *Women and Marriage in Kpelle Society*, Stanford 1980.

58 Lévi-Strauss, *Die elementaren Strukturen der Verwandtschaft*, Frankfurt am Main 1981, S. 213.

59 J. Van Baal, *Reciprocity and the Position of Women*, Amsterdam 1975, S. 76.

60 MacCormack, »Health, Fertility and Childbirth in Southern Sierra Leone«, in: Carol P. MacCormack (Hg.), *Ethnography of Fertility and Birth*, London 1981.

61 Van Baal, a.a.O., S. 72.

62 Edwin Ardener, a.a.O., S. 18.

63 Esther Boserup, *Women's Role in Economic Development*, London 1970, S. 79–80.

64 Kenneth Little, *African Women in Towns*, Cambridge 1973, Kapitel 2.

65 MacCormack, »The Compound Head: Structures and Strategies«, a.a.O., S. 44–64.

66 Edwin Ardener, a.a.O., S. 13.

67 Denise Paulme, *Women of Tropical Africa*, Berkeley 1963, S. 6–7.

68 Edwin Ardener, a.a.O., S. 2.

69 Esther N. Goody, »Towards a Theory of Questions«, in: Ester N. Goody (Hg.), *Questions and Politeness*, Cambridge 1978, S. 17–43.

70 Wendy James, »Matrifocus in African Women«, in: Shirley Ardener (Hg.), *Defining Females*, London 1978, S. 140–162, hier S. 145.

71 Annette B. Weiner, *Women of Value, Men of Renown: New Perspectives in Trobriand Exchange*, Austin 1976, S. 23.

72 Gillison, a.a.O.

73 Alice Singer, »Marriage Payments and the Exchange of People«, in: *Man*, 8 (1973), S. 80–92. James, a.a.O., S. 155ff.

74 Boserup, a.a.O.

75 Diese auf Taylor zurückgehende Formulierung, wird von Lévi-Strauss in *Die elementaren Strukturen der Verwandtschaft*, a. a. O., S. 95, als unübersetzbar, im englischen Original zitiert: »between marrying out or being killed out«. E. B. Tylor, »On a Method of Investigating the Development of Institutions: Applied to Laws of Marriage and Descent«, in: *Journal of the Anthropological Institute*, 18 (1889), S. 267.

76 Lévi-Strauss, *Die elementaren Strukturen der Verwandtschaft*, a. a. O., S. 95.

77 Ortner, in diesem Band, S. 27.

78 Ebd.

79 Simone de Beauvoir, *Das andere Geschlecht. Sitte und Sexus der Frau*, Hamburg 1968.

80 MacCormack, »Health, Fertility and Childbirth in Southern Sierra Leone«, a. a. O.

81 Ortner, a. a. O.

82 Lévi-Strauss, *Die elementaren Strukturen der Verwandtschaft*, a. a. O., S. 663.

83 Ortner, a. a. O.

84 Scheffler, a. a. O., S. 67.

85 Lévi-Strauss, *Strukturale Anthropologie I*, a. a. O., S. 304.

86 Anhand einer Bakweri-Geschichte und einem damit zusammenhängenden Ritual erklärt Ardener: »Bakweri-Frauen betrachten als Teil ihrer Welt das Wilde, das Moto [die Männer] ausschließen [...] Obwohl die Männer die ›Menschheit‹ gegen die Natur abgrenzen, fahren die Frauen weiter fort, sich teilweise in Deckung mit der Natur zu begreifen.« Edwin Ardener, a. a. O., S. 7 f. »Bakweri-Frauen definieren die Grenzen ihrer Welt in der Weise, daß sie teilweise in dem von Männern definierten Wilden leben, teilweise aber auch in der Welt der Männer innerhalb der Grenzen des Dorfes.« Ders., a. a. O., S. 13.

87 Ardener interpretiert das Initiationsstadium des *liengu* (Wassergeist)-Ritus als »die letztliche Inkorporation der Frau im Wilden, außerhalb der Grenzen des Dorfzaunes«. Ebd., S. 12. Er verwendet »Methoden der Art, wie sie Lévi-Strauss in den *Mythologiques* verwendete«, und er entdeckt in der strukturellen Analyse des Mythos ein im Unbewußten verankertes Modell, in dem die Frauen mit der Natur verbunden sind. Ebd., S. 8.

88 Ebd., S. 5.

89 Mathieu, a. a. O.

90 De Beauvoir, a. a. O., S. 239. Ortner, a. a. O., S. 67–88. Edwin Ardener, a. a. O., S. 5. Lévi-Strauss, *Die elementaren Strukturen der Verwandtschaft*, a. a. O., S. 644.

91 Siehe z. B. E. O. Wilson, *Sociobiology*, Cambridge/Mass. 1975, Kapitel 27. Jedoch konnten Soziobiologen den Mechanismus, durch den die Gene den Menschen zu dem beobachteten geschlechtsspezifischen Verhalten veranlassen, nicht herausfinden, insbesondere angesichts der kulturellen Vielfalt solcher ›natürlicher‹ Verhaltensweisen. Eine generelle Kritik dazu bei Marshall Sahlins, a. a. O.

92 Edwin Ardener, a. a. O., S. 23.

93 Ebd., S. 24.

94 Lévi-Strauss, *Strukturale Anthropologie II*, a. a. O., S. 361.

95 Zitiert von Lévi-Strauss, *Strukturale Anthropologie II*, a. a. O., S. 354.

96 Lévi-Strauss, ebd., S. 354f.

97 Friedrich Engels, *Der Ursprung der Familie, des Privateigentums und des Staates*. Im Anschluß an Lewis H. Morgans Forschungen, Berlin-Ost 1964, S. 66ff.

Henrietta L. Moore

Feminismus und Anthropologie: Die Geschichte einer Beziehung*

> Anthropologie ist das Studium vom Mann,
> die Frau umfassend.
>
> *Bronislaw Malinowski*

Die feministische Kritik innerhalb der Sozialanthropologie erwuchs, wie in anderen Sozialwissenschaften, aus der spezifischen Sorge darüber, daß Frauen von der Disziplin nicht genügend berücksichtigt werden. Es ist jedoch schwierig, die Geschichte dieser Vernachlässigung aufzurollen, weil die Sozialanthropologie stets auf eine sehr uneindeutige Art und Weise mit Frauen umgegangen ist. Das bedeutet nicht, daß Frauen in der traditionellen Anthropologie ignoriert worden wären. »Auf der Ebene der ›Beobachtung‹ in der Feldforschung ist das Verhalten der Frauen, wie das der Männer, natürlich erschöpfend dargestellt worden: ihre Heiraten, ihre ökonomischen Betätigungen, ihre Riten usw.«[1] Frauen waren in ethnographischen Studien stets präsent, weil sich die traditionelle Anthropologie vorwiegend für Verwandtschaftsbeziehungen und Heiratssysteme interessierte. Das Hauptproblem bestand daher nicht im Mangel an empirischen Studien, sondern es war eines der Repräsentation. In einer berühmten Studie, die sich mit diesem Problem befaßt, wurden die unterschiedlichen Interpretationen von Ethnographen und Ethnographinnen zur Stellung und dem Wesen australischer Eingeborenenfrauen analysiert. Die Ethnographen stuften die Frauen als dem profanen Bereich zugehörig, ökonomisch unwichtig und von Ritualen ausgeschlossen ein. Dagegen beschrieben die Ethnographinnen die zentrale Rolle der Frauen für den Lebensunterhalt, die weiblichen Rituale und die respektvolle Art, in der sie von den Männern behandelt wurden.[2] Frauen spielten in beiden Gruppen ethnographischer Studien eine Rolle, jedoch auf eine sehr verschiedene Weise.

* Original: »Feminism and Anthropology: The Story of a Relationship«, in: Henrietta L. Moore, *Feminism and Anthropology*, Cambridge 1988, S. 1–11.

Die neue »ethnologische Frauenforschung« wurde so Anfang der siebziger Jahre durch die Frage nach der Repräsentation der Frauen in anthropologischen Studien ins Leben gerufen. Als eigentliches Problem wurde schnell die männliche Voreingenommenheit (*male bias*) erkannt, von der drei Erscheinungsformen oder ›Stufen‹ angenommen wurden. Die erste Form liegt in der Einstellung des Anthropologen, der in die Forschung verschiedene Annahmen und Erwartungen darüber einbringt, wie die Beziehungen von Männern und Frauen gestaltet sind und welche Bedeutung diese Beziehungen für das Verständnis einer Gesellschaft im allgemeinen haben.

»Die männliche Sichtweise wird in die Feldforschung hineingetragen. Es wird oft behauptet, daß Männer Fremden (insbesondere männlichen Fremden) gegenüber für eine Befragung zugänglicher seien. Ein ernsteres und grundlegenderes Problem ist unser Glaube, daß in anderen Kulturen Männer die wichtigen Informationen besitzen, so wie wir es bei uns gelernt haben. Wir richten unsere Aufmerksamkeit auf sie und schenken Frauen wenig Beachtung. Weil wir glauben, daß Männer für Gespräche zugänglicher sind und in den eigentlichen kulturellen Bereichen eine zentralere Rolle einnehmen, erfüllen wir unsere eigenen Prophezeiungen, wenn wir in den Männern die besseren Informanten sehen.«[3]

Die zweite Art von Voreingenommenheit liegt in der zu studierenden Gesellschaft selbst. Frauen werden in vielen Gesellschaften als den Männern untergeordnet angesehen, und mit großer Wahrscheinlichkeit wird eben diese Sichtweise des Verhältnisses der Geschlechter dem Anthropologen vermittelt. Die dritte und letzte Form liegt in der Verstellung des Blicks durch die Struktur der westlichen Gesellschaft. Wenn ForscherInnen in anderen Kulturen auf asymmetrische Beziehungen zwischen Männern und Frauen treffen, dann nehmen sie an, daß diese Asymmetrien eine Parallele zu ihren eigenen kulturellen Erfahrungen von ungleichen und hierarchisch strukturierten Beziehungen zwischen den Geschlechtern in der westlichen Gesellschaft darstellen. Eine Reihe von feministisch orientierten Anthropologinnen haben in jüngerer Zeit argumentiert, daß auch dort, wo die Beziehungen zwischen Frauen und Männern mehr auf Gleichheit ausgerichtet seien, Forscherinnen und Forscher darin versagen, diese potentielle Gleichheit zu verstehen, weil sie von ihrem Verständnis von Unterschied und Asymmetrie als Ungleichheit und Hierarchie nicht loskommen.[4]

Es kann deshalb kaum überraschen, daß feministisch orientierte Anthropologinnen ihre erste Aufgabe darin sahen, diese dreifache Struktur männlicher Voreingenommenheit aufzubrechen. Eine Möglichkeit, dies zu leisten, bestand darin, sich auf Frauen zu konzentrieren und ihre tatsächlichen Verhaltensweisen zu erforschen und zu beschreiben und diese Studien den Aussagen von Männern (Ethnographen und Informanten) über das Verhalten von Frauen entgegenzusetzen. Ebenso wurden die Aussagen, Wahrnehmungen und Haltungen der Frauen selbst aufgezeichnet und analysiert. Die Korrektur der männlichen Sichtweise durch die Erhebung neuer Daten über Frauen und deren Tätigkeiten konnte jedoch nur ein erster Schritt sein – wenn auch ein dringend notwendiger –, weil das eigentliche Problem der Einbeziehung von Frauen in die Anthropologie nicht auf der Ebene der empirischen Forschung angesiedelt, sondern theoretischer und analytischer Natur ist. Die feministische Anthropologie stellt sich demnach die weit größere Aufgabe, die anthropologische Theorie aufzuarbeiten und ihr eine neue Wendung zu geben. »Ebenso wie es Feministinnen klar wurde, daß sich die Ziele der Frauenbewegung nicht durch die ›Frauenhinzufügen-und-umrühren-Methode‹ erreichen ließen, so kamen diejenigen, die sich mit feministischen Studien befaßten, schnell darauf, daß die akademischen Pfründen nicht durch die bloße Erweiterung auf Frauenfragen vom Sexismus geheilt werden konnten.«[5] Anthropologinnen erkannten schnell ihre Rollle als ›Erben einer soziologischen Tradition‹, die Frauen von jeher als »im wesentlichen uninteressant und unwichtig« behandelte.[6] Aber sie erkannten auch, daß ein bloßes ›Hinzufügen‹ von Frauen zur traditionellen Anthropologie das Problem der analytischen ›Blindheit‹ gegenüber Frauen nicht lösen würde: Es würde das Problem der männlichen Voreingenommenheit nicht aus der Welt schaffen.

1. Modelle und »verstummte Gruppen«

Edwin Ardener gehörte zu den ersten, die die Bedeutung der ›männlichen Voreingenommenheit‹ für die Entwicklung von Erklärungsmodellen in der Sozialanthropologie erkannten. Er schlug die Theorie der ›verstummten Gruppen‹ (*muted groups*) vor und argumentierte, daß die dominanten Gruppen einer Gesellschaft die herrschenden gesellschaftlichen Formen des Ausdrucks in ihr erzeugen und kontrollieren. Verstummte Gruppen werden durch die Herrschaftsstrukturen zum Schweigen gebracht, und wenn sie sich selbst artikulieren wollen, sind sie gezwungen, dies in den herrschenden Ausdrucksweisen und den dominanten Ideologien zu tun.[7] Jede zum Schweigen gebrachte oder auf diese Weise ihrer Ausdrucksfähigkeit beraubte Gruppe (Zigeuner, Kinder, Kriminelle) kann als eine solche ›verstummte Gruppe‹ betrachtet werden, und Frauen sind nur ein Beispiel. Nach Ardener ist dieses ›Verstummt-Sein‹ das Produkt von Herrschaftsbeziehungen, die zwischen herrschenden und beherrschten Gruppen in einer Gesellschaft existieren. Seine Theorie impliziert weder, daß die ›verstummten Gruppen‹ tatsächlich schweigen, noch, daß sie notwendigerweise auf der Ebene der empirischen Forschung keine Beachtung finden. Ardener weist eigens darauf hin, daß Frauen, auch wenn sie sich möglicherweise sehr umfangreich äußern, und ihre Tätigkeiten und Zuständigkeitsbereiche von Ethnographen genauestens beobachtet werden, sie dennoch ›stumm‹ bleiben, weil ihr Modell der Realität, ihre Sichtweise der Welt, sich nicht in den Begriffen des herrschenden männlichen Modells verwirklichen oder ausdrücken läßt. Die männlichen Herrschaftsstrukturen in der Gesellschaft gewähren alternativen Modellen keine Ausdrucksmöglichkeit, und beherrschte Gruppen sind gezwungen, ihr Verständnis der Welt nach dem Modell der herrschenden Gruppe zu strukturieren. Für Ardener ist das Problem des Verstummens ein Problem unmöglich gemachter Kommunikation. Der freie Ausdruck der »weiblichen Perspektive« ist auf der Ebene der gewöhnlichen, direkten Sprache blockiert. Frauen können die von Männern beherrschten Sprachstrukturen nicht dazu verwenden, das zu sagen, was sie sagen wollen, oder um ihre Sichtweise der Welt darzustellen. Ihre Äußerungen werden schief, abgeschwächt, verstummen. Ardener legt nahe, daß Frauen und Männer eine »unterschiedliche Weltsicht« oder unterschiedliche Gesellschaftsmodelle haben.[8] Er sieht weiterhin einen Zusammenhang zwischen ›männlichen‹ und ›weiblichen‹ Modellen und dem Problem der Voreingenommenheit in ethnographischen Studien.

Ardener argumentiert, daß Modelle, die durch männliche Informanten vermittelt werden, genau solche Modelle repräsentieren, die anthropologischen Forschern vertraut und eingängig sind. Denn Forscher sind entweder Männer oder in der männlich orientierten Disziplin ausgebildete Frauen. Die Anthropologie selbst ordnet die Welt nach einer männlichen Sprache. Die Tatsache, daß linguistische Konzepte und Kategorien in der westlichen Kultur ›Mann/Mensch‹ (›man‹) mit der Gesellschaft als ganzer gleichsetzen – wie in ›Menschheit‹ und im Gebrauch des männlichen Pronomens für *he* und für *she* – läßt Anthropologen glauben, daß die ›Perspektive des Mannes‹ auch die der ›Gesellschaft‹ sei. Ardener zieht die Schlußfolgerung, daß es die männliche Voreingenommenheit nicht nur deshalb gibt, weil die Mehrheit der Ethnographen und Informanten männlich sind, sondern weil Anthropologen – Männer wie Frauen – männliche Modelle aus ihrer eigenen Kultur verwenden, um wiederum männliche Modelle aus anderen Kulturen zu erklären. Das Ergebnis sind eine Reihe von Homologien zwischen den Modellen des Ethnographen und denen der Menschen (Männer), die untersucht werden sollen. Die Modelle von Frauen werden unterdrückt. Das zur Verfügung stehende analytische und konzeptuelle Instrumentarium verhindert in der Tat, daß der Anthropologe die Sichtweise der Frauen wahrnimmt und/oder versteht. Es ist nicht so, daß Frauen stumm sind; sie werden nur nicht gehört. »Ethnographen herkömmlicher Ausbildung haben offensichtlich eine Vorliebe für Modelle, die von Männern stammen, oder mit denen sie übereinstimmen, und weniger für solche, die von Frauen stammen. Wenn Männer sich im Vergleich zu Frauen scheinbar ›besser artikulieren können‹, so liegt das daran, daß hier Gleiche zu Gleichen sprechen.«[9]

Ardener ortet die Wurzel des Übels zu Recht nicht ausschließlich in der Praxis der anthropologischen Feldforschung, sondern in den konzeptuellen Grundlagen, auf denen diese Praxis basiert. Eine Theorie legt fest, wie wir Daten sammeln, interpretieren und repräsentieren, und sie kann folglich niemals neutral sein. Es ist deshalb nicht das zentrale Anliegen der feministischen Anthropologie, Frauen in diesem Fach schlichtweg ›hinzuzufügen‹, sondern den konzeptuellen und analytischen Unzulänglichkeiten der Theorie dieser Disziplin entgegenzutreten. Die Aufgabe selbst ist gewaltig, und die unmittelbarste Frage dabei ist, wie man sie in Angriff nehmen soll.

2. Frauen forschen über Frauen

Ardeners Behauptung, daß Männer und Frauen unterschiedliche Weltmodelle besitzen, trifft offensichtlich ebenso sehr für die Gesellschaft zu, aus der der Anthropologe stammt, wie für diejenige, der er seine Studien widmet. Dieses Faktum wirft die interessante Frage auf, ob Anthropologinnen eine andere Weltsicht besitzen als ihre männlichen Kollegen, und, wenn das so sein sollte, ob ihnen dies für ihre Arbeit mit Frauen einen besonderen

Vorteil verschafft. Solcherlei Fragen gingen schon früh in die Entwicklung der »ethnologischen Frauenforschung« ein, und es wurden Befürchtungen laut, daß die einstige ›männliche Voreingenommenheit‹ nun durch eine entsprechende ›weibliche Voreingenommenheit‹ ersetzt würde. Wenn das männliche Modell von Welt unangemessen war, wieso sollte ein weibliches angemessener sein? Die Frage, ob Anthropologinnen für das Studium von Frauen besser geeignet sind als ihre männlichen Kollegen, bleibt ein strittiger Punkt. Die Privilegierung von Ethnographinnen, wie Shapiro hervorhebt, wirft nicht nur Zweifel auf an der Befähigung von Frauen zur Arbeit mit männlichen Informanten, sondern letztlich auf das ganze Unternehmen und den Zweck der Anthropologie selbst: der vergleichenden Erforschung menschlicher Gesellschaften.

»Viele Diskussionen über die Voreingenommenheit aufgrund des Geschlechts, und ein großer Teil der Literatur, die sich mit der Erforschung von Frauen befaßt, impliziert, daß nur Frauen über andere Frauen forschen können oder sollen – wir könnten dies die Position des ›Man-braucht-jemanden-der-einen-versteht‹ nennen. Diese Haltung, die durch das feministische Bewußtsein von der entstellenden Sichtweise auf Frauen durch das zum großen Teil männliche Establishment in der Sozialwissenschaft angestoßen wurde, findet eine weitere Begründung in den Erfordernissen der praktischen Feldforschung. In vielen Gesellschaften existiert eine scharfe Trennlinie zwischen der sozialen Welt von Männern und der von Frauen. Tendenzen zu einer Aufteilung von Arbeitsbereichen nach dem Geschlecht in unserem Beruf erfordert jedoch eine eher kritische Reflexion als eine epistemologische Rechtfertigung oder eine weitere ideologische Rückendeckung. Wenn es wirklich einen bräuchte, der einen versteht, wäre das gesamte Feld der Anthropologie ein Irrtum.«[10]

3. Frauen im Ghetto

Milton, Shapiro und Strathern[11] haben jeweils auf die Probleme hingewiesen, die die Annahme eines privilegierten Status von Ethnographinnen hinsichtlich der Untersuchung von Frauen mit sich bringt. Eine kritische Reflexion dieser Problematik legt drei Punkte nahe. Erstens das Argument einer Ghettoisierung und der möglichen Bildung einer Teildisziplin. Dieses Argument zielt auf die Stellung und den Status der »ethnologischen Frauenforschung« in der Disziplin als ganzer. Die größte Sorge dabei ist, daß, wenn eine explizite Konzentration auf Frauen oder einen ›weiblichen Standpunkt‹ nur als Alternative zur Konzentration auf Männer und einen ›männlichen Standpunkt‹ Wirklichkeit wird, ein großer Teil der Stoßkraft weiblicher Forschung durch diese Spaltung verlorengeht, die eine solche Arbeit durchgängig als die ›nicht männliche‹: die ›weibliche Anthropologie‹ definiert. Zum Teil besteht diese Befürchtung deshalb, weil in der »ethnologischen Frauenforschung«, im Gegensatz zu allen anderen Aspekten der Anthropologie, ausschließlich Frauen über Frauen forschen. Die Frauen selbst, die über Frauen forschen, befürchten keine Ghettoisierung, sondern eine Marginalisierung, und diese Sorge ist wohlbegründet. Jedoch trifft diese Sichtweise des Problems nicht unbedingt den Punkt, weil sie den überaus wichtigen Unterschied zwischen »ethnologischer Frauenforschung« und feministischer Anthropologie außer acht läßt. Die »ethnologische Frauenforschung« war ein Vorläufer der feministischen Anthropologie; es war ihr großes Verdienst, Frauen in der Disziplin ›wieder in den Blick‹ zu bringen, aber ihr Wirken brachte eher eine Linderung als eine radikale Veränderung der Probleme. Feministische Anthropologie ist mehr als das Studium von Frauen. Sie untersucht das Geschlecht (*gender*), die sozial und kulturell konstituierten Beziehungen zwischen Männern und Frauen und die Rolle des Geschlechts in der Struktur menschlicher Gesellschaften, in ihrer Geschichte, ihren Ideologien, ihren ökonomischen Systemen und politischen Strukturen. Das Geschlecht kann in der Analyse menschlicher Gesellschaften ebensowenig außer acht gelassen werden wie das Konzept des ›menschlichen Handelns‹ oder das von ›Gesellschaft‹. Es wäre unmöglich, Sozialwissenschaft auf irgendeine Weise ohne den Begriff des Geschlechts zu betreiben.

Dies bedeutet natürlich nicht, daß die Versuche, die feministische Anthropologie an den Rand zu drängen, aufhören werden. Ganz gewiß nicht. Die Anthropologie ist bisweilen für ihre bereitwillige Aufnahme feministischer Kritik in die Hauptströmungen des Faches und die Etablierung des Studiums des Geschlechts als einen Teil der Disziplin gepriesen worden.[12] Sie mag dieses Lob, zumindest teilweise, verdient haben, aber wir können nicht umhin, nach wie vor jener Beachtung zu schenken, die auf die vergleichsweise geringe Zahl von Seminaren zum Problem »Geschlecht«, auf die Schwierigkeiten, Forschungsgelder für solche Studien zu bekommen, und den geringen Prozentsatz der an Hochschulen beschäftigten Anthropologinnen hinweisen. Es ist mehr als deutlich, daß die Randstellung feministischer Wissenschaft viel mit dem Geschlecht derer zu tun hat, die sie ausüben.

Dem Vorwurf, daß das Studium von Frauen zu einer Teildisziplin inner-

halb der Sozialanthropologie geworden sei, können wir durch eine Neuformulierung unserer Auffassung der Inhalte einer Analyse von ›Geschlecht‹
entgegenwirken. Die Anthropologie ist für ihren bemerkenswerten intellektuellen Pluralismus bekannt; als Beweis dienen die verschiedenen spezialisierten Zweige der Disziplin, zum Beispiel die ökonomische Anthropologie, die politische Anthropologie oder die kognitive Anthropologie; die
verschiedenen spezialisierten Forschungsfelder, wie die Anthropologie des
Rechts, die Anthropologie des Todes oder die historische Anthropologie;
und die unterschiedlichen theoretischen Zugänge, wie Marxismus, Strukturalismus oder die symbolische Anthropologie.[13] Es herrscht in der
Anthropologie tatsächlich eine große Uneinigkeit darüber, wie solche Ty-
pologien der Disziplin aufgebaut sein sollten. Wenn wir versuchen, die Erforschung der Beziehung zwischen den Geschlechtern in eine solche Typologie einzuordnen, stoßen wir unverzüglich auf die Irrelevanz des Begriffs
›Teildisziplin‹ in bezug auf die moderne Sozialanthropologie. In welchem
Sinne ist irgendeine der Kategorien in einer solchen Typologie als Teildisziplin zu qualifizieren? Diese Frage wird weiter durch die Tatsache kompli-
ziert, daß die Erforschung der Beziehungen zwischen den Geschlechtern im
Grunde in allen drei Kategorien ihren Platz finden könnte. Versuche, der
feministischen Anthropologie den Status einer Teildisziplin zuzuweisen,
haben mehr mit Prozessen politischer Beschränkung als mit ernsthaften intellektuellen Erwägungen zu tun.

4. Die universale Frau

Kehren wir zu dem Problempunkt ›Frauen forschen über Frauen‹ zurück.
Die zweite Schwierigkeit hinsichtlich der Behauptung, daß ›es jemanden
braucht, der einen versteht‹, betrifft den analytischen Status der soziologischen Kategorie ›Frau‹. Die Angst vor einer Ghettoisierung und der Errichtung einer Teildisziplin der »ethnologischen Frauenforschung« hat natürlich mit der eigentlichen Angst vor einer Marginalisierung zu tun, hängt
aber auch mit der Ghettoisierung von ›Frauen‹ als Kategorie und/oder Studienobjekt in der Disziplin zusammen. Die privilegierte Beziehung zwischen Ethnographin und Informantin basiert auf der Annahme einer universalen Kategorie ›Frau‹. Ebenso wie die Konstrukte ›Ehe‹, ›Familie‹ und
›Haushalt‹ bedarf jedoch auch die empirische Kategorie ›Frau‹ der Analyse.
Die Vorstellungen, Attribute, Tätigkeiten, angemessenen Verhaltenswei-

sen, die mit Frauen in Verbindung gebracht werden, sind jeweils für eine Kultur oder eine historische Epoche spezifisch. Was die Kategorie ›Frau‹ oder, im selben Zusammenhang, die Kategorie ›Mann‹ in einem bestimmten Zusammenhang bedeuten, muß untersucht und darf nicht einfach vorausgesetzt werden.[14] Brown und Jordanova weisen darauf hin, daß biologische Unterschiede keine universale Basis für soziale Definitionen bieten. »Wie Kulturen mit Geschlechtsunterschieden umgehen, weist eine beinahe unermeßliche Vielfalt auf; der Biologie kann deshalb keine determinierende Rolle zukommen. Männer und Frauen sind Produkte sozialer Beziehungen; wenn wir die sozialen Beziehungen verändern, verändern wir die Kategorie ›Frau‹ und ›Mann‹.«[15]

Auf der Basis dieses Arguments kann das Konzept ›Frau‹ als analytische Kategorie in der anthropologischen Forschung keinen Bestand haben, und folglich kann auch Konzepten wie ›Stellung der Frau‹, ›Unterordnung der Frau‹ oder ›männliche Dominanz‹ keine analytische Bedeutung zukommen, wenn sie in universalem Sinne verwendet werden. Die unvermeidliche Tatsache biologischer Unterschiede zwischen den Geschlechtern sagt nichts über die allgemeine soziale Bedeutung dieses Unterschiedes aus. Dieser Punkt wird von Anthropologinnen wie Anthropologen deutlich gesehen, und es kann nicht angehen, daß die feministische Anthropologie einerseits behauptet, daß Frauen nicht auf ihr biologisches Geschlecht reduziert werden können, aber gleichzeitig die weibliche Physiologie zu einer trans-kulturellen sozialen Kategorie erhebt.

5. Ethnozentrismus und Rassismus

Das dritte Problem, das die theoretische und politische Vielschichtigkeit des Konzepts ›Frauen forschen über Frauen‹ mit sich bringt, betrifft das Problem von Rasse und Ethnozentrismus (Voreingenommenheit zugunsten der eigenen Kultur). Die Anthropologie ist stets, und bis auf den heutigen Tag, mit einer kritischen Auseinandersetzung mit ihrer kolonialen Vergangenheit beschäftigt gewesen. Dies gilt insbesondere auch für das Machtgefälle in der Beziehung zwischen denen, die ethnographische Forschungen betreiben, und denen, die Gegenstand dieser Forschungen sind.[16] Die Anthropologie ist jedoch nach wie vor eine Antwort auf die Argumente schwarzer Anthropologinnen und schwarzer Feministinnen schuldig geblieben, welche auf die rassistischen Voraussetzungen hinweisen, die einem großen

Teil der anthropologischen Theorie und Literatur zugrunde liegen.[17] Dieser Umstand ergibt sich, zumindest teilweise, daraus, daß die Anthropologie versuchte, das Problem der Voreingenommenheit durch die westliche Kultur – das sie erkannt und erschöpfend analysiert hatte – mit Hilfe des Begriffs des ›Ethnozentrismus‹ anzugehen. Die fundamentale Bedeutung der Kritik des Ethnozentrismus in der Anthropologie steht nicht in Zweifel.[18] Historisch gesehen ist die Anthropologie aus einem dominanten westlichen Diskurs erwachsen und durch ihn in Gang gehalten worden. Ohne das Konzept des Ethnozentrismus wäre es unmöglich, die herrschenden Denkkategorien der Disziplin in Frage zu stellen, außerhalb der theoretischen Parameter, die diese Kategorien auferlegen, zu denken, und die Grundlagen anthropologischen Denkens neu zu befragen. Das Konzept des Ethnozentrismus ist die Grundlage der anthropologischen Kritik an der eigenen Disziplin. Es gibt jedoch Probleme, die mit dem Begriff des Ethnozentrismus nicht erfaßt oder aufgezeigt werden können, weil sie in den Begriffen dieser internen Kritik keine Rolle spielen. Die Anthropologie tut sich leichter, von ›ethnozentrischen‹ Voraussetzungen der Disziplin zu sprechen als von ›rassistischen‹. Obwohl es überaus wertvoll ist, neigt das Konzept des Ethnozentrismus dazu, der Problematik in gewisser Weise aus dem Wege zu gehen.[19] Wir können dies zeigen, wenn wir uns erneut einiges von dem Material ansehen, das hier bereits diskutiert worden ist.

Zu Beginn sprach ich über die Debatte, die die neue »ethnologische Frauenforschung« bezüglich der männlichen Voreingenommenheit in der Disziplin aufgeworfen hatte. Eine Weise oder Schicht der männlichen Voreingenommenheit wurde zu Recht in den Voraussetzungen der westlichen Kultur lokalisiert, und es wurde gezeigt, wie sie durch den Prozeß der anthropologischen Interpretation auf andere Kulturen übertragen wurde. Dieses Argument trifft ohne Zweifel zu, aber es muß seinerseits als Teil einer sich neu formierenden anthropologischen Theorie gesehen werden. Klar ist, daß es als theoretische Behauptung die Annahme enthält, daß Anthropologinnen aus westlichen Kulturen stammen und sie zudem eine weiße Hautfarbe haben. Kritiker hätten natürlich recht, wenn sie sagten, daß die Annahme, jemand stamme aus einer westlichen Kultur, nicht gleichbedeutend mit der Annahme seiner/ihrer weißen Hautfarbe ist. Sie könnten hinzufügen, daß sich die Voreingenommenheit der westlichen Kultur in den Arbeiten westlich ausgebildeter AnthropologInnen niederschlägt, ob sie nun aus der westlichen Welt stammen oder nicht. Dies sind geläufige Antworten, aber sie unkritisch zu übernehmen, hieße gleichzeitig das Argument anzuerkennen, daß, immer wenn der Begriff ›AnthropologIn‹ verwendet wird, er sich zwangsläufig auf schwarze und weiße AnthropologInnen bezieht. Dies ist schwierig, weil feministisch orientierte AnthropologInnen nur zu gut wissen, daß der Begriff ›Anthropologe‹ beileibe nicht immer auch Frauen einschloß. Ausschluß durch Auslassung bleibt dennoch Ausschluß.

Die Dekonstruktion der sozialen Kategorie ›Frau‹ samt der Erkenntnis, daß Erfahrungen und Handlungen von Frauen immer in ihrem sozial und historisch spezifischen Kontext analysiert werden müssen, bietet jedoch eine Basis, von der aus feministische Anthropologinnen beginnen könnten, Argumenten hinsichtlich des Rassismus in der Disziplin zu begegnen. Es gibt eine Reihe von Gründen, die dies nahelegen. Erstens zwingt uns diese Erkenntnis, die Privilegierung von Ethnographinnen gegenüber den Frauen, über die sie forschen, neu zu formulieren. Dies bedeutet zunächst, anzuerkennen, daß die Machtbeziehungen in der Begegnung zwischen EthnographInnen und InformantInnen nicht notwendigerweise der Art sind, daß sie durch die bloße Gemeinsamkeit des biologischen Geschlechts (*sex*) aus der Welt zu schaffen wären. Zweitens fokussiert man so theoretisch und politisch die Tatsache, daß Frauen zwar in einer Reihe von Gesellschaften ähnliche Erfahrungen und Probleme teilen, diese Gemeinsamkeiten aber in weltweiter Betrachtung im Gegensatz zu sehr unterschiedlichen Erfahrungen von Frauen gesehen werden müssen, besonders bezüglich Rasse, Kolonialismus, des Aufstiegs des industriellen Kapitalismus und der Interventionen internationaler Entwicklungshilfe-Unternehmen.[20] Drittens verlagert es den theoretischen Blickpunkt weg vom Begriff der ›Gleichheit‹, von der Idee über die ›gemeinsam geteilte Erfahrung von Frauen‹ und die ›universale Unterordnung von Frauen‹ hin zum kritischen Überdenken von Konzepten der ›Differenz‹. AnthropologInnen haben kulturelle Unterschiede schon immer gesehen und hervorgehoben; sie sind von jeher der zentrale Kern der Disziplin gewesen. Darüber hinaus war es gerade dieser Aspekt der Anthropologie, dem Feministinnen und viele andere außerhalb der Disziplin den meisten Beifall spendeten. Anthropologische Daten sind in großem Ausmaß als Basis für eine Kritik der westlichen Kultur und deren Voraussetzungen verwendet worden. Deshalb ist es notwendig, einige Bemerkungen dazu zu machen, warum das anthropologische Konzept der ›kulturellen Differenz‹ nicht dasselbe ist wie der Begriff der ›Differenz‹, wie er sich derzeit in der feministischen Anthropologie formiert.

Die Anthropologie hat lange und hart darum gekämpft, ins allgemeine Bewußtsein zu bringen, daß der Begriff der ›kulturellen Differenz‹ nicht die Eigentümlichkeiten und Verschrobenheiten ›fremder Kulturen‹ zu erfassen sucht, sondern vielmehr deren ›kulturelle Einzigartigkeit‹, während gleichzeitig nach Erkenntnissen über Ähnlichkeiten im menschlichen Kulturleben gesucht wurde.[21] Dies ist die Basis für die komparative Arbeit in der Anthropologie. Für sie ist das Verständnis der ›kulturellen Differenz‹ eine zentrale Voraussetzung, aber als Konzept kann es nicht länger die Leitlinie einer modernen Anthropologie sein, weil es sich nur auf eine Art von Unterschied unter vielen bezieht. Die Anthropologie hat stets Verwandtschaftsbeziehungen, Rituale, ökonomische Verhältnisse und das Geschlecht unter dem Aspekt ihrer Organisation, ihrer Konstruktion und ihrer Erfahrung durch die Kultur untersucht. Die beobachteten Unterschiede sind dabei jeweils als kulturelle Unterschiede interpretiert worden. Wenn wir uns aber darauf verständigen, daß kulturelle Unterschiede nur eine Form von Unterschied unter vielen darstellen, reicht dieser Zugang nicht mehr aus. Die feministische Anthropologie hat dieses Ungenügen insofern erkannt, als sie ihre theoretischen Fragen unter der Prämisse formuliert, wie ökonomische Verhältnisse, Verwandtschaftsbeziehungen und Rituale durch das jeweilige Geschlecht erfahren und strukturiert werden, und nicht, wie das Geschlecht unter den Bedingungen einer bestimmten Kultur erfahren und strukturiert wird. Darüber hinaus fragt sie danach, wie das jeweilige Geschlecht unter den Bedingungen von Kolonialismus, Neokolonialismus und aufsteigendem Kapitalismus erfahren und strukturiert wird. Allerdings muß gesagt werden, daß die feministische Anthropologie bislang die Frage, wie das Geschlecht durch die Rasse konstruiert und erfahren wird, fast gänzlich offengelassen hat. Dies liegt zum größten Teil daran, daß die Anthropologie bisher den Unterschied zwischen Rassismus und Ethnozentrismus nicht auflösen und in ihre Theorie hat einbauen können.[22]

Die feministische Anthropologie steht keineswegs alleine mit ihren Versuchen, das Wesen der Differenz zu verstehen und das komplexe Gefüge zu untersuchen, in dem sich Geschlecht, Rasse und Klasse überschneiden und kreuzen, sowie die Weise, in der alle drei wiederum mit Kolonialismus, der internationalen Arbeitsteilung und dem Entstehen des modernen Staates Schnittpunkte bilden. Die marxistische Anthropologie, die Theorie von Weltsystemen, HistorikerInnen, ökonomische AnthropologInnen und viele andere in den Sozialwissenschaften Tätige befassen sich mit parallelen Projekten. Die Frage nach der Differenz stellt jedoch für Feministinnen ein besonderes Problem dar.

6. Feminismus und Differenz[23]

Wenn wir uns von einem privilegierten Status der Ethnographinnen in bezug auf die Frauen, von denen ihre Studien handeln, und von dem Konzept der ›Gleichheit‹, auf dem die Vorstellung von der universalen ›Frau‹ basiert, wegbewegen, dann haben wir damit nicht nur die theoretischen Voraussetzungen der Sozialanthropologie, sondern auch die Ziele und die politische Geschlossenheit des Feminismus in Frage gestellt. Wie ›Anthropologie‹ zählt ›Feminismus‹ zu den Begriffen, die jeder zu verstehen glaubt. In einer minimalistischen Definition könnte man Feminismus beschreiben als das Bewußtsein für die Unterdrückung und Ausbeutung der Frauen, am Arbeitsplatz, zu Hause und in der Gesellschaft, und als bewußtes politisches Handeln von Frauen, die auf Veränderung dieser Situation zielen. Eine solche Definition hat zahlreiche Konsequenzen. Erstens impliziert sie, daß ein grundlegender und einheitlicher Korpus von Interessen von Frauen existiert, für die man kämpfen sollte und auch kann. Zweitens ist klar, daß der Feminismus zwar Unterschiede in der feministisch geprägten politischen Vorgehensweise – zwischen sozialistischen Feministinnen, marxistischen Feministinnen oder radikalen Separatistinnen – eingesteht, es aber dennoch eine grundlegende Prämisse feministischer Politik ist, daß es eine tatsächliche oder potentielle Identität zwischen Frauen gibt. Diese Prämisse existiert offensichtlich deswegen, weil sie die Basis bildet, auf der oder von der aus einheitliche Interessen von Frauen abgeleitet werden. Drittens hängt feministische Politik um ihrer Geschlossenheit willen von der von allen Frauen geteilten potentiellen oder tatsächlichen Unterdrückung ab. Die Erkenntnis einer gemeinsam erfahrenen Unterdrückung ist die Basis für ›sexuelle Politik‹ (*sexual politics*), die von der Vorstellung ausgeht, daß Frauen als soziale Gruppe von Männern als sozialer Gruppe beherrscht werden.[24] Das Endergebnis ist, daß der Feminismus als Kulturkritik, als politische Kritik und als Basis politischen Handelns mit Frauen identifiziert wird – nicht mit Frauen in ihrem spezifischen sozialen oder historischen Kontext, sondern mit Frauen als einer soziologischen Kategorie. Damit stellt sich dem Feminismus das Problem, daß das Konzept der Differenz diesen Isomorphismus, diese ›Gleichartigkeit‹, zu dekonstruieren droht, und mit ihr das ganze Gebäude, auf dem die feministische Politik gründet.

Sowohl die Anthropologie als auch der Feminismus müssen mit dem Problem der Differenz umgehen. Wenn wir das Verhältnis von Feminismus und Anthropologie betrachten, sehen wir, daß die feministische Anthropologie ihren Anfang nahm, indem sie die männliche Voreingenommenheit in der Disziplin und die Vernachlässigung und/oder verzerrte Darstellung von Frauen und deren Tätigkeiten kritisierte. Dies ist die Phase in dieser ›Beziehung‹, die wir als die »ethnologische Frauenforschung« bezeichnen können. Ihre nächste Phase gründete auf einer kritischen Aufarbeitung der universalen Kategorie ›Frau‹, die von einem ebenso kritischen Blick auf die Frage begleitet wurde, ob sich Frauen besonders für das Studium anderer Frauen eignen. Dies führte, verständlicherweise, zu Ängsten hinsichtlich einer Ghettoisierung und Marginalisierung innerhalb der Disziplin der Sozialanthropologie. Als Ergebnis dieser Phase begannen feministische Anthropologinnen jedoch, neue Vorgehensweisen und neue Felder theoretischer Forschung zu entwickeln, und ihr Projekt nicht als ›Studium von Frauen‹, sondern als ›Untersuchung des Geschlechts‹ (*gender*) neu zu definieren. Wenn wir in die dritte Phase dieser Beziehung eintreten, sehen wir, wie die feministische Anthropologie mit dem Versuch beginnt, den realen Unterschieden zwischen Frauen gerecht zu werden, anstatt sich mit der Demonstration der weltweiten Vielfalt weiblicher Erfahrungen, weiblicher Lebensumstände und weiblicher Tätigkeiten zu begnügen. Diese Phase wird das Erstellen theoretischer Konstrukte erfordern, die sich mit dem Problem der Differenz auseinandersetzen, und es wird ganz zentral um die Frage gehen, wie Rassenunterschiede durch das Geschlecht konstruiert werden, wie Rassismus Geschlechtsidentität und Erfahrung trennt und wie gesellschaftliche Klassen durch Geschlecht und Rasse beeinflußt werden. Im Laufe dieses Prozesses wird sich die feministische Anthropologie nicht nur mit der Neuformulierung der anthropologischen, sondern auch der feministischen Theorie auseinandersetzen müssen. Die Anthropologie bildet eine Warte, von der aus der Feminismus auf der Basis der Dekonstruktion einer Kategorie ›Frau‹ kritisiert werden kann. Sie ist ebenso in der Lage, kulturübergreifende Daten zu liefern, die die einseitig westliche Ausrichtung in der Hauptströmung feministischer Theorie aufzeigen.[25] Die dritte – gegenwärtige – Phase des Verhältnisses zwischen Feminismus und Anthropologie ist durch eine Verschiebung von der ›Gleichheit‹ hin zur ›Differenz‹ gekennzeichnet, sowie durch den Versuch, den theoretischen und empirischen Boden für eine feministische Anthropologie auf der Basis der Differenz zu bereiten.

(Aus dem Englischen von Roland Rippl)

Anmerkungen

1 Edwin Ardener, »Belief and the problem of women«, in: Shirley Ardener (Hg.), *Perceiving Women*, London 1975, S. 1–17.

2 Ruby Rohrlich-Leavitt, Barbara Sykes und Elizabeth Weatherford, »Aboriginal woman: male and female anthropological perspectives«, in: Rayna Rapp Reiter (Hg.), *Toward an Anthropology of Women*, New York 1975, S. 110–126.

3 Rayna Rapp Reiter, in: Reiter, a. a. O., S. 14.

4 Susan Carol Rogers, »Female forms of power and the myth of male dominance: model of female/male interaction in peasant society«, in: *American Ethnologist*, 2 (1975), S. 727–757. Eleanor Leacock, »Women's status in egalitarian society: implications for social evolution«, in: *Current Anthropology*, 19/2 (1978), S. 247–275. Daisy Dwyer, »Ideologies of sexual inequality and strategies for change in male-female relations«, in: *American Ethnologist*, 5/2 (1978), S. 227–240.

5 Marilyn Boxer, »For and about women: the theory and practice of women's studies in the United States«, in: N. Keohane, M. Rosaldo und B. Gelpi (Hg.), *Feminist Theory: A Critique of Ideology*, Brighton 1982, S. 237–271.

6 Michelle Z. Rosaldo, »Women, culture and society: a theoretical overview«, in: M. Rosaldo und L. Lamphere (Hg.), *Women, Culture and Society*, Stanford 1974, S. 17–42.

7 Edwin Ardener, »The problem revisited«, in: *Perceiving Women*, a. a. O., S. 21–23.

8 Edwin Ardener, »Belief and the problem of women«, a. a. O., S. 5.

9 Edwin Ardener, ebd., S. 2.

10 Judith Shapiro, »Anthropology and the study of gender«, in: E. Langland und W. Gove (Hg.), *A Feminist Perspective in the Academy*, Chicago 1981, S. 124–125.

11 Kay Milton, »Male bias in anthropology«, in: *Man*, 14 (1979), S. 40–54. Judith Shapiro, a. a. O. Marilyn Strathern, »Culture in a netbag: the manufacture of a subdiscipline in anthropology«, in: *Man*, 16/4 (1981), S. 665–688.

12 Judith Stacey und Barry Thorne, »The missing feminist revolution in sociology«, in: *Social Problems*, 32/4 (1985), S. 301–316.

13 Der Pluralismus in der Anthropologie hängt zweifellos mit seinen liberalen und intellektuellen Ursprüngen zusammen. Marilyn Strathern diskutiert die Beziehung zwischen Feminismus und Anthropologie in einem kürzlich erschienenen Artikel. Ich habe meine Typologie der Disziplin aus der in ihrem Artikel dargestellten entwickelt; unsere Sichtweise der Beziehung feministischer Anthropologie zur Gesamtdisziplin weist jedoch einige Unterschiede auf. Marilyn Strathern,

»Ein schiefes Verhältnis. Der Fall Feminismus und Anthropologie«, in diesem Band, S. 174–195.

14 Carol P. MacCormack und Marilyn Strathern (Hg.), *Nature, Culture and Gender: A Critique*, Cambridge 1980. Sherry Ortner und Harriet Whitehead (Hg.), *Sexual Meanings: The Cultural Construction of Gender and Sexuality*, Cambridge 1981.

15 Penelope Brown und L. J. Jordanova, »Oppressing dichotomies: the nature/culture debate«, in: The Cambridge Women's Studies Group (Hg.), *Women in Society*, London 1982, S. 224–241.

16 Talal Asad (Hg.), *Anthropology and the Colonial Encounter*, London 1973. Gerrit Huizer und Bruce Mannheim (Hg.), *The Politics of Anthropology*, The Hague 1979.

17 Diane Lewis, »Anthropology and colonialism«, in: *Current Anthropology*, 14/5 (1973), S. 581–602. Bernard Magubane, »A critical look at indices used in the study of social change in colonial Africa«, in: *Current Anthropology*, 12/4–5 (1971), S. 419–445. Maxwell Owusu, »Colonial and postcolonial anthropology of Africa: scholarship or sentiment?« in: Huizer/Mannheim, *The Politics of Anthropology*, a. a. O., S. 145–160. Valerie Amos und Pratibha Parmar, »Challenging imperial feminism«, in: *Feminist Review*, 17 (1984), S. 3–19. Kum-Kum Bhavnani und Margaret Coulson, »Transforming socialist-feminism: the challenge of racism«, in: *Feminist Review*, 23 (1986), S. 81–92.

18 Siehe dazu Moore, *Feminism and Anthropology*, a. a. O., S. 12–41.

19 Dieser Teil des Arguments entstand aus meiner Lektüre eines Artikels von Kum-Kum Bhavnani und Margaret Coulson, in dem sie diskutieren, wie der Begriff des ›Ethnozentrismus‹ dazu dienen kann, die Frage des Rassismus zu umgehen. Ich schulde ihnen großen Dank für diese Einsicht. Bhavnani und Coulson, a. a. O.

20 Die Auswirkungen des Kolonialismus, das Eindringen kapitalistischer Produktionsbeziehungen und die Einflußnahme internationaler Entwicklungshilfe-Projekte auf das landwirtschaftliche Produktionssystem, auf die Arbeitsteilung zwischen den Geschlechtern und auf die regionale Politik sind von Historikern in Afrika und Lateinamerika ausführlich und brillant analysiert worden. Siehe dazu auch Moore, *Feminism and Anthropology*, a. a. O., S. 73–127.

21 Ein Großteil der Kritik an der kolonialen Anthropologie hat sich auf die Art und Weise konzentriert, wie Argumente über die kulturelle Einzigartigkeit dazu dienen können, rassistische und separatistische Ideologie und Politik zu unterstützen. Im heutigen Südafrika rechtfertigen einige afrikanische (weiße) Anthropologinnen die Rassentrennung unter der Apartheid mit ganz ähnlichen Argumenten.

22 Siehe dazu auch Moore, *Feminism and Anthropology*, a. a. O., S. 186–198.

23 Das Argument in diesem Abschnitt hat viel von meiner Lektüre von Delmars Artikel »What is feminism?« profitiert. Rosalind Delmar, »What is feminism?«, in: J. Mitchell und A. Oakley (Hg.), *What is Feminism?*, Oxford 1986, S. 8–33.

24 Delmar, a. a. O., S. 26.

25 Siehe dazu Moore, *Feminism and Anthropology*, a. a. O., S. 128–185 und 186–198.

James Clifford
Halbe Wahrheiten*

> Der heute viel diskutierten interdisziplinären Arbeit
> geht es nicht darum, schon bestehende Disziplinen
> (von denen sich keine selbst aufgeben will)
> miteinander zu konfrontieren. Um interdisziplinär
> zu arbeiten, reicht es nicht, einen »Gegenstand« (ein
> Thema) auszuwählen und darum herum zwei oder
> drei Disziplinen zu versammeln. Interdisziplinarität
> besteht darin, einen neuen Gegenstand zu schaffen,
> der niemandem gehört.
> Roland Barthes aus *Jeunes Chercheurs*[1]

> Sie werden mehr Tische brauchen, als Sie denken.
> Elenore Smith Bowen, Ratschlag für Feldforscher, in
> *Return to Laughter*[2]

In Bronislaw Malinowskis *Argonauten des westlichen Pazifik* findet sich ein
Photo, auf dem man das Zelt des Ethnographen unter kiriwinischen Behau-
sungen sieht; das Zeltinnere wird nicht gezeigt. Auf einem anderen, sorgfältig gestellten Photo hat sich Malinowski aufnehmen lassen, wie er am
Tisch sitzt und schreibt. (Die Zeltklappen sind hochgeschlagen, er sitzt da –
man sieht ihn im Profil –, und einige Trobriander stehen draußen und betrachten den seltsamen Ritus.) Das bemerkenswerte Photo wurde erst vor
zwei Jahren veröffentlicht – es ist ein Zeichen unserer Zeit, nicht seiner
eigenen.[3] Am Anfang des ethnographischen Prozesses stehen nicht die teil-

---

* Original: »Introduction: Partial Truths«, in: James Clifford and George E. Marcus (Hg.), *Writing Culture: The Poetics and Politics of Ethnography*, Berkeley, Los
Angeles, London 1986, S. 1–26. Die deutsche Übersetzung stellt eine leicht gekürzte
Fassung des Originals dar. Da es sich um eine Einleitung zu einem Sammelband
handelt, beziehen sich die gekürzten Seiten auf die Beiträge des Bandes und sind hier
nicht von Belang.

»*Partial*« und »*partiality*« sind zentrale Begriffe in Cliffords Text. Clifford setzt die
Begriffe als Wortspiel ein: »*partiality*« meint »Parteilichkeit«, »Voreingenommenheit«,
»*partial*« heißt aber neben »voreingenommen« auch »partiell«, »teilweise«. [A. d. Ü.]

nehmende Beobachtung oder kulturelle Texte (die sich für die Interpretation eignen), sondern das Schreiben, das Herstellen von Texten. Schreiben ist heute nicht mehr als eine bloß marginale oder verdeckte Tätigkeit, sondern hat sich ins Zentrum dessen geschoben, was Anthropologen während der Feldforschung und danach tun. Die Tatsache, daß es bis vor kurzem nicht dargestellt oder ernsthaft diskutiert wurde, spiegelt die Hartnäckigkeit einer Ideologie wider, die von Repräsentation Transparenz und von Erfahrung Unmittelbarkeit fordert. Dieses Modell reduziert Schreiben zur bloßen Methode: zum Festhalten von Feldforschungsdaten, zum Erstellen akkurater Landkarten, zum »Aufschreiben« von Ergebnissen.

Diese Ideologie verliert nun zunehmend ihre Legitimation.[4] Kultur wird inzwischen als System heftig umstrittener Codes und Repräsentationen betrachtet; Poetisches und Politisches gelten als untrennbar; Wissenschaft soll sich innerhalb und nicht jenseits von historischen und linguistischen Prozessen abspielen. Man geht davon aus, daß wissenschaftliche und literarische Genres ineinandergreifen und daß das Verfassen von Kulturbeschreibungen eigentlich etwas Experimentelles und Ethisches ist. Diese Fokussierung auf Textherstellung und Rhetorik dient dazu, die Konstruiertheit und Künstlichkeit von kulturellen Berichten hervorzuheben. Sie untergräbt allzu offensichtlich auf Transparenz pochendes Autoritätsgebaren und lenkt die Aufmerksamkeit auf das historische Dilemma der Ethnographie: die Tatsache, daß sie ihren Gegenstand, die fremden Kulturen, erfindet und nicht repräsentiert.[5] Diese neueren Ansätze sind nicht »literarisch« im traditionellen Sinn. Indem sie sich auf Textstrategien konzentrieren, gehen sie über den Text hinaus, greifen sie über auf Zusammenhänge der Macht, des Widerstands, institutioneller Zwänge und Innovation.

Die Tradition der Ethnographie geht auf Herodot und auf Montesquieus *Perser* zurück. Ihr Blick auf alle kulturellen Einrichtungen, ob entfernte oder benachbarte, ist indirekt. Sie macht das Vertraute fremd und das Exotische alltäglich. Die Ethnographie kultiviert eine engagierte Klarheit, auf die schon Virginia Woolf pochte: »Wir wollen nie aufhören zu denken – in welcher Art von ›Kultur‹ befinden wir uns? was sind das für Zeremonien, und warum sollten wir an ihnen teilnehmen? was sind das für Berufe, und warum sollten wir Geld mit ihnen machen? Kurzum, wohin führt sie uns, die Prozession der Söhne der gebildeten Männer?«[6] Die Ethnographie situiert sich aktiv *zwischen* mächtigen Sinnsystemen. Sie stellt ihre Fragen an den Grenzen von Zivilisationen, Kulturen, Klassen, Rassen und Geschlechterverhältnissen (*genders*). Ethnographie de- und recodiert, indem sie die kollektive Ordnung und ihre Diversität, Inklusion und Exklusion deutet. Sie beschreibt Prozesse der Innovation und Strukturierung und ist selbst Teil dieser Prozesse.

Die Ethnographie ist ein interdisziplinäres Phänomen, das zunehmend an Bedeutung gewinnt. Ihre Autorität und Rhetorik hatte sich auf viele andere Gebiete übertragen, wo »Kultur« erneut zu einem problematischen Gegenstand der Beschreibung und Kritik geworden ist. Obgleich das Buch, dem dieser Text entnommen ist, *Writing Culture*, sich zunächst mit der Feldforschung und den aus ihr entstandenen Texten beschäftigt, öffnet es sich einer umfassenderen Praxis des Schreibens über, gegen und in Kulturen. Dieser nicht fest abgesteckte Aufgabenbereich beinhaltet die Historische Anthropologie[7] (Emmanuel Le Roy Ladurie, Natalie Davis, Carlo Ginzburg), die Kulturpoetik (*cultural poetics* von Stephen Greenblatt), die Kulturkritik (*cultural criticism* von Hayden White, Edward Said, Fredric Jameson), die Analyse des impliziten Wissens und der Alltagspraktiken (Pierre Bourdieu, Michel de Certeau), die Kritik auf Herrschaft ausgerichteter Gefühlsstrukturen (Raymond Williams), die Untersuchung wissenschaftlicher Gemeinschaften (in Anschluß an Thomas Kuhn), die semiotischen Systeme exotischer Welten und phantastischer Räume (Tzvetan Todorov, Louis Marin) und all jene Untersuchungen, die sich mit bedeutungsgenerierenden Systemen, umstrittenen Traditionen oder kulturellen Artefakten beschäftigen.

Dieser komplexe interdisziplinäre Bereich, dem wir uns hier vom Ausgangspunkt einer Krise in der Anthropologie her nähern, ist veränderlich und vielfältig. Daher will ich den unterschiedlichen explorativen Arbeiten keine falsche Einheit überstülpen. Obwohl sie alle eine Vorliebe für Ansätze haben, die Poetik, Politik und Geschichte verbinden, widersprechen sie sich häufig. Viele kombinieren Literaturtheorie und Ethnographie. Andere testen die Grenzen solcher Ansätze aus, unter Betonung der Gefahren des Ästhetizismus und der Einengung durch die Macht der Institutionen. Wieder andere befürworten enthusiastisch experimentelle Schreibweisen. Wenn auch auf verschiedene Weisen, so analysieren sie doch alle vergangene und gegenwärtige Praktiken aufgrund einer Verpflichtung gegenüber den zukünftigen Möglichkeiten. Für sie verändert sich das ethnographische Schreiben laufend, wird schöpferisch: »Geschichte sollte uns eine linke Hand sein, wie die eines Violinisten« – so drückt es William Carlos Williams aus.

In letzter Zeit erfreuen sich »literarische« Ansätze in den Humanwissenschaften einer gewissen Popularität. In der Anthropologie haben so einflußreiche Autoren wie Clifford Geertz, Victor Turner, Mary Douglas, Claude Lévi-Strauss, Jean Duvignaud und Edmund Leach, um nur einige zu nennen, Interesse an Literaturtheorie und literarischer Praxis gezeigt. Auf ganz unterschiedliche Weise haben sie die Grenze aufgeweicht, die die Kunst von der Wissenschaft trennt. Die Literatur war nicht erst für sie attraktiv. Malinowskis Identifizierung mit Autoren wie Conrad und Frazer ist bekannt. Margaret Mead, Edward Sapir und Ruth Benedict betrachteten sich selbst als Anthropologen und Schriftsteller. In Paris tauschten der Surrealismus und die institutionell verankerte Ethnologie regelmäßig Ideen und Personen aus. Trotzdem wurden bis vor kurzem literarische Einflüsse vom »harten« Kern der Disziplin auf Distanz gehalten. Sapir und Benedict mußten schließlich ihre Gedichte vor dem wissenschaftlichen Blick Franz Boas' verstecken. Und obwohl Ethnographen oft als verhinderte Romanciers bezeichnet worden sind (insbesondere diejenigen, die ein bißchen zu gut schreiben), ist die Vorstellung, daß literarische Verfahren jedes Werk kultureller Repräsentation durchdringen, eine neue Idee innerhalb der Disziplin. Es wird immer deutlicher, daß das »Literarische« an der Anthropologie – und ganz besonders der Ethnographie – viel mehr ist als bloß eine Frage flüssigen Schreibens und eines unverwechselbaren Stils.[8] Literarische Verfahrensweisen wie Metaphorik, rhetorische Figuren, Erzählstil beeinflussen die Art und Weise, wie kulturelle Phänomene festgehalten werden, von den ersten hingeworfenen »Beobachtungen«, bis zum fertiggestellten Buch und zur Art und Weise, wie diese Konfigurationen in festgelegten Akten des Lesens »Sinn produzieren«.[9]

Es ist lange behauptet worden, daß die wissenschaftliche Anthropologie auch eine »Kunst« sei, daß ethnographische Werke literarische Qualitäten besitzen. Wir hören oft, daß ein Autor einem bestimmten Stil verpflichtet ist, daß bestimmte Beschreibungen lebendig oder überzeugend seien (sollte aber nicht jede genaue Beschreibung überzeugend sein?). Eine Beschreibung wird zunächst als sachlich definiert. Daß sie darüber hinaus evokativ und kunstvoll komponiert ist, ist bloßer Zusatz: Expressive, rhetorische Funktionen stellt man sich als bloßes Dekorum vor oder als Möglichkeit, eine objektive Analyse oder Beschreibung wirkungsvoller präsentieren zu können. Man geht folglich davon aus, daß die Inhalte, zumindest im Prinzip, gesondert von den Kommunikationsmitteln betrachtet werden können. Aber die literarischen oder rhetorischen Dimensionen der Ethnographie können nicht länger auf so einfache Weise in Schächtelchen gesteckt werden. Sie wirken auf allen Ebenen der Kulturwissenschaft. Schon die Vorstellung eines »literarischen« Ansatzes in einer Disziplin wie der »Anthropologie« ist nachgerade irreführend.

Es soll im folgenden keine Tendenz oder Perspektive innerhalb einer kohärenten »Anthropologie« präsentiert werden.[10] Die »Vier-Felder«-Definition der Disziplin, deren letzter Virtuose vermutlich Boas war, beinhaltete Physische (oder Biologische) Anthropologie, Archäologie, Kultur- (oder Sozial-) Anthropologie und Linguistik. Wenige können heute ernsthaft behaupten, diese Bereiche teilten einen einheitlichen Ansatz oder hätten denselben Untersuchungsgegenstand, obwohl dieser Traum weiter besteht, wohl hauptsächlich aufgrund institutioneller Gegebenheiten. Heutzutage wird ein neuer Raum besetzt, der sich durch die Auflösung des »Menschen« als Telos der ganzen Disziplin eröffnet hat, und man stützt sich auf neue Entwicklungen auf dem Gebiet der Textkritik, Kulturgeschichte, Semiotik, Hermeneutik und der Psychoanalyse. Vor einigen Jahren untersuchte Robert Needham in einem scharfsinnigen Aufsatz die theoretische Inkohärenz, die ineinander verwachsenen Wurzeln, die verqueren Seilschaften und die divergenten Spezialisierungen, die auf die intellektuelle Auflösung der akademischen Anthropologie hinauszulaufen schienen. Er schlug mit ironischer Gelassenheit vor, das Fach bald auf eine Reihe benachbarter Disziplinen neu zu verteilen. Die Anthropologie in ihrer gegenwärtigen Form würde eine »schillernde Metamorphose«[11] durchlaufen.

Wenn diese neuen Ansätze post-anthropologisch sind, dann sind sie auch post-literarisch. Michel Foucault,[12] Michel de Certeau[13] und Terry Eagleton[14] vertreten die These, daß die »Literatur« selbst eine Durchgangs-Kategorie sei. Seit dem 17. Jahrhundert habe die westliche Wissenschaft bestimmte Ausdrucksformen aus dem Repertoire dessen, was als legitim betrachtet wird, ausgeschlossen: die Rhetorik (im Namen einer »Klartext« produzierenden, transparenten Signifikation), die Fiktion (im Namen der Fakten) und die Subjektivität (im Namen der Objektivität). Die Qualitäten, die aus der Wissenschaft eliminiert wurden, sind in der Kategorie »Literatur« angesiedelt worden. Literarische Texte hielt man für metaphorisch und allegorisch, dachte, daß sie eher aus Erfindungen als aus beobachteten Fakten bestünden. Gefühlen, Spekulationen und dem subjektiven »Genie« der Autoren wurde viel Platz eingeräumt. De Certeau bemerkt, daß die Fiktionen der literarischen Sprache wissenschaftlich verdammt (und ästhetisch geschätzt) wurden, da ihnen die »Einstimmigkeit« und die angeblich eindeutigen Darstellungsweisen der Naturwissenschaft und der professionellen Geschichtswissenschaft fehlten. Nach diesem Schema ist der Diskurs der Literatur und Fiktion seiner Natur nach instabil; er »spielt mit den Schichten der Bedeutung; er erzählt eine Sache, um eine ganz andere auszudrücken; er stellt sich dar in einer Sprache, aus der er kontinuierlich Bedeutungseffekte zieht, die weder eingegrenzt noch kontrolliert werden können«.[15] Dieser Diskurs, der – mit unterschiedlichem Erfolg – wiederholt aus der Wissenschaft verbannt wurde, ist unverbesserlich figurativ und polysemisch. (In dem Moment, wo man seine Effekte zu deutlich zu spüren beginnt, wird ein wissenschaftlicher Text »literarisch« erscheinen; man bekommt den Eindruck, er verwende zu viele Metaphern und verlasse sich zu sehr auf seinen Stil, Evokationen usw.)[16]

Im 19. Jahrhundert hatte sich die Literatur als bürgerliche Institution herausgebildet, die eng mit »Kultur« und »Kunst« verbunden war. Raymond Williams[17] zeigt, wie ihre besondere, hochentwickelte Sensibilität als eine Art Berufungsinstanz funktionierte und so auf die wahrgenommenen Entgleisungen und die Vulgarität der Industrie- und Klassengesellschaft reagierte. Literatur und Kunst waren in Wirklichkeit fest umrissene Bereiche, in denen nicht-utilitaristische, »höhere« Werte hochgehalten wurden. Zur gleichen Zeit waren sie Domänen experimenteller, avantgardistischer Grenzüberschreitungen. In diesem Licht betrachtet haben die ideologischen Formationen von Kunst und Kultur keinen wesenhaften oder ewigwährenden Status. Sie verändern sich und sind anfechtbar, genau wie die besondere Rhetorik der »Literatur«. Die folgenden Ansätze wenden sich nicht an eine literarische Praxis, die auf einen ästhetischen, kreativen oder humanisierenden Bereich begrenzt ist. Sie kämpfen auf je ihre Weise gegen die gültigen Definitionen von Kunst, Literatur, Wissenschaft und Geschichte. Und wenn sie zuweilen vorschlagen, die Ethnographie sei eine »Kunst«, so verwenden sie dieses Wort in seiner älteren Bedeutung aus einer Zeit, bevor es mit einer höheren oder aufrührerischen Sensibilität assoziiert wurde – in seiner Bedeutung, die es im 18. Jahrhundert hatte und an die Williams erinnert: Kunst als gekonnte Verfestigung nützlicher Artefakte. Das Herstellen ethnographischer Texte ist ein Kunsthandwerk und an die weltliche Arbeit des Schreibens gebunden.

Ethnographisches Schreiben ist auf mindestens sechs Weisen bestimmt:

1. kontextuell (es stützt sich auf und schafft seinerseits sinnhafte soziale Milieus); 2. rhetorisch (es benutzt Ausdruckskonventionen und wird von ihnen benutzt); 3. institutionell (man schreibt innerhalb und gegen spezifische Traditionen, Disziplinen, Rezipienten); 4. gattungsmäßig (ein ethnographisches Werk ist in der Regel von einem Roman oder einem Reisebericht unterscheidbar); 5. politisch (die Autorität, kulturelle Realitäten zu repräsentieren, wird nicht gleichermaßen geteilt und ist zu Zeiten umstritten); 6. historisch (all die genannten Konventionen und Beschränkungen unterliegen dem Wandel). Diese Bestimmungen kontrollieren die Einschreibungen kohärenter ethnographischer Fiktionen.

Ethnographische Texte als Fiktionen zu bezeichnen, mag bei den Empirikern Stirnrunzeln hervorrufen. Aber das Wort hat, so wie es jetzt üblicherweise in der neusten Texttheorie verwendet wird, seine Konnotation von Lüge und Falschheit verloren. Es benennt die Voreingenommenheit kultureller und historischer Wahrheiten, ihre Systemhaftigkeit und Exklusivität. Ethnographische Schriften können rechtmäßig Fiktionen genannt werden und zwar im Sinne von »etwas Gemachtes oder Hergestelltes« (nach der lateinischen Wurzel *fingere*). Aber es ist wichtig, nicht nur die Bedeutung von »herstellen« zu wahren, sondern auch die von »zurechtmachen«, dem Erfinden von Dingen, die keinen Realitätsstatus haben. (*Fingere* hatte zum Teil die Konnotation von Unwahrheit.) Interpretierende Sozialwissenschaftler sind vor kurzem zu dem Schluß gekommen, daß gute ethnographische Texte »wahre Fiktionen« sind, jedoch gewöhnlich auf Kosten einer Abschwächung des Oxymorons, indem sie es auf die banale Behauptung reduzierten, alle Wahrheiten seien konstruiert. Vincent Crapanzano, zum Beispiel, beschreibt Ethnographen als Schelme, die wie Hermes versprechen, nicht zu lügen, aber auch nie die ganze Wahrheit sagen. Ihre Rhetorik untermauert und unterläuft ihre Botschaft. Andere betonen, daß kulturelle Fiktionen auf systematischen und anfechtbaren Abschlußprozessen beruhen. Hierzu gehört etwa das Zum-Schweigen-Bringen inkongruenter Stimmen (»Zwei-Krähen bestreitet das!«) oder der Einsatz konsistenten Zitierens, das »für andere spricht« und so die Wirklichkeit anderer übersetzt. Angeblich irrelevante persönliche und historische Umstände werden ebenfalls ausgeschlossen (man kann schließlich nicht alles berichten). Darüber hinaus kann der Verfasser (warum eigentlich nur einer?) ethnographischer Texte Tropen, Figuren und Allegorien nicht vermeiden, die, während sie einen Sinn transportieren, ihn zugleich interpretieren und fixieren. In dieser eher nietzscheanischen als realistischen oder hermeneutischen Sichtweise werden alle konstruierten Wahrheiten durch machtvolle »Lügen« des Ausschlusses und der Rhetorik ermöglicht. Sogar die besten ethnographischen Texte – ernstzunehmende, wahre Fiktionen – sind Systeme oder Ökonomien der Wahrheit. Macht und Geschichte wirken durch sie, in Formen, die ihre Autoren nicht vollständig kontrollieren können.

Ethnographische Wahrheiten sind folglich von Natur aus *voreingenommen* – einem Ziel verpflichtet und unvollständig. Diese Einsicht setzt sich momentan immer stärker durch, wenn ihr auch an strategischen Stellen von denen widersprochen wird, die den Zusammenbruch klarer Verifikationsmaßstäbe fürchten. Aber einmal akzeptiert und ins ethnographische Handwerk eingebaut, kann ein starkes Gefühl von Voreingenommenheit Quelle für darstellerisches Taktgefühl sein. Richard Prices 1983 erschienenes *First-Time: The Historical Vision of an Afro-American People* [18] liefert ein gutes Beispiel für eine bewußte und ernstzunehmende Voreingenommenheit. Price erzählt von den spezifischen Bedingungen seiner Feldforschungen bei den Saramakas, einer von der Außenwelt abgeschlossenen Gemeinschaft in Surinam. Wir erfahren etwas über äußere und selbstauferlegte Grenzen der Forschung, über einzelne Informanten und über die Herstellung des endgültigen schriftlichen Artefakts. (Das Buch vermeidet eine geglättete, monologische Form und präsentiert sich selbst als buchstäblich zusammengesetzt, als Werk voller Löcher.) *First-Time* beweist, daß ein scharfes politisches und epistemologisches Bewußtsein nicht zu ethnographischer Selbstverliebtheit oder zu dem Schluß führen muß, daß sichere Kenntnisse über andere Völker unmöglich sind. Das Buch führt eher zu einer konkreten Vorstellung davon, warum ein Saramaka-Märchen, das von Price präsentiert wird, folgendes lehrt: »Wissen ist Macht, und man soll niemals alles sagen, was man weiß.« [19]

Eine komplexe Technik des Ver- und Enthüllens beherrscht die Übermittlung (die Nacherfindung) des »First-Time«-Wissens, Überlieferungen über die entscheidenden Überlebenskämpfe der Gesellschaft im 18. Jahrhundert. Alte Männer geben anhand von Techniken absichtlicher Frustration, Digression und Unvollständigkeit historisches Wissen an jüngere Stammesangehörige weiter, vorzugsweise dann, wenn die Hähne krähen, also eine Stunde vor Dämmerung. Diese Strategien der Ellipse, der Verheimlichung und teilweisen Enthüllung bestimmen ethnographische Erzählungen genauso wie die Weitergabe der Geschichte von Generation zu

Generation. Price mußte die paradoxe Tatsache akzeptieren, daß »jede Sa-ramaka-Erzählung (einschließlich jener, die mit der angeblichen Intention, Wissen weiterzugeben beim Hahnenschrei erzählt werden) das meiste von dem auslassen wird, was der Erzähler über das fragliche Ereignis weiß. Das Wissen einer Person soll nur schrittweise zunehmen, und in jeder Lebens-lage wird den Leuten absichtlich nur ein klein wenig mehr als das mitgeteilt, was sie nach Meinung des Sprechers schon wissen.«[20]

Es zeigt sich schon bald, daß es keinen »vollständigen« First-Time-Wis-sensschatz gibt, daß niemand – am allerwenigsten der Ethnograph auf Be-such – diese Überlieferungen kennenlernen kann, außer durch eine offene Reihe zufälliger, machtbefrachteter Begegnungen. »Es wird akzeptiert, daß unterschiedliche Saramaka-Historiker unterschiedliche Versionen anbie-ten, und es obliegt dem Zuhörer, für sich eine Version des Ereignisses zu-sammenzupuzzln, die er – zumindest eine Zeitlang – akzeptiert.«[21] Ob-wohl Price, der gewissenhafte Feldforscher und Historiker, mit Schrift bewaffnet, einen Text zusammengetragen hat, der in seinem Ausmaß das übertrifft, was Einzelne wissen oder erzählen, stellt dies dennoch »nur die Spitze eines Eisbergs dar von dem, was die Saramakas *kollektiv* über die First-Time bewahren«.[22]

Die ethischen Fragen, die sich beim Erstellen eines geschriebenen Archivs geheimer, mündlicher Überlieferungen ergeben, sind beträchtlich, und Price ringt offen mit ihnen. Teil seiner Lösung war es, die Vollständigkeit (nicht aber die Seriosität) seines eigenen Berichts zu untergraben, indem er ein Buch veröffentlichte, das aus einer Serie von Fragmenten besteht. Es ist nicht das Ziel, auf Lücken zu zeigen, die in unserem Wissen über das Leben in Saramaka im 18. Jahrhundert unglücklicherweise zurückbleiben, sondern eher einen notwendig unvollkommenen Wissensmodus vorzuführen, der beim Stopfen von Lücken wiederum neue produziert. Obwohl Price selbst nicht von dem Wunsch frei ist, einen vollständigen ethnographischen bzw. historischen Text zu verfassen, eine »ganze Lebensweise«[23] zu schildern, zieht sich die Botschaft der Unvollständigkeit durch das ganze *First-Time*.

Ethnographen gleichen immer mehr jenem Cree-Jäger, der (so erzählt man sich) nach Montreal kam, um betreffs des Schicksals seiner Jagdreviere im neuen Wasser- und Stromversorgungsplan der James Bay vor Gericht auszusagen. Er beschrieb seine Lebensweise, doch als er den Eid leisten sollte, zögerte er und sagte: »Ich bin nicht sicher, ob ich die Wahrheit sagen kann. [...] Ich kann nur sagen, was ich weiß.«

Es ist wichtig, sich daran zu erinnern, daß der Zeuge trickreich und gekonnt sprach – in einem Umfeld der Macht voller Vorgaben. Seit Michel Leiris' frühem Essay von 1950 mit dem Titel »L'Ethnographe devant le colonialisme«[24] (aber warum so spät?) mußte die Anthropologie in ihren eigenen Reihen mit historischer Bestimmtheit und politischen Konflikten rechnen. Eine schnellebige Dekade, die von 1950 bis 1960, sah zu, daß das Ende des Kolonialreiches zum allgemein akzeptierten Projekt wurde, wenn nicht gar eine vollendete Tatsache. Georges Balandiers »*situation coloniale*«[25] wurde plötzlich sichtbar. Imperiale Beziehungen formeller und informeller Art galten nicht länger als akzeptierte Spielregel, die stückweise reformiert oder auf unterschiedliche Weisen ironisch vom Leibe gehalten wurde. Anhaltende Ungleichheit in der Machtverteilung hatte die ethnographische Arbeit deutlich behindert. Diese »Situation« hatte sich zuerst in Frankreich bemerkbar gemacht, hauptsächlich wegen der Vietnam- und Algerien-Konflikte und aufgrund der Schriften einer Gruppe schwarzer Intellektueller und Dichter, die sich der Problematik der Ethnographie bewußt war: Ich meine die *négritude*-Bewegung von Aimé Césaire, Léopold Senghor, René Ménil und Léon Damas. Die Seiten von *Présence Africaine* boten in den fünfziger Jahren ein ungewöhnliches Forum für eine Zusammenarbeit von Schriftstellern und Sozialwissenschaftlern wie Balandier, Leiris, Marcel Griaule, Edmond Ortigues und Paul Rivet. In anderen Ländern setzte der Gewissenskonflikt etwas später ein. Man denke an Jacques Maquets einflußreichen Aufsatz »Objectivity in Anthropology«,[26] Dell Hymes' *Reinventing Anthropology*,[27] die Arbeiten von Stanley Diamond,[28] Bob Scholte,[29] Gérard Leclerc[30] und vor allem an Talal Asads Sammlung *Anthropology and the Colonial Encounter*,[31] die eine klärende Debatte auslöste.[32]

Das verbreitete Bild des Ethnographen hat sich vom verständnisvollen, autorisierten Beobachter (den Margaret Mead vielleicht am besten verkörperte) hin zu der wenig schmeichelhaften Figur verlagert, wie Vine Deloria sie in *Custer Died for Your Sins*[33] schilderte. Das negative Bild hat sich in der Tat zuweilen zur Karikatur gesteigert – der ehrgeizige Sozialwissenschaftler, der sich ohne Gegenleistung mit den Stammesüberlieferungen davonmacht und krude Schilderungen von feinfühligen Völkern liefert oder (wie gerade vor kurzem) von raffinierten Informanten zum Narren gehalten wird. Solche Schilderungen sind etwa so realistisch wie die früheren heroischen Versionen der teilnehmenden Beobachtung. Die ethnographische Arbeit hat sich tatsächlich in eine Welt anhaltender und wechselnder Ungleichverteilung von Macht verstrickt, und sie wird auch weiterhin darin verwickelt sein. Sie selbst bringt Machtverhältnisse ins Spiel. Aber ihre Funktion innerhalb dieser Verhältnisse ist komplex, oft ambivalent und potentiell anti-hegemonisch.

Andere Spielregeln entstehen für die Ethnographie momentan in vielen Teilen der Welt. Ein Außenseiter, der die Kulturen der Ureinwohner Amerikas untersucht, muß damit rechnen, vielleicht als Bedingung für weitere Studien, im Rechtsstreit um die Zurückgewinnung von Gebieten für die Ureinwohner auszusagen. Eine Reihe formaler Restriktionen wird der Feldforschung nun von den einheimischen Regierungen auf Landes- und kommunaler Ebene auferlegt. Diese bestimmen auf neuartige Weise, was über einzelne Völker gesagt und vor allem nicht gesagt werden kann. Eine neue Figur hat die Bühne betreten, der »einheimische Ethnograph«.[34] Insider, die ihre eigenen Kulturen erforschen, ermöglichen neue Sichtweisen und besseres Verstehen. Ihre Berichte sind in einzigartiger Weise gleichzeitig kompetent und eingeschränkt. Die verschiedenen post- und neokolonialen Regeln für die ethnographische Praxis führen nicht notwendigerweise zu »besseren« Darstellungen von Kulturen, denn die Kriterien zur Beurteilung eines guten Berichts sind nie festgelegt worden und ändern sich laufend. Aber aus all diesen ideologischen Verschiebungen, Regelveränderungen und neuen Kompromissen hat sich ergeben, daß eine Reihe von historischen Zwängen allmählich dazu führt, der Anthropologie in bezug auf ihre Untersuchungs-»Objekte« eine neue Einstellung abzuverlangen. Die Anthropologie spricht nicht mehr mit automatischer Autorität für andere und stempelt sie als unfähig ab, für sich selbst zu sprechen (»Primitive«, »schriftlose Kulturen«, »geschichtslose Gemeinschaften«). Andere Gruppen lassen sich nicht so einfach in eine besondere, fast immer vergangene oder vergehende Zeit abschieben – lassen sich nicht darstellen, als ob sie nicht zu den gegenwärtigen Weltordnungen gehörten, die die Ethnographen ebenso wie die von ihnen erforschten Völker umfassen. »Kulturen« stehen für ihre Porträts nicht unbeweglich Modell. Versuche, sie dazu zu bringen, implizieren immer Vereinfachung und Ausschluß, Auswahl eines zeitlichen Fokus, Konstruktion einer bestimmten Beziehung zwischen Selbst und Anderen und das Aufzwingen oder Aushandeln von Machtverhältnissen.

Die Kritik des Kolonialismus in der Nachkriegszeit – das Hinterfragen der Fähigkeit »des Westens«, andere Gesellschaften zu repräsentieren – ist durch einen wichtigen Theoretisierungsprozeß der Grenzen der Repräsentation selbst verstärkt worden. Es gibt keine Möglichkeit, diese facettenreiche Kritik an dem, was Vico das »serious poem«, das »ernste Gedicht« der Kulturgeschichte nannte, angemessen zu untersuchen. Positionen gibt es zuhauf: »Hermeneutik«, »Strukturalismus«, »Mentalitätsgeschichte«, »Neomarxismus«, »Genealogie«, »Poststrukturalismus«, »Postmoderne«, »Pragmatismus«; außerdem eine Flut von »alternativen Epistemologien« – feministische, ethnische und nicht-westliche. Worum es geht, was aber nicht immer erkannt wird, ist eine fortwährende Kritik an den selbstbewußtesten, kennzeichnenden Diskursen des Westens. Diese kritische Einstellung haben unterschiedliche philosophische Ansätze gemeinsam. Zum Beispiel teilt Jacques Derridas Kritik am Logozentrismus, von den Griechen bis hin zu Freud, mit Walter J. Ongs gänzlich anderer Diagnose der Folgen von Schriftlichkeit eine umfassende Ablehnung der institutionalisierten Weisen, in denen ein großer Teil der Menschheit sich für Tausende von Jahren seine Welt zurechtgelegt hat. Neue (von Marx, der Annales-Schule und Foucault beeinflußte) historische Studien hegemonischer Denkmuster haben mit den jüngsten Richtungen der Textkritik (semiotischen, rezeptionsästhetischen, poststrukturalistischen) die Überzeugung gemeinsam, daß das, was der Geschichtswissenschaft, den Sozialwissenschaften, den Künsten, ja sogar dem gesunden Menschenverstand »real« vorkommt, immer als restriktive und expressive Menge sozialer Codes und Konventionen analysiert werden kann. Die Hermeneutische Philosophie in ihren unterschiedlichen Ausprägungen, von Wilhelm Dilthey und Paul Ricœur bis hin zu Heidegger, erinnert uns daran, daß die einfachsten Schilderungen von Kulturen intentionale Schöpfungen sind, daß die Interpretierenden sich ununterbrochen durch die von ihnen untersuchten Anderen selbst erschaffen. Die »Sprach«-Wissenschaften des 20. Jahrhunderts, von Ferdinand de Saussure und Roman Jakobson bis zu Benjamin Lee Whorf, Sapir und Wittgenstein haben die systematischen und situationalen sprachlichen Strukturen, die alle Repräsentationen von Wirklichkeit bestimmen, zu unentrinnbaren gemacht. Schließlich hat die Restitution der Rhetorik (die jahrtausendelang im Zentrum westlicher Bildung gestanden hatte) in vielen Forschungsgebieten eine detaillierte Anatomie der konventionellen Ausdrucksmodi ermöglicht. In Allianz mit der Semiotik und der Diskursanalyse befaßt sich die neue Rhetorik mit dem, was Kenneth Burke »Strategien zur Umfassung von Situationen«[35] genannt hat. Es ist ihr weniger um gutes Sprechen zu tun als darum, in der Welt öffentlicher kultureller Symbole überhaupt zu sprechen und sinnvoll zu handeln.

Die Auswirkungen dieser Kritik sind allmählich in der Beurteilung der eigenen Entwicklung durch die Ethnographie selbst zu spüren. Geschichtsschreibung ohne Verherrlichung bürgert sich langsam ein. Diese neuen Geschichtsbücher versuchen zu vermeiden, die Entdeckungsdaten jetzt geläufigen Wissens tabellarisch aufzulisten (Ursprünge des Begriffs von Kultur usw.); und wenn es darum geht, ein bestimmtes Paradigma zu bestätigen, mißtrauen sie sowohl dem Hochjubeln als auch dem Niedermachen von intellektuellen Vorläufern.[36] Viel eher behandeln sie anthropologische Vorstellungen als in lokale Praktiken und institutionelle Zwänge verstrickt, als kontingente, oft »politische« Lösungen kultureller Probleme. Sie betrachten die Wissenschaft als sozialen Prozeß. Sie betonen die historischen Diskontinuitäten, ebenso wie die Kontinuitäten vergangener und gegenwärtiger Praktiken, und stellen häufig gegenwärtiges Wissen als temporär und Veränderungen unterworfen dar. Die Autorität einer wissenschaftlichen Disziplin wird in dieser Art von historischer Darstellung immer eine durch die Ansprüche der Rhetorik und Macht vermittelte sein.[37]

Eine weitere wichtige Auswirkung der anwachsenden politischen und theoretischen Kritik an der Anthropologie kann man kurz als Ablehnung des »Visualismus« zusammenfassen. Ong[38] und andere haben untersucht, wie unsere Sinne in verschiedenen Kulturen und Epochen auf unterschiedliche Weise hierarchisch geordnet werden. Er argumentiert, daß in den westlichen Schriftkulturen die Wahrheit des Gesichtssinns über die Evidenzen des Klangs und des Gesprächs, des Tastens, Riechens und Schmeckens herrscht. (Mary Pratt hat beobachtet, daß Hinweise auf Gerüche, die in Reiseberichten eine ganz wichtige Rolle spielen, in ethnographischen Texten nahezu völlig fehlen.[39]) Die dominanten Metaphern ethnographischer und anthropologischer Forschung sind teilnehmende Beobachtung, Datensammlung und die Beschreibung von Kulturen. Sie alle gehen von einem Betrachterstandpunkt außerhalb des Geschehens aus – man betrachtet, objektiviert oder, genauer formuliert, man »liest« eine gegebene Wirklichkeit. Ongs Arbeit wurde von Johannes Fabian[40] als Kritik an der Ethnographie ins Feld geführt; er untersucht, welche Konsequenzen es hat, daß man kulturelle Fakten als beobachtete Dinge anstatt als gehörte, im Dialog erfundene oder transkribierte setzt. Mit Frances Yates[41] argumentiert er, daß die taxonomische Vorstellungskraft des Westens ihrer Natur nach stark visualistisch ist und Kulturen so darstellt, als ob sie Gedächtnistheater oder verräumlichte Aufstellungen wären.

In einer ähnlichen Polemik gegen den »Orientalismus« identifiziert Edward Said[42] hartnäckige Tropen, anhand derer Europäer und Amerikaner östliche und arabische Kulturen visualisiert haben. Der Orient fungiert als Theater, als Bühne, auf der eine vom privilegierten Standpunkt aus zu betrachtende Vorstellung wiederholt wird. (Roland Barthes[43] lokalisiert eine ähnliche »Perspektive« in der sich formierenden bürgerlichen Ästhetik Diderots.) Für Said ist der Orient »textualisiert« worden; seine vielfältigen, divergenten Geschichten und existentiellen Verstrickungen werden kohärent zum Zeichenkörper gewoben, der einer virtuosen Lesart entgegenkommt. Dieser geheimnisvolle und filigrane Orient wird liebevoll ans Licht gebracht, gerettet durch die Arbeit eines Gelehrten, der selbst nicht Orientale ist. Die Auswirkung der Herrschaft besteht in solch räumlich/zeitlichen Staffelungen (die sich natürlich nicht auf den eigentlichen Orient beschränken) darin, daß sie auf den Anderen eine diskrete Identität übertragen, und gleichzeitig den wissenden Beobachter mit einem Standpunkt ausstatten, von dem aus er beobachten kann, ohne selbst gesehen zu werden und wo er ohne Unterbrechung lesen kann.

Sobald Kulturen nicht mehr visuell präfiguriert werden – als Objekte, Theater, Texte –, wird es möglich, an eine kulturelle Poetik zu denken, die ein Zusammenspiel von Stimmen, von plazierten Äußerungen ist. In einem eher diskursiven als visuellen Paradigma verlagern sich die vorherrschenden Metaphern in der Ethnographie weg vom beobachtenden Auge und hin zur expressiven Rede (und Geste). Die »Stimme« des Autors durchzieht und situiert die Analyse, und einer objektiven, distanzierten Rhetorik wird abgeschworen. Renato Rosaldo hat diese Thesen in letzter Zeit vertreten und veranschaulicht.[44] Auf weitere Veränderungen in der textuellen Umsetzung drängt Stephen Tyler.[45] Die evokativen, performativen Elemente der Ethnographie erhalten ihre Berechtigung. Und das entscheidende poetische Problem für eine diskursive Ethnographie wird es sein, wie man »mit schriftlichen Mitteln das erreicht, was das Sprechen erreicht, und dies ohne eine bloße Nachahmung des Sprechens«.[46] Von einem anderen Blickwinkel aus bemerken wir, wieviel Tadelndes und Lobendes schon über den ethnographischen Blick gesagt wurde. Aber wie steht es mit dem ethnographischen Ohr? Darauf will Nathaniel Tarn in einem Interview hinaus, wenn er über seine Erfahrung der eigenen dreifachen Kulturation spricht, nämlich wie der Franzose und Engländer Tarn endlos lange Amerikaner wird:

»Vielleicht ist es wieder der Ethnograph oder der Anthropologe, der seine Ohren für das, was er als das Exotische erachtet, stärker spitzt als für das Vertraute, aber ich merke noch immer, wie ich hier fast jeden Tag etwas Neues im Sprachgebrauch entdecke. Mir wachsen fast jeden Tag neue Ausdrücke zu, als wüchse die Sprache aus jedem denkbaren Schößling.«[47]

Ein Interesse an den diskursiven Aspekten der kulturellen Repräsentation lenkt die Aufmerksamkeit nicht auf die Interpretation der kulturellen »Texte«, sondern auf deren Produktionsverhältnisse. Divergente Schreibstile ringen nicht immer gleich erfolgreich mit diesen neuen Komplexitätsordnungen – unterschiedliche Regeln und Möglichkeiten am Horizont eines historischen Augenblicks. Die wichtigsten experimentellen Trends wurden an anderer Stelle detailliert besprochen.[48] Es genügt, hier den allgemeinen Trend einer *Spezifizierung der Diskurse* innerhalb der Ethnographie zu erwähnen: Wer spricht? Wer schreibt? Wann und wo? Mit wem oder an wen? Unter welchen institutionellen und historischen Zwängen?

Seit Malinowskis Zeiten hat die »Methode« der teilnehmenden Beobachtung für ein fragiles Gleichgewicht zwischen Subjektivität und Objektivität gesorgt. Die persönlichen Erfahrungen des Ethnographen, besonders jene der Teilnahme und Einfühlung, werden als zentral für den Forschungsprozeß erachtet, aber sie werden durch die unpersönlichen Standards der Beobachtung und »objektiven« Distanz streng gezügelt. In klassischen ethnographischen Texten war die Stimme des Autors immer manifest, aber die Konventionen der textuellen Darbietung und Lektüre verboten eine zu enge Verbindung zwischen dem Stil des Autors und der repräsentierten Wirklichkeit. Obwohl wir sofort den unverkennbaren Tonfall einer Margaret Mead, eines Raymond Firth oder eines Paul Radin erkennen, können wir dennoch nicht so frei von den Samoanern als »Meadsche« oder von den Tikopias als eine »Firthsche« Kultur sprechen, wie wir von Dickensschen oder Flaubertschen Welten sprechen können. Die Subjektivität des Autors ist von objektiven Referenten des Textes getrennt. Im besten Falle kann die persönliche Stimme des Autors als Stil in einem schwachen Sinne verstanden werden: als Nuancierung oder Ausschmückung der Fakten. Darüber hinaus wird die tatsächliche Felderfahrung des Ethnographen nur auf sehr stilisierte Weise gezeigt (die »Ankunftsgeschichten«, die zum Beispiel von Mary Pratt diskutiert werden). Zustände ernsthafter Verwirrung, heftige Gefühle und Handlungen, Zensurakte, wichtige Fehlschläge, Kursänderungen und exzessive Vergnügungen werden aus dem veröffentlichten Bericht ausgeschlossen.

In den sechziger Jahren bekamen diese Konventionen Risse. Ethnographen begannen über ihre Felderfahrung auf eine Art und Weise zu schreiben, die das vorherrschende Subjekt-Objekt-Gleichgewicht störte. Dieses war schon früher gestört worden, aber nur am Rande: Leiris' abweichendes *Phantom Afrika*;[49] Claude Lévi-Strauss' *Traurige Tropen*[50] (dessen größte Wirkung außerhalb Frankreichs erst nach 1960 einsetzte); und Elenore Smith Bowens wichtiges *Rückkehr zum Lachen*.[51] Daß Laura Bohannan in den frühen sechziger Jahren sich selbst als Bowen und die Schilderung ihrer Feldforschung als »Roman« ausgeben mußte, ist symptomatisch. Aber die Dinge veränderten sich schnell, und andere – George Balandier,[52] David Maybury-Lewis[53], Jean Briggs[54], Jean-Paul Dumont[55] und Paul Rabinow[56] – schrieben schon bald »Tatsachen« unter ihrem eigenen Namen. Die Publikation von Malinowskis Tagebüchern von seinem Aufenthalt bei den Mailu und den Bewohnern der Trobriand-Inseln[57] warf das alles öffentlich über den Haufen. Fortan wurde hinter jede allzu überzeugte und konsistente ethnographische Stimme ein implizites Fragezeichen gesetzt. Welche Sehnsüchte und Verwirrungen beschwichtigte diese konsistente ethnographische Stimme? Wie wurde ihre »Objektivität« durch den Text konstruiert?[58]

Eine eigene kleine Gattung ethnographischen Schreibens bildete sich heraus, der selbst-reflexive »Feldforschungsbericht«. Mal raffiniert, mal naiv, bekenntnishaft oder analytisch, stellen diese Berichte ein wichtiges Forum für die Diskussion einer großen Anzahl von epistemologischen, existentiellen und politischen Fragen dar. Der Diskurs eines Kulturanalytikers kann nicht mehr nur der eines »erfahrenen« Beobachters sein, der Sitten beschreibt und interpretiert. Ethnographische Erfahrung und das Ideal der teilnehmenden Beobachtung erweisen sich als problematisch. Verschiedene Textstrategien werden ausprobiert. Zum Beispiel wird die erste Person Einzahl (die aus den immer schon stilisiert persönlichen ethnographischen Texten nie verbannt gewesen war) gemäß neuer Konventionen eingesetzt. Mit dem »Feldforschungsbericht« weicht die Rhetorik der erfahrenen Objektivität der Autobiographie und dem ironischen Selbstporträt.[59] Der Ethnograph, eine Figur in einer Fiktion, steht im Zentrum des Schauplatzes. Er oder sie können über zuvor »irrelevante« Themen reden: Gewalt und Begehren, Verwirrungen, Kämpfe und ökonomische Transaktionen mit Informanten. Diese Dinge (die inoffiziell innerhalb der Disziplin schon lange diskutiert wurden) sind von den Rändern der Ethnographie weggerückt und werden jetzt als konstitutiv und unumgänglich betrachtet.[60]

Einige reflexive Berichte haben dazu beigetragen, den Diskurs der Informanten wie den der Ethnographen näher zu bestimmen, indem sie Dialoge inszenierten oder von zwischenmenschlichen Konfrontationen erzählten.[61] Diese fiktiven Dialoge bewirken eine Transformation des »kulturellen« Textes (eines Rituals, einer Institution, einer Lebensgeschichte oder jeder anderen typischen Verhaltenssequenz, die es zu beschreiben oder interpretieren gilt) in ein sprechendes Subjekt, das beobachtet, genauso wie es beobachtet wird, das sich entzieht, contra gibt, seinerseits austestet. In dieser Sichtweise referiert ein ethnographischer Bericht eigentlich nicht auf eine repräsentierte »Welt«; sondern auf spezifische Ausprägungen des Diskurses. Aber das Prinzip dialogischer Textproduktion geht weit über die mehr oder weniger kunstvolle Darstellung »tatsächlicher« Begegnungen hinaus. Es verortet kulturelle Interpretationen in vielen Arten von reziproken Kontexten, und es zwingt die Verfasser dazu, verschiedene Methoden zu finden, um die so ausgehandelten Wirklichkeiten als multisubjektive, machtbefrachtete und inkongruente darzustellen. So gesehen ist »Kultur« immer relational, ein Einschreiben kommunikativer Prozesse, die historisch *zwischen* Subjekten in Machtverhältnissen bestehen.[62]

Im Prinzip sind dialogische Modi nicht autobiographisch; sie müssen nicht zu einer übermäßigen Selbstbewußtheit oder Selbstverliebtheit führen. Wie Bachtin[63] gezeigt hat, wuchern dialogische Prozesse in jedem komplex repräsentierten diskursiven Raum (dem eines ethnographischen Textes oder, im Falle Bachtins, dem eines realistischen Romans). Viele Stimmen verlangen danach, sich auszudrücken. Mehrstimmigkeit war in traditionellen ethnographischen Texten eingeschränkt und so orchestriert gewesen, daß man einer Stimme eine durchgängige Autorfunktion und anderen die Rollen der Quellen, der »Informanten« zuwies, die es zu zitieren oder zu umschreiben galt. Werden Dialogizität und Polyphonie erst einmal als Modi der Textproduktion erkannt, dann wird eine einstimmige Autorität in Frage gestellt und als Charakteristikum einer Wissenschaft entlarvt werden, die für sich beansprucht, Kulturen zu *repräsentieren*. Die Tendenz, Diskurse – historisch und intersubjektiv – zu spezifizieren, entwirft diese Autorität neu und verändert dabei die Fragen, die wir an Kulturbeschreibungen richten. Zwei neuere Beispiele müssen genügen. Das erste betrifft die Stimmen und »Lektüren« der Ureinwohner Amerikas, das zweite die von Frauen.

James Walker ist aufgrund seiner klassischen Monographie *The Sun Dance and Other Ceremonies of the Oglala Division of the Teton Sioux* (1917)[64] weithin bekannt. Es handelt sich um eine sorgfältig beobachtete und dokumentierte Interpretationsarbeit. Aber unsere Lektüre des Buches muß heute durch einen außergewöhnlichen Einblick in seine »Voraussetzungen« vervollständigt – und verändert – werden. Drei Bände der vierbändigen Ausgabe sind erschienen. Sie beinhaltet Dokumente, die Walker als Arzt und Ethnograph im Pine-Ridge-Sioux-Reservat zwischen 1896 und 1914 gesammelt hat. Der erste Band, *Lakota Belief and Ritual*,[65] ist eine Collage, bestehend aus Aufzeichnungen, Interviews, Texten und Essayfragmenten, die von Walker und zahlreichen Oglala-Mitarbeitern schriftlich verfaßt oder besprochen wurden. Mehr als 30 »Autoritäten« zählt der Band auf, und wo immer möglich, ist jeder Beitrag mit dem Namen des Autors oder desjenigen, der ihn artikulierte oder transkribierte, versehen. Diese Personen sind keine ethnographischen »Informanten«. *Lakota Belief* ist eine kollektive Dokumentations-Arbeit und wurde so herausgegeben, daß unterschiedlichen Wiedergaben der Tradition gleiches rhetorisches Gewicht verliehen wurde. Walkers eigene Beschreibung und Erläuterungen sind Fragmente unter Fragmenten.

Der Ethnograph arbeitete eng mit den Übersetzern Charles und Richard Nines zusammen sowie mit Thomas Tyon und George Sword, die beide ausführliche Essays in Alt-Lakota komponiert haben. Diese wurden jetzt zum ersten Mal übersetzt und ediert. In einem langen Abschnitt in *Lakota Belief* präsentiert Tyon Erklärungen, die er von einigen Pine-Ridge-Schamanen erhielt; und es ist sehr aufschlußreich, Glaubensfragen (zum Beispiel die wichtige und schwer faßbare Qualität des »*wakan*«) in unterschiedlichen, idiosynkratischen Stilen ausgelegt zu sehen. Das Ergebnis ist eine Version von Kultur im Prozeß, die jeder endgültigen Zusammenfassung widersteht. In *Lakota Belief* liefern die Herausgeber biographische Details über Walker, mit Hinweisen auf einzelne Quellen der Schriften in seiner Sammlung, die von der Colorado Historical Society, dem American Museum of Natural History und der American Philosophical Society zusammengetragen wurde.

Der zweite Band, der erschien, war *Lakota Society*.[66] Er versammelt Dokumente, die mit Aspekten der sozialen Organisation sowie mit Zeit- und Geschichtsvorstellungen in Zusammenhang stehen. Die Aufnahme der umfangreichen »Winter Counts« (Lakota Annalen) und persönlicher Erinnerungen von historischen Ereignissen unterstützt die gegenwärtigen Tendenzen, allzu klare Unterscheidungen zwischen Völkern »mit« und solchen »ohne« Geschichte zu hinterfragen.[67] Band drei ist *Lakota Myth*.[68] Und der letzte wird die übersetzten Schriften von George Sword beinhalten. Sword war ein Oglala-Krieger, später ein Richter am »Court of Indian Offenses« (Gerichtshof für indianische Straftaten) in Pine Ridge. Von Walker ermutigt verfaßte er in der Landessprache eine detaillierte Aufzeichnung des Alltagslebens, die Mythos, Ritual, Kriegswesen und Spiele umfaßt und von einer Autobiographie ergänzt wird.

Zusammengenommen bieten diese Arbeiten eine ungewöhnliche, vielgliedrige Aufzeichnung des Lakota-Lebens zu einem entscheidenden historischen Zeitpunkt – eine dreibändige Anthologie von ad hoc Interpretationen und Transkripten von mehr als 20 Personen, die ein ganzes Spektrum von Meinungen in bezug auf die »Tradition« abdecken, außerdem eine gut ausgearbeitete Bewertung des ganzen durch einen gut gewählten Oglala-Schriftsteller. So kann man Walkers Synthese des unterschiedlichen Materials kritisch beurteilen. Einmal vollständig, werden die fünf Bände (einschließlich *The Sun Dance*) einen ausgedehnten (gestreuten, nicht absoluten) Text darstellen, der einen bestimmten *Moment* im ethnographischen Schreiben (nicht in der »Lakota-Kultur«) repräsentiert. Diesen erweiterten Text, und nicht die Walkersche Monographie, müssen wir nun zu lesen lernen.

Solch ein Text-Ensemble eröffnet neue Bedeutungen und Sehnsüchte in einer fortlaufenden kulturellen *poesis*. Die Entscheidung, diese Texte zu veröffentlichen, wurde durch ein Ersuchen an die Colorado Historical Society von Gemeindemitgliedern in Pine Ridge in die Wege geleitet, wo man Kopien für den Oglala-Geschichtsunterricht benötigte. Anderen Lesern erteilt die »Walker-Sammlung« andere Lektionen und stellt unter anderem ein beispielhaftes Modell für eine Ethnopoetik mit Geschichts- (und Personen-) Einlagen zur Verfügung. Man hat Schwierigkeiten, dem Material (das über weite Strecken sehr schön ist) die zeitlose, unpersönliche Identität, sagen wir, eines »Sioux-Mythos« zuzuschreiben. Darüber hinaus stellt sich bei einem erweiterten Text dieser Art die unvermeidliche Frage, *wer* kulturelle Aussagen *schreibt*? (vorführt? umschreibt? übersetzt? herausgibt?). Die unbestrittenen Wiederverwertungsrechte hat der Ethnograph nicht mehr inne: die Autorität, die lange mit seiner Fähigkeit in Verbindung stand, flüchtige, »entschwindende« mündliche Überlieferung in eine lesbare Textform zu bringen. Es ist unklar, ob James Walker (oder sonst jemand) als Autor dieser Schriften auftreten kann. Diese fehlende Klarheit kennzeichnet unsere Zeit.

Westliche Texte haben normalerweise einen Autor. Folglich war es vielleicht unvermeidbar, daß *Lakota Belief*, *Lakota Society* und *Lakota Myth* unter Walkers Namen veröffentlicht wurden. Aber in dem Maße, in dem die komplexe, plurale *poesis* der Ethnographie offensichtlicher und politisch aufgeladen wird, fangen die Konventionen langsam an aufzubrechen. Walkers Arbeit mag ein ungewöhnlicher Fall von Zusammenarbeit auf der Textebene sein, aber sie ermöglicht es uns, hinter die Kulissen zu schauen. Werden »Informanten« einmal als Mitautoren und Ethnographen als Schreiber, Archivare und interpretierende Beobachter betrachtet, können wir neue, kritische Fragen an alle ethnographischen Texte stellen. Es spielt keine Rolle, wie monologisch, dialogisch und polyphon ihre Form ist, die Texte sind in jedem Fall hierarchische Arrangements von Diskursen.

Ein zweites Beispiel für eine Spezifizierung der Diskurse betrifft das sozial und kulturell konstruierte Geschlecht (*gender*). Ich werde zunächst darauf eingehen, wie *gender* die Lektüre ethnographischer Texte beeinflussen kann und dann untersuchen, wie der Ausschluß feministischer Perspektiven aus dem vorliegenden Band seinen diskursiven Standpunkt einschränkt und fokussiert. Mein erstes Beispiel aus den vielen, die in Frage gekommen wären, ist Godfrey Lienhardts *Divinity and Experience: The Ritual of the Dinka*,[69] das gewiß eines der ethnographischen Werke der neueren anthropologischen Literatur mit der bestechendsten Argumentation darstellt. Seine phänomenologische Wiedergabe der Vorstellungen der Dinka über das Selbst, die Zeit, den Raum und »die Mächte« ist einmalig. Daher ist die Erkenntnis, daß Lienhardts Darstellung fast ausschließlich von der Erfahrung der Dinka-Männer handelt, ein Schock für die Leserinnen. Wenn er von »den Dinka« spricht, ist nicht klar, ob seine Argumentation auch für die Frauen gilt. Aus dem veröffentlichten Text geht das oft nicht hervor. Die von ihm gewählten Beispiele konzentrieren sich jedenfalls größtenteils auf Männer. Eine rasche Lektüre des Einleitungskapitels über die Dinka und ihr Vieh bestätigt diese Behauptung. Nur einmal wird die Sichtweise einer Frau erwähnt, und dies dient der Affirmation der Beziehung, die Männer zu Kühen haben und sagt nichts über die Einstellung der Frauen zum Vieh. Diese Beobachtung führt zu Doppeldeutigkeiten in

Passagen wie: »Die Dinka interpretieren Mißgeschicke und Zufälle häufig als göttliche Handlungen und unterscheiden Wahrheit von Falschheit durch die Zeichen, die den Menschen/Männern (»men«[70]) erscheinen.«[71] Die intendierte Bedeutung des Wortes »men« ist sicherlich die gattungsmäßige, also »Mensch«, da das Wort aber nur von Beispielen männlicher Erfahrung umgeben ist, bekommt es eine Bedeutung, die ein Geschlecht impliziert. (Erscheinen auch den Frauen Zeichen? Und tun sie dies auf signifikant andere Weise?) Ausdrücke wie »die Dinka« oder »Dinka«, die das ganze Buch hindurch verwendet werden, werden ähnlich doppeldeutig.

Es geht nicht darum, Lienhardt eines Doppelspiels zu überführen; sein Buch spezifiziert das Geschlecht (*gender*) in einem ungewöhnlichen Ausmaß. Was aber an die Oberfläche kommt, sind die Geschichte und die Politik, die in unsere Lektüre hineinspielen. Britische Akademiker eines bestimmten Schlags und einer bestimmten Ära sagen häufiger »Männer«, wenn sie »Leute« meinen, als das andere Gruppen tun. Dieser kulturelle und historische Kontext ist jetzt sichtbarer, als er es bisher gewesen war. Die Voreingenommenheit für eine Geschlechtsidentität, um die es hier geht, stand beim Erscheinen des Buches im Jahr 1961 nicht zur Debatte. Wäre dies der Fall gewesen, hätte Lienhardt das Problem direkt angesprochen, wozu sich Ethnographen heute verpflichtet fühlen.[72] Man las damals *The Religion of Dinka* nicht so, wie man es heute lesen muß, nämlich als die Religion der Dinka-Männer und nur unter Umständen als die der Dinka-Frauen. Unsere Aufgabe ist es, unsere Lektüre von Lienhardts Text und alle anderen Lesarten historisch zu denken.

Systematische Zweifel in bezug auf das Geschlecht (*gender*) in Kultur-Darstellungen haben sich ungefähr erst seit dem letzten Jahrzehnt in bestimmten Kreisen und unter dem Druck des Feminismus weiter verbreitet. Zahlreiche Schilderungen »kultureller« Wahrheiten scheinen jetzt einen männlichen Erfahrungsbereich widerzuspiegeln. (Und es gibt selbstverständlich umgekehrte, wenn auch weniger zahlreiche Fälle: zum Beispiel die Arbeiten Meads, die sich oft auf weibliche Bereiche konzentrierten und auf dieser Basis für die Kultur als ganze generalisiert wurden.) Wenn man solche Voreingenommenheiten erkennt, tut man gut daran, sich zu erinnern, daß unsere »vollständigen« Versionen ihrerseits unvermeidlich parteiisch und partiell erscheinen werden; und wenn viele Schilderungen von Kulturen heute beschränkter erscheinen als früher, so ist das ein Zeichen für die Kontingenz und historische Dynamik aller Lesarten. Niemand liest von einer neutralen oder endgültigen Warte aus. Gegen diese ziemlich offenkundige Warnung wird in neuen Berichten, die vorgeben, die Dinge zurechtzurücken oder die Lücken in »unserem« Wissen zu schließen, oft verstoßen.

Wann und durch wen wird eine Wissenslücke entdeckt? Woher kommen »Probleme«?[73] Es handelt sich wohl um etwas mehr als nur darum, einen Irrtum, eine Voreingenommenheit oder eine Auslassung zur Kenntnis zu nehmen. Ich habe Beispiele gewählt (Walker und Lienhardt), die die Rolle der politischen und historischen Faktoren bei der Entdeckung der diskursiven Parteilichkeit unterstreichen. Das impliziert eine Epistemologie, die nicht mit einer Vorstellung von kumulativem wissenschaftlichen Fortschritt versöhnt werden kann. Die Parteilichkeit, um die es geht, ist stärker als die üblichen wissenschaftlichen Gebote, Probleme schrittweise zu untersuchen, nicht zu stark zu verallgemeinern, das beste Bild durch eine Anhäufung rigoroser Beweise aufzubauen. Kulturen sind keine wissenschaftlichen »Objekte« (angenommen, so etwas existiert überhaupt, selbst in den Naturwissenschaften). Die Kultur und unsere Sichtweise von »ihr« werden historisch produziert und heftig umstritten. Es gibt kein vollständiges Bild, mit dem man »Lücken stopfen« könnte, da das Wahrnehmen und Auffüllen von Lücken zu einem Bewußtsein für andere Lücken führt. Wenn die Erfahrung von Frauen auf signifikante Weise aus ethnographischen Berichten ausgeschlossen worden war, so macht das Gewahrwerden dieser Abwesenheit und deren Berichtigung in vielen neuen Studien nun auf die Tatsache aufmerksam, daß die Erfahrung von Männern (als geschlechtlich bestimmte Subjekte und nicht als bloße Kulturtypen – als »Dinka« oder »Trobriander«) selbst weitgehend unerforscht ist. Wenn kanonische Themen wie »Verwandtschaftsbeziehungen« kritisch untersucht werden,[74] dann werden neue Probleme, die die »Sexualität« betreffen, sichtbar gemacht. Und so geht es endlos weiter. Es ist evident, daß wir nun über die Trobriander mehr wissen als im Jahr 1900. Aber das »wir« bedarf der historischen Identifizierung. »Kultur« ist weder ein Objekt, das es zu beschreiben gilt, noch ein einheitliches Korpus von Symbolen und Bedeutungen, die definitiv interpretiert werden können. Kultur wird ausgehandelt, sie ist zeitgebunden und prozessual. In dieser prozeßhaften Formierung sind Repräsentation und Erklärung – von Angehörigen wie von Außenstehenden einer bestimmten Kultur – impliziert. Bei der Spezifizierung der Diskurse, die ich umrissen habe, geht es folglich um mehr als nur darum, sorgfältig begrenzte Behauptungen aufzustellen. Die Diskursspezifizierung ist durch und durch historisch und selbst-reflexiv.

Lassen Sie mich in diesem Sinne auf den Band *Writing Culture* zu sprechen kommen. Jeder kann sich weitere Personen oder Perspektiven vorstellen, die in den Band hätten aufgenommen werden können. Die Autoren und Herausgeber von *Writing Culture* versuchen herauszustellen, in welchem Umfang der Fokus des Bandes den Band selbst wiederum begrenzt. Die Leser werden bemerken, daß seine anthropologische Ausrichtung auch Photographie, Film, Theorien der Performanz, die dokumentarischen Künste, den Tatsachen-Roman, »den neuen Journalismus« (»the new journalism«), mündlich tradierte Geschichte und verschiedene Formen der Soziologie umfaßt. *Writing Culture* schenkt neuen ethnographischen Möglichkeiten, die auf nicht-westlicher Erfahrung, der feministischen Theorie und den von ihr ausgehenden politischen Impulsen beruhen, relativ wenig Aufmerksamkeit. Lassen Sie mich auf den letztgenannten Ausschluß eingehen, denn er betrifft einen besonders starken intellektuellen und moralischen Einfluß auf die universitären Milieus, aus denen die Beiträge in *Writing Culture* stammen. Daher ruft ihre Abwesenheit nach einer Stellungnahme. (Aber indem ich diesen einen Ausschluß anspreche, möchte ich nicht implizieren, daß er nun einen besonders privilegierten Standpunkt anböte, von dem aus man die Parteilichkeit und Unvollständigkeit von *Writing Culture* erkennen könnte.) Die feministische Theoriebildung hat ein offensichtlich starkes Gewicht, wenn es darum geht, das ethnologische Schreiben zu überdenken. In der feministischen Theorie wird die historische und politische Konstruktion von Identitäten, die Beziehungen zwischen dem Selbst und dem Anderen diskutiert und die geschlechtlich gebundenen Standpunkte, die alle Darstellungen von oder durch andere Leute zu unausweichlich parteilichen und partiellem machen, erforscht.[75] Warum also gibt es in diesem Buch keine Aufsätze, die von einem in erster Linie feministischen Standpunkt aus verfaßt wurden?

Der Band *Writing Culture* wurde als Publikation eines Seminars geplant, das durch seine Sponsoren auf zehn Teilnehmer beschränkt worden war. Es war institutionell definiert als »Oberseminar«, und als Organisatoren akzeptierten George Marcus und ich dieses Format, ohne es ernsthaft zu hinterfragen. Wir entschieden uns dafür, Leute einzuladen, die Forschungsarbeit zu unserem Thema geleistet hatten, worunter wir solche Wissenschaftler verstanden, die bereits signifikante Beiträge zur Analyse ethnographischer Textformen geliefert hatten. Der Kohärenz zuliebe siedelten wir das Seminar innerhalb und an den Grenzen der Disziplin Anthropologie an. Wir luden Teilnehmer ein, die dafür bekannt waren, daß ihre neusten Beiträge die unterschiedlichen ethnographischen Schreibweisen zu erschließen halfen, oder solche Teilnehmer, von denen wir wußten, daß sie Forschungsprojekte durchführten, die für unseren Schwerpunkt relevant sind. Das Seminar war klein, seine Bildung ad hoc; es spiegelte unsere spezifisch persönliche und intellektuelle Vernetzung sowie unser beschränktes Wissen von entsprechender Forschungsarbeit anderer wider.

Als wir das Seminar planten, waren wir mit etwas konfrontiert, das uns eine offensichtliche – wichtige und bedauerliche – Tatsache zu sein schien: Der Feminismus hatte nicht viel zur theoretischen Analyse ethnographischer Texte als Texte beigetragen. Wo Frauen auf textueller Ebene Neuerungen eingeführt hatten[76], hatten sie dies nicht von einem feministischen Standpunkt aus getan. Einige neuere Arbeiten[77] hatten durch die von ihnen verwendete Form feministischen Forderungen in bezug auf Subjektivität, Bezogenheit und weibliche Erfahrung Rechnung getragen, aber die nämlichen Textformen fanden sich auch in anderen, nicht feministischen, experimentellen Arbeiten. Darüber hinaus schienen ihre Autorinnen nicht mit der Rhetorik- und Texttheorie vertraut, die wir für die Ethnographie zum Tragen bringen wollten: eine vertretbare, produktive Schwerpunktbildung.

Innerhalb dieses Schwerpunkts konnten wir uns nicht auf irgendwelche ausformulierten Debatten stützen, die der Feminismus in bezug auf die textuellen Praktiken der Ethnographie entwickelt hätte. Einige wenige, ganz im Anfang begriffene Hinweise[78] waren alles, was veröffentlicht worden war. Und die Situation hat sich seither nicht wesentlich geändert. Der Feminismus hat sicherlich zur anthropologischen Theoriebildung einen Beitrag geleistet. Und verschiedene Ethnographinnen wie Annette Weiner[79] schreiben den männlichen Kanon aktiv um. Aber die feministische Ethnographie hat sich entweder auf die Richtigstellung der Forschungsergebnisse zu Frauen konzentriert oder auf eine Revision anthropologischer Kategorien (zum Beispiel der Natur/Kultur-Opposition). Sie hat weder unkonventionelle Schreibformen noch Reflexionen über ethnographische Texte als solche entwickelt.

Die Gründe für diese allgemeine Situation müssen sorgfältig untersucht werden, aber hier ist nicht der Ort dafür.[80] Indem wir in unserem Seminar und dem Band *Writing Culture* die Text*form* betonten und die Texttheorie privilegierten, fokussierten wir das Thema auf eine Weise, daß bestimmte Arten ethnographischer Innovation ausgeschlossen wurden. Dies stellte sich in den Seminardiskussionen heraus, in denen auch klar wurde, daß man sich konkreten institutionellen Zwängen – wie den Verteilungsmustern für Lehrstühle, Kanons, dem Einfluß von Fach-Autoritäten und globalen Machtungleichheiten – nicht entziehen kann. Aus dieser Perspektive kamen inhaltliche Probleme in der Ethnographie (welche Erfahrungen Eingang in das anthropologischse Archiv finden und welche nicht, wie die etablierten Traditionen neu zu schreiben seien) unmittelbar zum Tragen. Und hier haben feministische und nicht-westliche Schriften ihre größten Auswirkungen gehabt.[81] Sicherlich war und ist unsere strenge Trennung von Inhalt und Form – und unsere Fetischisierung der Form – anfechtbar. Es ist eine parteiische Ausrichtung, die vermutlich der »Textualismus« der Moderne mit sich bringt.

Wir sehen die Dinge jetzt, wo alles vorüber und *Writing Culture* geschrieben ist, klarer. Als Herausgeber haben wir uns dagegen entschieden, den Band durch die Suche nach zusätzlichen Aufsätzen »aufzufüllen«. Das wäre nur pro forma geschehen und hätte den Eindruck erweckt, als ob wir uns um falsche Vollständigkeit bemühten. Unsere Antwort auf das Problem der Standpunkte »außen vor« war, dies so kraß stehen zu lassen.

(Aus dem Amerikanischen von Gabriele Rippl)

Anmerkungen

1 *Le Bruissement de la langue*, Paris 1984, S. 97–103; Roland Barthes, dt. *Das Rauschen der Sprache*, Frankfurt am Main, im Druck.

2 Eleanor Smith Bowen (Pseudonym für Laura Bohannan), New York 1954; dt. *Rückkehr zum Lachen*, Berlin 1984.

3 Bronislaw Malinowski, *Argonauts of the Western Pacific*, New York 1961, S. 17; dt. *Argonauten des westlichen Pazifik*, Frankfurt am Main 1979, S. 39. Das Photo, das Malinowski im Zeltinnern zeigt, wurde von George Stocking 1983 veröffentlicht in: *Observers Observed: Essays on Ethnographic Fieldwork*, Bd. 1 von *History of Anthropology*, Madison/Wis. 1983, S. 70–120, hier S. 101. Der Band zeigt verschiedene andere Schlüsselszenen ethnographischen Schreibens.

4 Clifford verweist hier auf die Beiträge seines Sammelbandes *Writing Culture*, a. a. O. [*A. d. Ü.*]

5 Roy Wagner, *The Invention of Culture*, Chicago 1980.

6 Virginia Woolf, *Three Guineas*, New York 1936, S. 62–63; dt. *Drei Guineen*, München 1978, S. 69–70.

7 Im amerikanischen Original heißt es »*historical ethnography*«, gewöhnlich redet man im deutschen Kontext aber von Historischer Anthropologie. Vgl. Rebekka Habermas und Niels Minkmar (Hg.), *Das Schwein des Häuptlings: Beiträge zur Historischen Anthropologie*, Berlin 1992 und Hans Süßmuth (Hg.), *Historische Anthropologie*, Göttingen 1984. [*A. d. Ü.*]

8 Eine unvollständige Liste der Arbeiten, die dieses weite Feld des »Literarischen« in der Anthropologie untersuchen, schließt (neben den Beiträgen zum Band *Writing Culture*) folgende Autoren ein: James Boon, *From Symbolism to Structuralism*, New York 1972; ders., *The Anthropological Romance of Bali, 1597–1972*, Cambridge 1977; und ders., *Other Tribes Other Scribes*, Ithaca/N.Y. 1982; Clifford Geertz, *The Interpretation of Cultures*, New York 1973; ders., *Local Knowledge*, New York 1983; und ders., *Works and Lives, The Anthropologist as Author*, Stanford/Cal. 1988 (dt. *Die künstlichen Wilden. Anthropologen als Schriftsteller*, München 1990); Victor Turner, *Dramas, Fields, and Metaphors*, Ithaca/N.Y. 1974; ders., *Revelations and Divination in Ndembu Ritual*, Ithaca/N.Y. 1975, James Fernandez, »The Mission of Metaphor in Expressive Culture«, in: *Current Anthropology*, 15 (1974), S. 119–145; Stanley Diamond, *In Search of the Primitive*, New Brunswick/N.J. 1974; Jean Duvignaud, *Change at Shebika Report from a North African Village*, New York 1970; dies., *Le langage perdu: Essai sur la différence anthropologique*, Paris 1973; Jeanne Favret-Saada, *Deadly Words: Witchcraft in the Bocage*, London 1980 (dt. *Die Wörter, der Zauber, der Tod. Der Hexenglaube im Hainland von Westfrankreich*, Frankfurt am Main 1979); dies. und Josée Contreras, *Corps pour corps: Enquête sur la sorcellerie dans le bocage*, Paris 1981; Jean-Paul Dumont, *The Headman and I*, Austin/Tex. 1978; Dennis Tedlock, *The Spoken Word and the Work of Interpretation*, Philadelphia 1983; Jean Jamin, »Une initiation au réel: à propos de Segalen«, in: *Cahiers internationaux de la sociologie*, 66 (1979), S. 125–139; ders., »Un sacré collége, ou les apprentis sorciers de la sociologie«, in: *Cahiers internationaux de la sociologie*, 68 (1980), S. 5–32; ders., ed., »Le texte ethnographique«, Sonderausgabe der *Études rurales*, 97 und 98

(1985); Steven Webster, »Dialogue and Fiction in Ethnography«, in: *Dialectical Anthropology*, 2 (1982), S. 91–114; Robert J. Thornton, »Narrative Ethnography in Africa, 1850–1920«, in: *Man*, 18 (1983), S. 502–520; ders., »Chapters and Verses: Classification as Rhetorical Trope in Ethnographic Writing«, Vortrag im School of American Research Seminar, »The Making of Ethnographic Texts«, April 1984.

9 Für eine tropologische Theorie der »präfigurierten« Wirklichkeiten siehe Hayden White, *Metahistory*, Baltimore 1973, dt. *Metahistory*, Frankfurt am Main 1991, und ders., *Tropics of Discourse*, Baltimore 1978 sowie Bruno Latour und Steve Woolgar, *Laboratory Life: The Social Construction of Scientific Facts*, Beverly Hills/Cal. 1979, für eine Betrachtung der wissenschaftlichen Tätigkeit als Inskription.

10 Nach Eric Wolf, »They Divide and Subdivide and Call it Anthropology«, in: *New York Times*, 30. November 1980.

11 Rodney Needham, »The Future of Anthropology: Disintegration or Metamorphosis?«, in: *Anniversary Contributions to Anthropology*, Leiden 1970, S. 34–47, hier S. 46.

12 *Les mots et les choses*, Paris 1966; dt. *Die Ordnung der Dinge*, Frankfurt am Main 1974.

13 Michel de Certeau, »History: Ethics, Science, and Fiction«, in: Norma Haan, Robert Bellah, Paul Rabinow und William Sullivan (Hg.), *Social Science as Moral Inquiry*, New York 1983, S. 125–152.

14 Terry Eagleton, *Literary Theory*, Oxford 1983; dt. *Einführung in die Literaturtheorie*, Stuttgart 1988.

15 De Certeau, a. a. O., S. 128.

16 Gérard Genette schreibt: »Man kann einwenden, daß der *figurative Stil* nicht der einzige Stil im allgemeinen und auch nicht der einzige poetische Stil im besonderen ist, und daß die Rhetorik sich auch für den *einfachen Stil* zuständig fühlt. In der Tat handelt es sich nur um einen weniger dekorativ-ausschmückenden Stil, bzw. um einen Stil, der auf einfachere Art dekorativ ist. Aber auch er hat, wie die Lyrik und das Epos, seine eigenen, besonderen Figuren. Ein Stil, der keine Figuren ausbildet, existiert nicht.« *Figures of Literary Discourse*, New York 1982, S. 47.

17 *Culture and Society: 1780–1950*, New York 1966.

18 Richard Price, *First-Time: The Historical Vision of an Afro-American People*, Baltimore 1983.

19 Ebd., S. 14.

20 Ebd., S. 10.

21 Ebd., S. 28.

22 Ebd., S. 25.

23 Ebd., S. 24.

24 In: *Les Temps modernes*, 58 (1950); wiederabgedruckt in: *Brisées*, Paris 1966, S. 125–145.

25 *Sociologie actuelle de l'Afrique noire*, Paris 1955.

26 In: *Current Anthropology*, 5 (1964), S. 47–55.

27 Dell Hymes (Hg.), *Reinventing Anthropology*, New York 1974.

28 Stanley Diamond, *In Search of the Primitive: A Critique of Civilization*, New Brunswick/N. J. 1974.

29 »Discontents in Anthropology«, in: *Social Research*, 38/4 (1971), S. 777–807; »Toward a Reflexive and Critical Anthropology«, in: Dell Hymes, a.a.O., S. 430–457; »Critical Anthropology Since Its Reinvention«, in: *Anthropology and Humanism Quarterly*, 3/1,2 (1978), S. 4–17.

30 *Anthropologie et colonialisme: Essai sur l'histoire de l'africanisme*, Paris 1972.

31 Talal Asad, *Anthropology and The Colonial Encounter*, London 1973.

32 Raymond Firth et al., »Anthropological Research in British Colonies: Some Personal Accounts«, in: *Anthropological Forum*, 4/2 (1977).

33 Vine Deloria, *Custer Died for Your Sins*, New York 1969.

34 Hussein Fahim (Hg.), *Indigenous Anthropology in Non-Western Countries*, Durham/N. C. 1982; Emiko Ohnuki-Tierney, »›Native‹ Anthropologists«, in: *American Ethnologist*, 11/3 (1984), S. 584–586.

35 *A Rhetoric of Motives*, Berkeley und Los Angeles 1969, S. 3.

36 Hinsichtlich des letztgenannten Ansatzes siehe Marvin Harris, *The Rise of Anthropological Theory*, New York 1968 und Edward E. Evans-Pritchard, *A History of Anthropological Thought*, London 1981.

37 Ich schließe aus dieser Kategorie die verschiedenen geschichtlichen Darstellungen »anthropologischer« Vorstellungen aus, die immer eine liberale (›whiggish‹) (›whig‹ war früher in England eine Bezeichnung für Anhänger der liberalen Partei) Form haben müssen. Ich schließe den starken Historismus von George Stocking ein, der oft zur Folge hat, die Genealogien der Disziplin zu hinterfragen (zum Beispiel in seinem Aufsatz »Arnold Tylor, and the Uses of Invention«, in: *Race, Culture, and Evolution*, New York 1968, S. 69–90). Die Arbeit von Terry Clark über die Institutionalisierung der Sozialwissenschaft (*Prophets and Patrons: The French University and the Emergence of Social Sciences*, Cambridge/Mass. 1973) und von Foucault über die sozio-politische Konstitution »diskursiver Formationen« (a.a.O.) weisen in die von mir angedeutete Richtung. Vgl. auch: François Hartog, *Le Miroir d'Hérodote*, Paris 1980; Michèle Duchet, *Anthropologie et histoire au siècle des lumières*, Paris 1971; etliche Arbeiten von De Certeau, beispielsweise sein »Writings vs. Time: History and Anthropology in the Works of Lafitau«, in: *Yale French Studies*, 59 (1980), S. 37–64; Boon, a.a.O., 1982; Britta Rupp-Eisenreich (Hg.), *Histoires de l'anthropologie: XVI–XIX siècles*, Paris 1984 und die jährlichen Bände der *History of Anthropology*, hg. von Stocking, dessen Ansatz über die Ideengeschichte und die Geschichte der Theorie hinausgeht. Ein verbündeter Ansatz kann in den neuen Sozialstudien (»social studies«) der Wissenschaftsforschung (»science research«) gefunden werden: z. B. Knorr-Cetina, *The Manufacture of Knowledge*, Oxford 1981; Bruno Latour, *Les Microbes: Guerre et paix, suivi des irréductions*, Paris 1984; Knorr-Cetina und Mulkay, *Science Observed: Perspectives on the Social Study of Science*, Beverly Hills/Cal. 1983.

38 Walter J. Ong, *The Presence of the Word*, New Haven/Conn. 1967 und *Interfaces of the Word*, Ithaca/N. Y. 1977.

39 Dies war eine Feststellung von Pratt während des Santa-Fé-Seminars. Neuere

ethnographische Bücher (z. B. Steven Feld, *Sound and Sentiment: Birds, Weeping, Poetics, and Song in Kaluli Expression*, Philadelphia 1982) beginnen, die damit in Zusammenhang stehende Vernachlässigung von Klängen zu korrigieren. Für Arbeiten, die dem Sinnesapparat einen wichtigen Platz einräumen, vgl. Paul Stoller, »Sound in Songhay Cultural Experience«, in: *American Ethnologist*, 12/3 (1984), S. 91–112, und »Eye, Mind and Word in Anthropology«, in: *L'Homme*, 24/3–4 (1984), S. 91–114.

40 *Time and the Other: How Anthropology Makes Its Object*, New York 1983.

41 Frances Yates, *The Art of Memory*, Chicago 1966.

42 Edward Said, *Orientalism*, New York 1978; dt. *Orientalismus*, Frankfurt am Main, Berlin, Wien 1981.

43 Roland Barthes, *Image Music Text*, New York 1977.

44 »Grief and a Headhunter's Rage: On the Cultural Force of Emotions«, in: E. Brunner (Hg.), *Text, Play and Story*, Seattle 1984, S. 178–195 und »Where Objectivity Lies: The Rhetoric of Anthropology«, Manuskript, 1985.

45 Vergleiche auch Tedlock, a. a. O., 1983.

46 Stephen A. Tyler, »The Vision Quest in the West or What the Mind's Eye Sees«, in: *Journal of Anthropological Research*, 40/1 (1984), S. 23–40, hier S. 25.

47 Nathaniel Tarn, »Interview with Nathaniel Tarn«, *Boundary*, 24/1 (1975), S. 1–34, hier S. 9.

48 George Marcus und Dick Cushman, »Ethnographies as Text«, in: *Annual Review of Anthropology*, 11 (1982), S. 25–69; James Clifford, »On Ethnographic Authority«, in: *Representations*, 1/2 (1983), S. 118–146; wiederabgedruckt in: ders., *The Predicament of Culture*, Cambridge/Mass. und London, England 1988, S. 21–54.

49 Frz. Original: Michel Leiris, *L'Afrique fantôme*, Paris 1934; dt. *Phantom Afrika*, Frankfurt am Main 1980, Bde. 1 und 2.

50 Frz. Original: Claude Lévi-Strauss, *Tristes Tropiques*, Paris 1955; dt. *Traurige Tropen*, Frankfurt am Main 1978 – A. d. Ü.

51 A. a. O.

52 Georges Balandier, *L'Afrique ambiquë*, Paris 1957.

53 David Maybury-Lewis, *The Savage and the Innocent*, Cleveland 1965.

54 Jean Briggs, *Never in Anger*, Cambridge/Mass. 1970.

55 A. a. O., 1978.

56 Paul Rabinow, *Reflections on Fieldwork in Morocco*, Berkeley und Los Angeles 1977.

57 Bronislaw Malinowski, *A Diary in the Strict Sense of the Term*, New York 1967; dt. *Ein Tagebuch im strikten Sinn des Wortes*, Frankfurt am Main 1986.

58 Ich habe die Beziehung zwischen persönlicher Subjektivität und autoritativen Berichten von Kulturen untersucht und als sich gegenseitig bestätigende Fiktionen aufgefaßt, und zwar in einem Aufsatz über Malinowski und Conrad (»On Ethnographic Self-Fashioning: Conrad and Malinowski«, in: Thomas C. Heller, Morton Sosna, David E. Wellbery (Hg.), *Reconstructing Individualism*, Stanford/Cal. 1986, S. 140–162; wiederabgedruckt in: Clifford, *Predicament*, a. a. O., S. 92–113).

59 Siehe Michel Beaujour, *Miroirs d'Encre*, Paris 1980; Philippe Lejeune, *Le pacte autobiographique*, Paris 1975.

60 John J. Honigman, »The Personal Approach in Cultural Anthropological Research«, in: *Current Anthropology*, 16 (1976), S. 243–261.

61 Camille Lacoste-Dujardin, *Dialogue des femmes en ethnologie*, Paris 1977; Vincent Crapanzano, *Tuhami: Portrait of a Moroccan*, Chicago 1980 (dt. *Tuhami. Porträt eines Marokkaners*, Stuttgart 1983); Kevin Dwyer, *Moroccan Dialogues*, Baltimore 1982; Marjorie Shostak, *Nisa: The Life and Words of a !Kung Woman*, Cambridge/Mass. 1981 (*Nisa erzählt. Das Leben einer Nomadenfrau in Afrika*, Reinbek bei Hamburg 1982); Fatima Mernissi, *Le Maroc raconté par ses femmes*, Rabat 1984.

62 Kevin Dwyer, »The Dialogic of Anthropology«, in: *Dialectical Anthropology*, 2 (1977), S. 143–151; Dennis Tedlock, »The Analogical Tradition and the Emergence of A Dialogical Anthropology«, in: *Journal of Anthropological Research*, 35 (1979), S. 387–400.

63 Michail Bachtin, »Discourse in the Novel«, in: Michael Holquist (Hg.), *The Dialogical Imagination*, Austin, Tex. 1981, S. 259–442.

64 New York 1979.

65 Walker, *Lakota Belief and Ritual*, hg. von Raymond DeMallie und Elaine A. Jahner, Lincoln/Nebr. 1982.

66 Hg. von Raymond J. DeMallie, Lincoln/Nebr. 1982.

67 Siehe Renato Rosaldo, *Ilongot Headhunting 1883–1974: A Study in Society and History*, Stanford/Cal. 1980; Price, a.a.O.

68 Hg. von Elaine A. Jahner, Lincoln/Nebr. 1983.

69 Oxford 1961.

70 Im Englischen bedeutet das Wort »men« Menschen und Männer. Den Doppelsinn, von dem Clifford an dieser Stelle spricht, gibt die deutsche Sprache nicht wieder. [A. d. Ü.]

71 Lienhardt, a.a.O., S. 47.

72 Zum Beispiel Anna Meigs, *Food, Sex, and Pollution: A New Guinea Religion*, New Brunswick/N. J. 1984, S. XIX.

73 »Der Storch hat sie nicht gebracht!« (David Schneider während eines Gesprächs). Foucault beschrieb seinen Ansatz als eine »Problemgeschichte«, vgl. ders., »Polemics, Politics, and Problemizations«, in: Paul Rabinow (Hg.), *The Foucault Reader*, New York 1984, S. 381–390.

74 Rodney Needham, *Remarks and Inventions: Skeptical Essays on Kinship*, London 1974; David Schneider, »What is Kinship All About?«, in: P. Reining (Hg.), *Kinship Studies in the Morgan Centennial Year*, Washington/D.C. 1972; ders., *A Critique of the Study of Kinship*, Ann Arbor/Mich. 1984.

75 Viele der Themen, die ich oben hervorgehoben habe, werden durch neuste feministische Arbeiten weiter verfolgt. Einige Theoretikerinnen haben eine totalisierende, archimedische Perspektive problematisiert, so zum Beispiel Myra Jehlen, »Archimedes and the Paradox of Feminist Criticism«, in: *Signs*, 6/4 (1981), S. 575–601; dt. »Archimedes und das Paradox feministischer Literaturwissenschaft«, in: Barbara Vinken (Hg.), *Dekonstruktiver Feminismus*, Frankfurt am Main 1992, S. 319–359. Viele haben ernsthaft die soziale Konstruktion von Be-

ziehung und Differenz neu durchdacht (siehe Nancy Chodorow, *The Reproduction of Mothering*, Berkeley und Los Angeles 1978, dt. *Das Erbe der Mütter*, München 1985; Adrienne Rich, *A Woman Born*, New York 1976; Evelyn Fox-Keller, *Reflections on Gender and Science*, New Haven/Conn. 1985). Die feministische Praxis stellt die strikte Trennung von subjektiv und objektiv in Frage und betont prozessuale Wissensmodi, indem sie persönliche, politische und Repräsentationsprozesse miteinander verbindet. Andere Richtungen vertiefen die Kritik an visuell orientierten Überwachungs- und Darstellungsmodi und verbinden diese mit (Vor-)Herrschaft und männlichem Begehren (siehe Laura Mulvey, »Visual Pleasure and Narrative Cinema«, in: *Screen*, 16/3 (1975), S. 6–18; Annette Kuhn, *Women's Pictures: Feminism and the Cinema*, London 1982). Narrative Formen der Repräsentationen werden in bezug auf die geschlechtsbesetzten Positionen, die sie in Kraft setzen, analysiert (siehe Teresa de Lauretis, *Alice Doesn't: Feminism, Semiotics, Cinema*, Bloomington/Ind. 1984). Einige feministische Schriften haben sich bemüht, alle von Natur aus gegebenen Wesenheiten und Identitäten, einschließlich »Weiblichkeit« (»femininity«) und »Frau« zu politisieren und zu unterlaufen (siehe Monique Wittig, *The Lesbian Body*, New York 1975; Luce Irigaray, *Ce sexe qui n'en est pas un*, Paris 1977; dt. *Das Geschlecht, das nicht eins ist*, Berlin 1979; Joanna Russ, *The Female Man*, New York 1975; Donna Haraway, »A Manifesto for Cyborgs: Science, Technology, and Socialist Feminism in the 1980s«, in: *Socialist Review*, 15/2 (1985), S. 65–108. »Anthropologische« Kategorien wie Natur und Kultur, Öffentlichkeit und Privatheit, Sex und Gender wurden in Frage gestellt (vgl. Sherry B. Ortner, »Verhält sich weiblich zu männlich wie Natur zu Kultur?«, in diesem Band; Carol MacCormack und Marilyn Strathern, *Nature, Culture and Gender*, Cambridge 1980; Rosaldo und Lamphere (Hg.), *Women, Culture, and Society*, a.a.O.; Michele Rosaldo, »The Use and Abuse of Anthropology: Reflections on Feminism and Cross-Cultural Understanding«, in: *Signs*, 5/3 (1980), S. 389–417; Gayle Rubin, »The Trafic in Women: Notes on the ›Political Economy‹ of Sex«, in: *Towards an Anthropology of Women*, hrsg. von Rayna Reiter, New York 1975, S. 157–210.

76 Siehe Bowen, a.a.O.; Jean Briggs, *Never in Anger*, Cambridge 1970; Favret-Saada, a.a.O.

77 Siehe Shostak, a.a.O.; Manda Cesara, *Reflections of a Woman Anthropologist: No Hiding Place*, New York 1982; Mernissi, a.a.O.

78 Zum Beispiel Jane Atkinson, »Anthropology«, in: *Signs*, 8 (1982), S. 236–258; Helen Roberts (Hg.), *Doing Feminist Research*, London 1981.

79 *Women of Value, Men of Renown*, Austin/Tex. 1976.

80 Marilyn Stratherns Aufsatz »An Awkward Relationship: The Case of Feminism and Anthropology«, in: *Signs*, 12/2 (1987), S. 276–292 [dt. vgl. vorliegenden Band – A.d.Ü.], der in diesem Band auch von Paul Rabinow diskutiert wird, beginnt die Untersuchung. Eine ausführlichere Analyse wird von Deborah Gordon in einer Dissertation im History of Consciousness-Programm an der Universität von Californien, Santa Cruz ausgearbeitet. Ich bin ihr für Diskussionen zu Dank verpflichtet. [Vgl. Deborah Gordons Kritik an *Writing Culture*: »Writing

Culture, Writing Feminism: The Poetics and Politics of Experimental Ethnography«, in: *Inscriptions*, 3/4 (1988), S. 7–24 – A. d. Ü.]

81 Es mag generell zutreffen, daß Gruppen, die lange von institutionellen Machtpositionen ausgeschlossen waren, wie beispielsweise Frauen und Farbige, konkret weniger frei sind, textuellen Experimenten nachzugehen. Um auf unorthodoxe Weise zu schreiben, so Paul Rabinow in diesem Band, muß man erst eine Professur haben. In bestimmten Kontexten mag die Beschäftigung mit SelbstReflexivität und Stil als Index für einen privilegierten Ästhetizismus gelten. Denn wenn man sich über den Ausschluß oder die wahre Repräsentation seiner Erfahrungen keine Sorgen zu machen braucht, ist man freier, Erzählweisen zu unterminieren und sich auf die Form und nicht den Inhalt zu konzentrieren. Aber es ist mir nicht wohl bei der allgemeinen Vorstellung, daß ein privilegierter Diskurs sich in ästhetischen oder epistemologischen Spitzfindigkeiten verliert, wohingegen der marginale Diskurs »sagt, was Sache ist«. Zu oft ist das Gegenteil der Fall.

Paul Rabinow

Repräsentationen sind soziale Tatsachen:
Modernität und Post-Modernität in der Anthropologie*

Über die Epistemologie hinaus

In seinem einflußreichen Buch *Der Spiegel der Natur*[1] führt Richard Rorty aus, wie die Epistemologie als Untersuchung mentaler Repräsentationen in einer spezifischen historischen Epoche entstanden sei, nämlich im 17. Jahrhundert; wie sie sich in einer bestimmten Gesellschaft entwickelt habe, der Europas; und wie sie schließlich ihren Siegeszug in der Philosophie angetreten habe, eng mit den professionellen Gebietsansprüchen einer Gruppe verbunden, nämlich den der deutschen Philosophieprofessoren des 19. Jahrhunderts. Für Rorty war dies keine zufällige Wendung:

»Das Bedürfnis nach einer Erkenntnistheorie ist das Bedürfnis nach Einschränkung – das Bedürfnis nach Fundamenten, an denen man sich festklammern kann, Rahmen, über die man nicht hinausirren kann, Gegenständen, die sich uns aufnötigen, Darstellungen, die nicht bestritten werden können.«[2]

Thomas Kuhn radikalisierend porträtiert Rorty unsere Besessenheit von der Epistemologie als zufällige, aber letztendlich nicht fruchtbare Wendung in der westlichen Kultur.

Pragmatisch und amerikanisch wie es ist, hat Rortys Buch eine Moral: Die moderne professionelle Philosophie repräsentiert den »Triumph des Trachtens nach Gewißheit über das Trachten nach Weisheit«.[3] Der Hauptschuldige in diesem Melodram ist die Beziehung der westlichen Philosophie zur Epistemologie, die Gleichsetzung von Wissen mit interner Repräsentation und die richtige Einschätzung dieser Repräsentation. Lassen Sie mich

---

* Original: »Representations Are Social Facts: Modernity and Post-Modernity in Anthropology«, in: James Clifford und George Markus (Hg.), *Writing Culture*, Berkeley, Los Angeles und London 1986, S. 234–261.

Eine Anmerkung zur Übersetzung: Da Rabinow, im Gegensatz etwa zu Strathern, bis auf ganz wenige, offensichtlich strategische Stellen ausschließlich das sogenannte neutrale Maskulin verwendet, habe ich diesen Text ebenso übersetzt, allerdings die strategischen Abweichungen deutlich markiert [A. d. Ü.].

kurz Rortys Argumentation umreißen, einige wichtige Spezifizierungen von Ian Hacking hinzufügen und dann behaupten, daß Michel Foucault eine Position entwickelt hat, die es uns ermöglicht, Rorty in wichtigen Zügen zu ergänzen. Im übrigen Teil dieses Beitrages untersuche ich einige Beziehungen, in denen diese Gedankengänge relevant für Diskurse über den Anderen sind. Im einzelnen werde ich im zweiten Teil aktuelle Debatten über die Herstellung ethnographischer Texte diskutieren, einige Unterschiede zwischen der feministischen Anthropologie und dem anthropologischen Feminismus im dritten Teil, und schließlich stelle ich im vierten Teil eine bestimmte Forschungsrichtung vor, meine eigene.

Die Philosophen, so behauptet Rorty, haben ihr Fach zur Königin der Wissenschaft gekrönt. Diese Krönung beruht auf dem Anspruch, die Spezialisten für universelle Probleme zu sein, und auf ihrer Fähigkeit, uns mit einem sicheren Fundament allen Wissens zu versorgen. Das Reich der Philosophie ist der Geist; seine privilegierten Einsichten begründen ihren Anspruch, das Fach zu sein, das alle anderen Fächer beurteilt. Diese Auffassung von Philosophie ist jedoch eine relativ junge historische Entwicklung. Für die Griechen gab es keine scharfe Trennung zwischen äußerer Wirklichkeit und innerer Repräsentation. Anders als Aristoteles' beruht Descartes' Auffassung von Wissen darauf, eine richtige Repräsentation in einem inneren Raum, dem Geist, zu haben. Rorty bringt es folgendermaßen auf den Punkt:

»Die Idee eines einzelnen inneren Raumes, in dem körperliche und perzeptuelle Empfindungen (in Descartes' Terminologie ›verworrene Ideen der Sinne und der Einbildungskraft‹), mathematische Wahrheiten, moralische Regeln, die Idee Gottes, depressive Stimmungen und die übrigen, heute ›mental‹ genannten Vorgänge Objekte der Quasibeobachtung waren, war jedoch eine Neuheit.«[4]

Obwohl nicht alle diese Elemente neu waren, kombinierte Descartes sie erfolgreich zu einer neuen Problematik, wobei er Aristoteles' Begriff von Vernunft als Ergreifen von Universalien beiseite ließ: seit dem 17. Jahrhundert wurde Erkenntnis innerlich, als Vorstellung und Urteil. Die moderne Philosophie war geboren, als ein erkennendes Subjekt, ausgestattet mit Bewußtsein und dessen Vorstellungsinhalten *(representational contents)* zum zentralen Problem des Denkens wurde, zum Paradigma allen Wissens.

Der moderne Begriff von Epistemologie steht und fällt mit der Läuterung und Beurteilung der Repräsentationen des Subjekts.

»Das Erkennen ist das genaue Darstellen dessen, was sich außer unserem Bewußtsein befindet; das Verständnis der Natur und der Möglichkeit des Erkennens ist demnach das Verständnis der Weise, auf die das Bewußtsein diese Darstellungen hervorzubringen vermag. Zentrale Aufgabe der Philosophie ist es, allgemeine Theorie der Darstellung zu sein, eine Theorie, welche die Kultur in unterschiedliche Bereiche einteilt: solche, die die Wirklichkeit gut darstellen, solche, die sie weniger gut darstellen, und solche, die sie (wohl darzustellen beanspruchen, jedoch) überhaupt nicht darstellen.«[5]

Die Erkenntnis, die man durch die Untersuchung von Repräsentationen der »Wirklichkeit« und »des wissenden Subjekts« erlangte, wäre universal. Dieses universale Wissen ist, selbstverständlich, die Wissenschaft.

Erst gegen Ende der Aufklärung tauchte die vollständig ausgearbeitete Auffassung von Philosophie als Richterin aller möglichen Erkenntnis auf und wurde im Werk Immanuel Kants kanonisiert. »Die Abgrenzung der Philosophie den Wissenschaften gegenüber wurde dadurch ermöglicht, daß man zum Kernstück der Philosophie die ›Erkenntnistheorie‹ erklärte, eine Theorie, die sich von den Wissenschaften unterschied, da sie ihr Fundament war«, argumentiert Rorty.[6] Kant setzte die Cartesianische Behauptung, daß wir Sicherheit nur über Ideen erlangen können, als Apriori ein. Er machte »die Gesamtheit unserer Aussagen zu Aussagen über etwas, das wir selbst konstituiert hatten« und

»ermöglichte es hierdurch der Erkenntnistheorie, als Grundlagenwissenschaft aufzutreten [...] Er ermöglichte den Philosophieprofessoren auf diese Weise ein Selbstverständnis, demzufolge sie einem Tribunal der reinen Vernunft präsidierten, das in der Lage war zu entscheiden, ob andere Disziplinen im Rahmen der legalen Grenzen blieben, die ihnen die ›Struktur‹ ihrer jeweiligen Gegenstände setzte.«[7]

Als Fach, dessen eigentliche Tätigkeit darin besteht, Ansprüche auf Wissen zu fundieren, wurde die Philosophie von Neo-Kantianern des 19. Jahrhunderts entwickelt und in deutschen Universitäten des 19. Jahrhunderts institutionalisiert. Indem sie einen Raum zwischen Ideologie und empirischer Psychologie herausschälte, schrieb die deutsche Philosophie ihre eigene Geschichte und produzierte dabei unseren modernen Kanon der »Großen«. Diese Aufgabe war mit dem Ende des 19. Jahrhunderts erfüllt. Die Erzählung der Philosophiegeschichte als Reihe großer Denker setzt sich heute in den philosophischen Einführungsvorlesungen fort. Der Anspruch der Philosophie auf intellektuellen Vorrang dauerte jedoch nur kurze Zeit, und in den zwanziger Jahren glaubten nur noch Philosophen und Studenten im

Grundstudium, daß die Philosophie in einzigartiger Weise qualifiziert wäre, kulturelle Hervorbringungen zu begründen und zu bewerten. Weder Einstein noch Picasso waren übermäßig darum besorgt, was Husserl von ihnen gedacht haben könnte.

Obwohl an philosophischen Fachbereichen weiterhin Epistemologie gelehrt wird, gibt es im modernen Denken eine Gegentradition, die einen anderen Weg verfolgte. Rorty stellt fest: »Wittgensteins, Heideggers und Deweys gemeinsame Diagnose lautet, daß die Vorstellung, das Erkennen sei ein akkurates Darstellen – ermöglicht durch besondere mentale Vorgänge und verstehbar durch eine allgemeine Theorie der Darstellung –, aufgegeben werden muß.«[8] Diese Denker suchten nicht, andere und bessere Theorien des Geistes oder der Erkenntnis zu konstruieren. Ihr Ziel war es nicht, die Epistemologie zu verbessern, sondern ein anderes Spiel zu spielen. Rorty nennt dieses Spiel Hermeneutik. Damit meint er einfach Wissen ohne Grundlegungen; ein Wissen, das im wesentlichen auf erbauliche Gespräche hinausläuft. Rorty hat uns bis jetzt sehr wenig über den Inhalt dieses Gesprächs erzählt, vielleicht weil es da sehr wenig zu erzählen gibt. Mit Wittgenstein, Heidegger und auf andere Weise mit Dewey ist Rorty mit der Tatsache konfrontiert, sei dies nun besorgniserregend oder eher vergnüglich, daß, wenn erst einmal die historische oder logische Dekonstruktion der westlichen Philosophie erreicht ist, es für Philosophen nichts Besonderes mehr zu tun gibt. Sieht man erst einmal, daß die Philosophie die Ansprüche auf Wissen in anderen Fächern nicht begründet oder legitimiert, wird ihre Aufgabe darin bestehen, deren Werke zu kommentieren und sie ins Gespräch zu ziehen.

1. Wahr versus richtig oder falsch

Selbst wenn man Rortys Dekonstruktion der Epistemologie akzeptiert, bleiben die Konsequenzen eines solchen Schachzuges sehr offen. Bevor man einige davon untersucht, ist es wohl wichtig, den Punkt zu unterstreichen, daß Epistemologie zurückzuweisen nicht heißt, Wahrheit, Vernunft oder Urteilsmaßstäbe zurückzuweisen. Darauf hebt Ian Hacking in »Language, Truth, and Reason«[9] sehr prägnant ab. Parallel zu Rortys Unterscheidung zwischen Gewißheit versus Weisheit, trifft Hacking eine Unterscheidung zwischen jenen Philosophien, die sich mit einer Suche nach Wahrheit befassen, und jenen – die er Denkstile nennt, um sie nicht auf die moderne Philosophie zu beschränken –, die neue Möglichkeiten eröffnen, indem sie in der Begrifflichkeit von »Richtigkeit oder Falschheit« vorgehen.

Hacking bringt ein im Grunde einfaches Argument vor: Was derzeit unter »Wahrheit« verstanden wird, hängt von einem vorgängigen historischen Ereignis ab – das Aufkommen eines Denkstils über Richtigkeit und Falschheit, der die Bedingungen dafür herstellte, daß einem Satz überhaupt die Möglichkeit zugebilligt wird, als richtig oder als falsch gelten zu können. Hacking drückt dies so aus:

»Mit Schlußfolgern meine ich nicht Logik. Ich meine genau das Gegenteil, denn Logik ist das Bewahren von Wahrheit, während ein Stil des Schlußfolgerns das ist, was die Möglichkeit von Richtigkeit oder Falschheit ins Spiel bringt. [...] Stile des Schlußfolgerns schaffen die Möglichkeit von Richtigkeit und Falschheit. Deduktion und Induktion bewahren sie bloß.«[10]

Hacking ist nicht »gegen« Logik, nur gegen ihre Ansprüche, alle Wahrheit zu be- und ergründen. Logik ist schön und gut in ihrem eigenen Herrschaftsbereich, aber dieser Bereich ist begrenzt.

Indem man diese Unterscheidung trifft, vermeidet man das Problem, Vernunft völlig zu relativieren oder verschiedene historische Auffassungen von Wahrheit und Falschheit in eine Frage von Subjektivismus zu verwandeln. Diese Auffassungen sind historische und soziale Tatsachen. Hacking drückt das gut aus, wenn er sagt: »Daher: obwohl die Entscheidung, welche Sätze nun richtig sind, von den Daten und Fakten abhängt, ist die Tatsache, daß sie Kandidaten dafür sind, richtig zu sein, die Konsequenz eines historischen Ereignisses.«[11] Daß die analytischen Werkzeuge, die wir benutzen, wenn wir einen Problemzusammenhang erforschen – Geometrie für die Griechen, die experimentelle Methode im 17. Jahrhundert oder Statistik in der modernen Sozialwissenschaft – sich verändert haben, ist ohne Rückgriff auf eine Wahrheit, die den Relativismus leugnet, erklärbar. Zudem bleibt solchermaßen verstandene Wissenschaft ganz objektiv, »einfach weil die Stile des Schlußfolgerns, die wir anwenden, entscheiden, was als objektiv gilt. [...] Sätze der Art, die notwendig Schlußfolgerungen erfordern, um begründet zu sein, haben eine Positivität, ein Richtig-oder-falsch-Sein, nur als Folge der Stile des Schlußfolgerns, in denen sie vorkommen.«[12] Was Foucault Herrschaft oder das Spiel von Wahrheit und Falschheit genannt hat, ist sowohl ein Bestandteil als auch ein Produkt gesellschaftlicher Praktiken. Andere Vorgehensweisen und andere Gegenstände hätten genauso gut gepaßt und wären genauso richtig gewesen.

Hacking unterscheidet zwischen alltäglichem, auf gesundem Menschenverstand beruhendem Schlußfolgern, das kein ausgearbeitetes System von Gründen braucht, und jenen spezialisierteren Gebieten, auf denen das nötig ist. Es gibt sowohl eine kulturelle und historische Vielfältigkeit dieser spezialisierten Gebiete als auch historisch und kulturell verschiedene Stile, die mit diesen assoziiert sind. Daraus, daß eine Vielfalt von historischen Stilen des Schlußfolgerns, von Methoden und Gegenständen akzeptiert wird, zieht Hacking den Schluß, daß Denker häufig richtig dachten, Probleme lösten und Wahrheiten festlegten. Aber, so argumentiert er, das impliziert nicht, daß wir nach einem vereinheitlichten Popperschen Reich des Wahren suchen sollten; eher sollten wir à la Feyerabend unsere Forschungsoptionen so offen wie möglich halten. Hacking erinnert uns daran, daß die Griechen keinen Begriff oder Gebrauch von Statistik kannten, eine Tatsache, die weder die griechische Wissenschaft noch die Statistik als solche wertlos macht. Diese Position ist weder relativistisch noch imperialistisch. Rorty nennt seine Version von all diesem Hermeneutik. Hacking nennt es Anarcho-Rationalismus. »Anarcho-Rationalismus heißt Toleranz anderen Leuten gegenüber, verbunden mit der Disziplin eigener Maßstäbe von Wahrheit und Vernunft.«[13] Lassen Sie es uns gute Wissenschaft nennen.

Michel Foucault hat ebenfalls viele dieser Fragen auf parallele, wenngleich nicht identische Weise erörtert. Seine *Archäologie des Wissens*[14] und seine *Ordnung des Diskurses*[15] sind die vielleicht am weitesten entwickelten Versuche, wenn schon nicht eine Theorie dessen vorzustellen, was Hacking mit »Richtigkeit oder Falschheit« und »Denkstilen« meint, dann doch zumindest eine Analytik dafür. Obgleich die Einzelheiten der Foucaultschen Systematisierung des Vorgangs, wie diskursive Gegenstände, enunziative Modalitäten, Begriffe und diskursive Strategien formiert und transformiert werden, die Reichweite dieses Aufsatzes überschreiten,[16] sind mehrere Punkte hier relevant. Lassen Sie mich dies an einem Beispiel illustrieren. In seiner *Ordnung des Diskurses* diskutiert Foucault einige der Zwänge und Bedingungen für die Hervorbringung von Wahrheit, verstanden als Aussagen, die ernsthaft als wahr oder falsch aufgefaßt werden können. Unter anderem untersucht Foucault die Daseinsform wissenschaftlicher Fächer. Er sagt:

»Zur Disziplin gehört die Möglichkeit, endlos neue Sätze zu formulieren. [...] Aber außerdem muß ein Satz... Bedingungen entsprechen, die in gewisser Weise strenger und komplexer sind, als es die reine und einfache Wahrheit ist: jedenfalls Bedingungen anderer Art. [...] Innerhalb ihrer Grenzen kennt jede Disziplin wahre und falsche Sätze, aber jenseits ihrer Grenzen läßt sie eine ganze Teratologie des Wissens wuchern. [...] Ein Satz muß also komplexen und schwierigen Erfordernissen entsprechen, um der Gesamtheit einer Disziplin angehören zu können. Bevor er als wahr oder falsch bezeichnet werden kann, muß er, wie Georges Canguilhem sagen würde, ›im Wahren‹ sein.«[17]

Foucault nimmt Mendel als Beispiel: »Mendel sprach von Gegenständen, verwandte Methoden und versetzte sich in eine theoretische Perspektive, die der Biologie seiner Zeit ganz fremd war. [...] Mendel sagte die Wahrheit, aber er war nicht *dans le vrai* des zeitgenössischen biologischen Diskurses.«[18] Den Reichtum dieses Denkstils zu zeigen, war die große Stärke von Foucault, Georges Canguilhem und anderen französischen Wissenschaftshistorikern und -philosophen, besonders im Bereich der »Wissenschaft vom Leben«.

Es ist vielleicht kein Zufall, daß sich sowohl Rorty als auch Hacking mit der Geschichte der Physik, Mathematik und Philosophie beschäftigten. Was in ihren Berichten fehlte, war die Kategorie der Macht und in geringerem Maß (im Fall Hackings) der Gesellschaft. Hackings sehr interessante Arbeit über Statistik im 19. Jahrhundert schließt jedoch diese Kategorien mit ein. Obwohl sie in ihrer dekonstruktiven Stärke zwingend wirkt, ist Rortys Version in ihrer Weigerung, zu kommentieren, wie die epistemologische Wende in der westlichen Gesellschaft sich einstellte, weniger überzeugend – nach Rorty geschah es einfach, wie die Galileische Wissenschaft. Darüber hinaus ist Rorty unfähig, in Wissen mehr zu sehen als ein freies und erbauliches Gespräch. Nicht unähnlich Jürgen Habermas, obwohl er Habermas' Streben nach Begründungszusammenhängen ablehnt, sieht Rorty die freie Kommunikation, das zivilisierte Gespräch als das oberste Ziel. Wie Hacking sagt: »Vielleicht wird Richard Rortys [...] zentrale Lehre vom Gespräch eines Tages als eine so linguistische Philosophie erscheinen wie die Analyse, die eine Generation früher Oxford entströmte.«[19] Der Inhalt des Gesprächs und die Frage, wie die Freiheit, es zu führen, entstehen soll, das liegt jedoch jenseits des Reiches der Philosophie.

Aber ein Gespräch zwischen Individuen oder Kulturen ist nur möglich innerhalb von Kontexten, die von historischen, kulturellen und politischen Beziehungen und von den nur teilweise diskursiven sozialen Praktiken, die sie konstituieren, geformt und beschränkt werden. Was also dann in Rortys Bericht fehlt, ist eine Erörterung, wie Denken und soziale Praktiken sich verknüpfen. Rorty ist hilfreich, wenn es darum geht, den Ansprüchen der

Philosophie Luft abzulassen, aber er bleibt genau an der Stelle stehen, wo er seine eigene Einsicht – nämlich daß Denken nicht mehr und nicht weniger ist als eine historisch lokalisierbare Menge von Praktiken – ernst nehmen müßte. Wie man damit Ernst machen kann, ohne wieder auf die Epistemologie oder auf irgendeine zweifelhafte Superstruktur/Infrastruktur-Einrichtung zurückzugreifen, ist eine andere Frage. Rorty ist nicht der einzige, der sie nicht gelöst hat.

2. Repräsentationen und Gesellschaft

Michel Foucault hat uns einige wichtige Werkzeuge angeboten, um Denken als öffentliche und gesellschaftliche Praxis zu analysieren. Foucault akzeptiert die Hauptelemente der von Nietzsche und Heidegger inspirierten Darstellung westlicher Metaphysik und Epistemologie, die uns Rorty gegeben hat, zieht aber andere Schlüsse aus diesen Einsichten – und zwar solche, die, so scheint es mir, sowohl konsistenter als auch interessanter sind als die Rortys. Wir finden beispielsweise viele der Elemente, die auch in Rortys Geschichte der Philosophie vorkommen – das moderne Subjekt, Repräsentationen, Ordnung –, in Foucaults berühmter Analyse des Velazquez-Bildes *Las Meninas*. Aber es gibt auch einige größere Unterschiede. Anstatt das Problem der Repräsentationen als spezifisch ideengeschichtliches zu behandeln, behandelt Foucault es als ein allgemeineres kulturelles Anliegen, als ein Problem, an dem auch auf vielen anderen Gebieten gearbeitet wurde. In *Die Ordnung der Dinge*[20] und späteren Büchern führt Foucault vor, wie das Problem der richtigen Repräsentation eine Vielzahl von gesellschaftlichen Bereichen und Praktiken durchdrungen hat, von Debatten in der Botanik zu Vorschlägen der Gefängnisreform. Das Problem der Repräsentation ist deshalb für Foucault keines, das rein zufällig in der Philosophie aufkam und dort das Denken 300 Jahre lang dominierte. Es ist mit einer Reihe unterschiedlichster, aber miteinander verflochtener gesellschaftlicher und politischer Praktiken von großer Bandbreite verknüpft, die die moderne Welt mit ihren deutlichen Anliegen Ordnung, Wahrheit und Subjekt konstituieren. Foucault unterscheidet sich demnach von Rorty, indem er philosophische Ideen als gesellschaftliche Praktiken und nicht als zufällige Vorlieben innerhalb eines Gesprächs oder in der Philosophie behandelt.

Aber Foucault stimmt auch mit vielen marxistischen Denkern nicht überein, die Probleme in der Malerei *per definitionem* nur als Epiphänomen oder Ausdruck von dem sehen, was »wirklich« in der Gesellschaft vor sich ging. Dies bringt uns kurz zu dem Problem der Ideologie. An mehreren Stellen schlägt Foucault vor, daß, sobald man das Problem des Subjekts oder der Repräsentation und der Wahrheit als gesellschaftliche Praktiken gesehen hat, selbst die Idee der Ideologie problematisch wird. Er sagt: »Hinter dem Begriff der Ideologie steht die Sehnsucht nach einem quasi sich selbst transparenten Wissen, das ohne Trugbilder, ohne Irrtum funktioniert.«[21] In diesem Sinn ist das Konzept Ideologie eng verwandt mit dem Konzept Epistemologie.

Für Foucault ist der moderne Begriff der Ideologie durch drei miteinander verknüpfte Eigenschaften charakterisiert: 1. *Per definitionem* ist Ideologie so etwas wie »der Wahrheit« entgegengesetzt, eine falsche Repräsentation sozusagen; 2. Ideologie wird von einem (Individual- oder Kollektiv-) Subjekt produziert, um die Wahrheit zu verbergen, und folglich besteht die Aufgabe des Analytikers darin, diese falsche Repräsentation bloßzustellen und zu enthüllen, daß 3. Ideologie sekundär zu etwas Realerem ist, zu einer infrastrukturellen Dimension, auf der die Ideologie schmarotzt. Foucault verwirft alle drei Behauptungen.

Wir haben bereits in groben Zügen auf die Kritik des Subjekts und die Suche nach Gewißheit angespielt, die als auf richtigen Repräsentationen aufruhend gesehen werden. Folglich wollen wir uns kurz auf den dritten Punkt konzentrieren: die Frage, ob die Produktion von Wahrheit epiphänomenal zu etwas anderem ist. Foucault beschrieb sein Projekt nicht als ein Entscheiden über Wahrheit oder Falschheit von Behauptungen in der Geschichte, sondern er fand, es liege »darin, zu sehen, wie Wahrheitswirkungen im Innern von Diskursen entstehen, die in sich weder wahr noch falsch sind«.[22] Foucault schlägt die Untersuchung dessen, was er die Herrschaft der Wahrheit nennt, als wirksamen Bestandteil der Konstitution gesellschaftlicher Praktiken vor.

Foucault hat drei Arbeitshypothesen vorgebracht:

»›Wahrheit‹ ist zu verstehen als ein Ensemble von geregelten Verfahren für Produktion, Gesetz, Verteilung, Zirkulation und Wirkungsweise der Aussagen.
– Die Wahrheit ist zirkulär an Machtsysteme gebunden, die sie produzieren und stützen, und an Machtwirkungen, die von ihr ausgehen und sie reproduzieren. ›Herrschaftssystem‹ der Wahrheit.
– Dieses System ist nicht einfach ideologisch oder ein Phänomen des Überlebens; es war eine Bedingung für die Herausbildung und Entwicklung des Kapitalismus.«[23]

Wir werden einige Implikationen dieser Arbeitshypothesen in den nächsten drei Teilen dieses Aufsatzes erforschen.

Wie Max Weber, glaube ich, einmal sagte, waren die Kapitalisten des 17. Jahrhunderts nicht nur wirtschaftende Menschen, die Handel trieben und Schiffe bauten, sondern sie schauten auch Rembrandts Gemälde an, zeichneten Weltkarten, hatten deutliche Vorstellungen über die Natur anderer Völker und machten sich eine Menge Gedanken über das eigene Schicksal. Diese Repräsentationen waren starke und wirkungsvolle Kräfte in bezug auf das, was diese Menschen waren und wie sie handelten. Viele neue Denk- und Handlungsmöglichkeiten eröffnen sich, wenn wir Rorty folgend die Epistemologie verlassen (oder sie zumindest als das ansehen, was sie war: eine wichtige kulturelle Bewegung in der westlichen Gesellschaft) und Foucault folgend Macht in ihrer gegenwärtigen Herrschaftsform als das betrachten, was gesellschaftliche Beziehungen und die Hervorbringung von Wahrheit durchdringt. Hier nun einige erste Schlüsse und Forschungsstrategien, die aus dieser Erörterung der Epistemologie folgen könnten. Ich zähle sie bloß auf, bevor ich zu aktuellen Diskussionen in der Anthropologie zu der Frage, wie der Andere am besten zu beschreiben wäre, übergehe.

1. Die Epistemologie muß als ein historisches Ereignis gesehen werden – eine besondere soziale Praxis, eine unter anderen, die im Europa des 17. Jahrhunderts auf neue Weise artikuliert wurde.

2. Wir brauchen keine Theorie von Eingeborenen-Epistemologien oder eine neue Epistemologie des Anderen. Wir sollten aufmerksam werden auf unsere historische Praxis, die eigenen kulturellen Praktiken auf andere zu projizieren; bestenfalls besteht die Aufgabe darin zu zeigen, wie und wann und durch welche kulturellen und institutionellen Mittel andere Völker begannen, die Epistemologie für sich zu reklamieren.

3. Wir müssen den Westen ethnologisieren: zeigen, wie exotisch seine Verfaßtheit der Realität war; jene Bereiche betonen, die als die universalsten galten (das schließt Epistemologie und Wirtschaft mit ein); sie historisch so merkwürdig wie möglich erscheinen lassen; zeigen, wie ihre Ansprüche auf Wahrheit mit gesellschaftlichen Praktiken verbunden waren und daher wirkungsvolle Kräfte in der gesellschaftlichen Welt geworden sind.

4. Wir müssen unsere Ansätze pluralisieren und diversifizieren: Ein grundlegender Zug gegen wirtschaftliche wie gegen philosophische Hege-

monie ist es, die Zentren des Widerstands zu diversifizieren, um den Irrtum der Gegen-Essentialisierung zu vermeiden; Okzidentalismus ist kein Mittel gegen Orientalismus.

3. Das Schreiben ethnographischer Texte: Un »fantastique« de bibliothèque

Es gibt den seltsamen Effekt zeitlichen Nachhinkens, wenn Konzepte Fachgrenzen überschreiten. In dem Augenblick, da die Historiker die Kulturanthropologie in der (nichtrepräsentativen) Person Clifford Geertz' entdecken, schlägt auch die Stunde, in der Geertz innerhalb der Anthropologie in Frage gestellt wird. Und so entdecken nun auch die Anthropologen, oder jedenfalls einige von ihnen, die dekonstruktive Literaturwissenschaft und lassen sich durch Ideenzufluß zu neuen Schöpfungen inspirieren. Dies geschieht zu einem Zeitpunkt, an dem die Dekonstruktion in den literaturwissenschaftlichen Fachbereichen ihre kulturelle Energie bereits wieder verloren hat und Derrida die Politik entdeckt. Obwohl es viele Überträger dieser Hybridisierung gibt (viele von denen, die am Seminar in Santa Fé teilnahmen sowie auch James Boon, Stephen Webster, James Siegel, Jean-Paul Dumont und Jean Jamin), gibt es nur einen sozusagen »Berufsmäßigen« unter ihnen. Denn während all die anderen Erwähnten praktizierende Anthropologen sind, hat James Clifford die Rolle des *ex-officio*-Schreibers unseres Geschreibsels geschaffen und ausgefüllt. Geertz, die Gründerfigur, mag zwischen Monographien innehalten, um über Texte, Erzählung, Beschreibung und Interpretation nachzusinnen. Clifford nimmt als seine Eingeborenen wie als seine Informanten jene Anthropologen der Vergangenheit und Gegenwart, deren Arbeit, ob sie sich dessen bewußt waren oder nicht, in der Produktion von Texten bestand, im Schreiben der Ethnographie. Wir werden beobachtet und eingeschrieben.

Auf den ersten Blick scheint James Cliffords Arbeit ganz natürlich Geertz' interpretativer Wende auf dem Fuß zu folgen. Aber es gibt da einen großen Unterschied. Geertz (wie die anderen Anthropologen) lenkt immer noch seine Anstrengungen auf die Neuerfindung einer anthropologischen Wissenschaft unter Zuhilfenahme textueller Vermittlungen. Die Kernbeschäftigung ist noch immer die gesellschaftliche Beschreibung des Anderen. Der Andere ist für Clifford die anthropologische Repräsentation des Anderen. Das heißt, daß Clifford sein Projekt besser unter Kontrolle hat und gleichzeitig parasitärer ist. Er kann seine Fragen ohne große Zwänge erfinden; er muß sich dauernd von den Texten Anderer nähren.

Diese neue spezialisierte Richtung innerhalb der Anthropologie befindet sich derzeit im Prozeß der Selbstdefinition. Der erste Schachzug, wenn es darum geht, einen neuen Ansatz zu legitimieren, ist zu behaupten, er habe einen Forschungsgegenstand, vorzugsweise einen wichtigen, der bisher der Aufmerksamkeit entgangen ist. Parallel zu Geertz' Behauptung, die Balinesen hätten schon die ganze Zeit ihre Hahnenkämpfe als kulturelle Texte interpretiert, argumentiert Clifford, daß Anthropologen »schon immer« mit Schreibformen experimentierten, ob sie sich dessen bewußt waren oder nicht. Die interpretative Wende in der Anthropologie hat Spuren hinterlassen (wobei sie ein stattliches Werk geschaffen und sich beinahe als Spezialgebiet etabliert hat), aber es ist noch immer nicht klar, ob die dekonstruktiv-semiotische Wende (ein zugegeben schwammiges Etikett) eine heilsame Auflockerung ist, eine Öffnung hin zu aufregend neuer Arbeit von größerer Wichtigkeit oder eine Taktik auf dem Feld der Kulturpolitik, die in erster Linie in soziologischen Begriffen zu verstehen ist. Da es gewiß das erste und das dritte ist, ist es eine genauere Untersuchung wert.

In seinem Aufsatz »Un ›fantastique‹ de bibliothèque«[24] spielt Michel Foucault geschickt mit dem fortschreitenden Gebrauch, den Flaubert zeit seines Lebens von der Fabel der Versuchung des Heiligen Antonius gemacht hat. Weit entfernt davon, die müßigen Produkte einer fruchtbaren Vorstellungskraft zu sein, waren Flauberts Hinweise auf Ikonographie und Philologie in seinen scheinbar phantasmagorischen Darstellungen der Halluzinationen des Heiligen exakt. Foucault zeigt uns, wie Flaubert sein ganzes Leben lang zu dieser Inszenierung von Erfahrung und Schreiben zurückkehrte und sie als asketische Übung sowohl zur Hervorbringung als auch zur Bannung der Dämonen, die die Welt eines Schriftstellers bevölkern, einsetzte. Es war kein Zufall, daß Flaubert sein Schriftstellerleben mit jener monströsen Sammlung von Gemeinplätzen beendete – *Bouvard und Pécuchet*. *Bouvard und Pécuchet*, ein dauernder Kommentar zu anderen Texten, kann als gründliche Domestizierung von Textualität zu einem in sich geschlossenen Exerzitium des Arrangierens und Katalogisierens gelesen werden: Un ›fantastique‹ de bibliothèque.

Um der Argumentation willen wollen wir Clifford Geertz' interpretative Anthropologie und James Cliffords textualistische Meta-Anthropologie nebeneinander stellen. Wenn Geertz noch immer sucht, die Dämonen des

Exotismus – Theaterstadien, Schattenspiele, Hahnenkämpfe – durch seinen begrenzten Gebrauch von fiktionalisierten Inszenierungen, in denen sie uns erscheinen können, heraufzubeschwören und einzufangen, so geht die textualistische/dekonstruktive Bewegung das Risiko ein, immer ausgeklügeltere Karteisysteme für die Texte anderer zu erfinden und sich vorzustellen, daß sich jeder andere auf dieser Welt angestrengt bemüht, das nämliche zu tun. Damit meine Argumentation hier nicht ihre eigenen Wege geht, sollte ich betonen, daß ich nicht sagen will, Cliffords Unternehmung sei bis jetzt nicht heilsam gewesen. Die Aufrüttelung des anthropologischen Bewußtseins bezüglich der eigenen textuellen Vorgehensweise war schon lange überfällig. Trotz Geertz' gelegentlicher Anerkennung der Unvermeidlichkeit des Fiktionalisierens ist er mit dieser Einsicht nie sonderlich weit gegangen. Der Punkt, auf den ich hinaus will, hat anscheinend einer Metaposition bedurft, um seine eigentliche Kraft zu entfalten. Die Stimme aus der Universitätsbibliothek war hilfreich. Was ich hier kurz anreißen möchte, ist den Blick zurückwenden, zurückschauen zu diesem Ethnographen der Ethnographen, der gegenüber an einem Caféhaustisch sitzt, und ich möchte unter Benutzung seiner eigenen Beschreibungskategorien seine Textproduktionen untersuchen.

Cliffords zentrales Thema war die textuelle Konstruktion der anthropologischen Autorität. Das wichtigste literarische Verfahren, das in Ethnographien eingesetzt wird, der »freie indirekte Stil«, wurde bereits gut von Dan Sperber analysiert,[25] und ich brauche hier nicht wiederholt darauf einzugehen. Die Einsicht, daß Anthropologen beim Schreiben literarischen Konventionen folgen, führt, obgleich interessant, an sich noch nicht in die Krise. Viele vertreten inzwischen die Ansicht, daß Literatur und Wissenschaft nicht entgegengesetzte, sondern komplementäre Begriffe sind.[26] In unserer Aufmerksamkeit für die fiktionale (im Sinne von »gemachte«, »hergestellte«) Qualität des anthropologischen Schreibens und in der Integration seiner charakteristischen Produktionsweisen wurden Fortschritte gemacht. Die reflexive Bewußtheit für Stil, Rhetorik und Dialektik in der Herstellung anthropologischer Texte sollte uns zu einem feineren Bewußtsein von anderen, imaginativeren Schreibweisen führen.

Clifford scheint jedoch mehr als das zu sagen. Im wesentlichen ist sein Argument, daß von Malinowski an die anthropologische Autorität auf zwei textuellen Säulen ruhte. Ein erfahrungsmäßiges »Ich-war-da«-Element schafft die einzigartige Autorität des Anthropologen; die Unterdrückung dieses Elements innerhalb des Textes schafft die wissenschaftliche Autorität des Anthropologen.[27] Clifford demonstriert uns dies an Geertz' berühmtem Hahnenkampfaufsatz:

»Der Forschungsprozeß ist getrennt von den Texten, die er generiert, und von den fiktiven Welten, die die Texte aufrufen sollen. Die Tatsächlichkeit der diskursiven Situationen und der einzelnen Gesprächspartner ist herausgefiltert. [...] Die dialogischen, situativen Aspekte der ethnographischen Interpretation werden aus dem endgültigen repräsentativen Text eher verbannt. Nicht ganz verbannt, natürlich, es gibt bewährte Topoi für die Darstellung eines Forschungsprozesses.«[28]

Clifford stellt Geertz' »ansprechende Fabel« als paradigmatisch vor: Der Anthropologe legt fest, daß er da war, und verschwindet dann aus dem Text.

In seinem eigenen Genre macht Clifford einen parallelen Zug. So wie Geertz sich vor der Selbst-Referentialität verneigt (und dabei eine Dimension seiner Autorität etabliert), um dann (im Namen der Wissenschaft) ihren Konsequenzen auszuweichen, so spricht auch Clifford viel über die Unausweichlichkeit des Dialogs (wobei er seine Autorität als »offene« etabliert), aber seine Texte sind nicht selbst dialogisch. Sie sind in einem modifizierten freien indirekten Stil geschrieben. Sie evozieren einen Ton des »Ich war da, auf der Anthropologie-Konferenz«, während sie durchgängig eine Flaubertsche Distanz aufrechterhalten. Geertz wie Clifford setzen Selbst-Referentialität lediglich als Instrument zur Etablierung von Autorität ein. Cliffords bezeichnende Lektüre des balinesischen Hahnenkampfes als panoptisches Konstrukt demonstriert dieses Argument überzeugend, aber er selbst begeht die gleiche Auslassung auf einer anderen Ebene. Er liest und klassifiziert, beschreibt Intention und etabliert einen Kanon; aber sein eigenes Schreiben und seine eigene Situation bleiben unerforscht. Cliffords textuelle Haltung macht seine Einsichten natürlich nicht wertlos (nicht mehr, als seine Lektüre von Malinowskis Textbewegungen die Analyse der Kula wertlos macht). Sie situiert sie nur. Wir haben uns vom Zelt voller Eingeborener auf den Trobriand-Inseln zurückbegeben zum Schreibtisch in der Universitätsbibliothek.[29]

Ein wesentlicher Zug in der Etablierung fachlicher oder nebenfachlicher Legitimation ist die Klassifizierung. Clifford schlägt vier Typen anthropologischen Schreibens vor, die in grob chronologischer Ordnung aufgetaucht seien. Er organisiert seinen Aufsatz »On Ethnographic Authority«[30] um diese Progression herum, versichert aber auch, daß kein Autoritätsmodus besser als ein anderer sei. »Die Autoritätsmodi, über die ich in diesem Aufsatz einen Überblick gebe – erfahrungsmäßiger, interpretierender, dialogischer, polyphonischer Modus –, sind allen Autoren ethnographischer Texte zugänglich, westlichen und nicht-westlichen. Keiner ist obsolet, keiner ist rein: innerhalb jedes Paradigmas bleibt Raum für Erfindungen.«[31] Dieser Schluß kämmt Cliffords Aufsatz gegen den rhetorischen Strich. Ich werde weiter unten auf diese wichtige Spannung zurückkommen.

Cliffords Hauptthese lautet, das anthropologische Schreiben neige dazu, die dialogische Dimension der Arbeit im Feld zu unterdrücken und dem Anthropologen die volle Kontrolle über den Text zu geben. Der Löwenanteil von Cliffords Arbeit widmete sich dem Aufzeigen von Möglichkeiten, wie diese textuelle Ausschaltung des Dialogischen durch neue Schreibweisen behoben werden könnte. Dies führte ihn dazu, sich auf Erfahrung berufende und interpretierende Schreibmodi als monologische zu lesen und sie im allgemeinen mit Kolonialismus zu verbinden. »Die interpretierende Anthropologie [...] in ihren traditionellen realistischen Strängen [...] entkommt nicht den allgemeinen scharfen Kritiken jener Kritiker ›kolonialer‹ Repräsentation, die seit 1950 Diskurse, die kulturelle Wirklichkeiten anderer Völker portraitieren, ohne ihre eigene Wirklichkeit in Frage zu stellen, abgeschmettert haben.«[32] Es wäre leicht, diese Aussage als Bevorzugung bestimmter »Paradigmen« gegenüber anderen zu lesen. Es ist durchaus möglich, daß Clifford selbst einfach ambivalent ist. Wenn er jedoch seine eigene interpretative Wahl treffen kann, charakterisiert er klar einige Modi als »im Aufschwung begriffen« und damit als derzeit wichtigere. Wenn man ein Interpretationsraster benutzt, das die Unterdrückung des Dialogischen in den Vordergrund stellt, ist es schwer, die Geschichte anthropologischen Schreibens nicht als lockere Progression hin zur dialogischen und polyphonischen Textualität zu lesen.

Nachdem er die beiden ersten Modi ethnographischer Autorität (auf Erfahrung beruhender und realistisch / interpretierender Modus) weitgehend in negativen Termini beschrieben hat, geht Clifford zu einem weitaus enthusiastischeren Porträt der nächsten Gruppe über (dialogischer und heteroglossischer Modus). Er schreibt: »Dialogische und konstruktivistische Paradigmen neigen dazu, die ethnographische Autorität zu zerstreuen oder aufzuteilen, während Initiationsberichte die spezielle Kompetenz des Forschers bekräftigen. Paradigmen der Erfahrung und Interpretation treten zugunsten von Paradigmen des Diskurses, des Dialogs und der Polyphonie zurück.«[33] Die Behauptung, solche Modi feierten Triumphe, ist empirisch zweifelhaft, denn, wie Renato Ronaldo schreibt, »die Truppen folgen nicht nach«. Und doch besteht deutlich ein beträchtliches Interesse an solchen Fragen.

Was ist dialogisch? Zunächst scheint Clifford den Begriff in einem wörtlichen Sinn zu benutzen: ein Text, der zwei Subjekte in diskursivem Austausch vorstellt. Kevin Dwyers »ziemlich wörtliche Aufzeichnung«[34] von Gesprächen mit einem marokkanischen Bauern ist das erste Beispiel, das er für einen »dialogischen« Text anführt. Eine Seite weiter fügt Clifford jedoch hinzu: »Wenn man sagt, ein ethnographischer Text sei aus Diskursen zusammengesetzt und seine verschiedenen Bestandteile stünden in dialogischer Beziehung zueinander, so heißt das nicht, daß seine Textform die eines wörtlichen Dialogs sein sollte.«[35] Verschiedene Beschreibungen werden angeführt, zu einer endgültigen Definition kommt es nicht. Daher bleiben die definierenden Charakteristika des Genres unklar.

»Wenn aber interpretierende Autorität auf dem Ausschluß des Dialogs basiert, so ist auch das Gegenteil richtig: eine rein dialogische Autorität unterdrückt die unausweichliche Tatsache der Vertextung«, beeilt Clifford sich uns zu erinnern.[36] Dies wird durch Dwyers resolute Selbstdistanzierung von in seinen Augen textualistischen Trends in der Anthropologie bekräftigt. Die Gegenüberstellung von interpretierend und dialogisch ist schwer zu greifen – einige Seiten später lobt Clifford den berühmtesten Vertreter der Hermeneutik, Hans Georg Gadamer, dessen Texte gewiß keine direkten Dialoge enthalten, für sein Streben nach »radikalem Dialogismus«.[37] Schließlich behauptet Clifford, dialogische Texte seien schließlich immer noch Texte, bloße »Darstellungen« von Dialogen. AnthropologInnen behalten ihre Autorität als konstituierende Subjekte und VertreterInnen der dominanten Kultur. Dialogische Texte können ebenso inszeniert und kontrolliert sein wie erfahrungsmäßige und interpretierende Texte. Der Modus bietet keine textuellen Garantien.

Letzten Endes liegt jenseits dialogischer Texte Heteroglossie, »eine karnevaleske Arena der Verschiedenheit«. Michail Bachtin aufgreifend weist Clifford auf das Werk Dickens' hin, als ein Beispiel des »polyphonen Raumes«, der uns als Modell dienen könnte. »Dickens, der Schauspieler, der mündlich Vortragende und Polyphonist, wird Flaubert gegenübergestellt, dem Meister auktorialer Kontrolle, der sich gottähnlich inmitten der Gedanken und Gefühle seiner Charaktere bewegt. Die Ethnographie ringt wie der Roman mit diesen Alternativen.«[38] Wenn dialogische Texte den Übeln totalisierender ethnographischer Glättung zum Opfer fallen, dann geschieht dies womöglich den noch radikaleren heteroglossischen nicht: »Die Ethnographie wird von der Heteroglossie erobert. Wenn man ihnen einen autonomen Textraum zubilligt und sie in ausreichender Länge transkribiert, dann ergeben die Aussagen der Eingeborenen Sinn, und zwar einen anderen als den des sie organisierenden Ethnographen. [...] Dies legt eine andere Textstrategie nahe, eine Utopie pluraler Autorschaft, die Mitarbeitern nicht bloß den Status unabhängiger Redeinstanzen zubilligt, sondern den des Schriftstellers.«[39]

Aber Clifford fügt sogleich hinzu: »Zitate werden stets vom Zitierenden inszeniert [...] eine radikalere Polyphonie würde nur die ethnographische Autorität deplazieren, aber noch immer die endgültige virtuose Orchestrierung aller Diskurse im Text durch einen einzigen Autor/eine einzige Autorin bestätigen.«[40] Neue Schreibweisen, neue Textexperimente könnten neue Möglichkeiten eröffnen – aber keine garantieren. Clifford fühlt sich unwohl dabei. Er will weiter. Obgleich zeitweilig für das Dialogische begeistert, modifiziert Clifford sein Lob sogleich. Er führt uns bis zur Heteroglossie: verführt uns – einen Absatz lang –, bis wir erkennen, daß auch sie, ach!, Schreiben ist. Clifford beendet seinen Aufsatz mit der programmatischen Äußerung: »Ich behaupte, daß dieses Aufzwingen von Kohärenz auf einen aufrührerischen textuellen Prozeß jetzt unausweichlich eine Angelegenheit der strategischen Wahl ist.«[41]

Cliffords Darstellung weist eine Progression auf, selbst wenn sie am Ende des Aufsatzes eine rein dezisionistische ist. Clifford leugnet jedoch explizit jede Hierarchie. Erst dachte ich, das sei reine Inkonsistenz oder Ambivalenz oder die Verkörperung einer ungelösten, aber schöpferischen Spannung. Jetzt denke ich, daß Clifford wie alle anderen auch »*dans le vrai*« ist. Wir stehen nun an dem diskursiven Punkt, an dem die Autorintention im derzeitigen kritischen Denken ausgelöscht oder kaum ausgespielt wird. Statt dessen stellen wir nun die Strukturen und Umrisse verschiedener Schreibweisen per se in Frage. Fredric Jameson hat verschiedene Elemente des postmodernen Schreibens (z. B. Ablehnung von Hierarchie, Abflachung der Geschichte, Verwendung von Bildlichkeit) in einer Weise identifiziert, die ziemlich genau auf Cliffords Projekt zu passen scheint.

4. Von der Moderne zur Postmoderne in der Anthropologie

Fredric Jameson bietet uns in seinem Aufsatz »Postmodernism and Consumer Society«[42] einige nützliche Ausgangspunkte für eine Situierung neuerer Entwicklungen im anthropologischen und meta-anthropologischen Schreiben. Ohne eine einstimmige Definition der Postmoderne zu suchen, umreißt Jameson die Reichweite des Begriffs, indem er eine Reihe von Schlüsselelementen vorschlägt: seinen historischen Ort, sein Gebrauch des Pastiches, die Wichtigkeit der Bilder.

Jameson situiert die Postmoderne kulturell und historisch nicht einfach als stilistischen Begriff, sondern als Epochenmarkierung. Mit diesem Vorgehen versucht er, Eigenheiten des Kulturschaffens in den sechziger Jahren zu isolieren und mit anderen gesellschaftlichen und wirtschaftlichen Umwandlungen zu korrelieren. Die Ausarbeitung analytischer Kriterien und ihre Korrelation mit sozioökonomischen Veränderungen ist in Jamesons Darstellung nur marginal und als Vorbereitung gedacht, kaum mehr als eine Markierung. Es lohnt sich jedoch, den Ort zu markieren. Der Spätkapitalismus wird von Jameson als der Augenblick definiert, »wenn die letzten Überbleibsel der Natur, die bis in den klassischen Kapitalismus hinein überdauerten, endlich ausgelöscht sind: namentlich die Dritte Welt und das Unbewußte. Die sechziger Jahre werden dann der folgenschwere Zeitraum der Umwandlung gewesen sein, in dem diese systematische Umstrukturierung in globalem Maßstab stattfand.«[43] Dies hier ist nicht der Ort, Jamesons Zeiteinteilung, die er als vorläufig erkennt, zu verteidigen oder zu kritisieren. Wir wollen nur einfach feststellen, daß sie es uns ermöglicht, Veränderungen in Darstellungsformen innerhalb des Kontexts westlicher Entwicklungen zu diskutieren, die vorwärts zur aktuellen Situation jener führen, die die Beschreibungen nicht in der Retrospektive schreiben und Textverbindungen zu Autoren in sehr unterschiedlichen Kontexten herstellen, häufig in Übergehung von Differenzen. Daher wollen wir sie als heuristisch übernehmen.

Die verschiedenen Postmodernismen, die sich in den sechziger Jahren bildeten, tauchten zumindest teilweise als Reaktion gegen die früheren Bewegungen der Moderne auf. Die klassische Moderne, um einen Ausdruck zu benutzen, der kein Oxymoron mehr ist, entstand im Kontext der kapitalistischen und bürgerlichen Gesellschaft und stellte sich gegen sie: »Sie trat innerhalb der Geschäftswelt des vergoldeten Zeitalters als Skandal und Beleidigung für das Mittelschichtspublikum auf – häßlich, mißklingend, sexuell schockierend [...] subversiv.«[44] Jameson kontrastiert die subversive Wende der Moderne des frühen 20. Jahrhunderts mit der abflachenden, reaktiven Natur der postmodernen Kultur:

»Jene früher subversiven und umkämpften Stile – Abstrakter Expressionismus; die große moderne Lyrik von Pound, Eliot oder Wallace Stevens; der Internationale Stil (Le Corbusier, Frank Lloyd Wright, Mies van der Rohe); Stravinsky; Joyce, Proust und Mann –, die von unseren Großeltern noch als skandalös oder schockierend empfunden wurden, fühlen sich nun für die Generation, die am Tor der sechziger Jahre ankommt, wie das Establishment, wie der Feind an – tot, erstickend, kanonisch, die verdinglichten Monumente, die zerstört gehören, wenn man etwas Neues schaffen will. Das heißt, daß es so viele verschiedene Formen der Postmoderne geben wird, wie klassische Modernen am Platz waren, denn erstere sind zumindest anfänglich spezifische und lokale Reaktionen gegen jene Modelle.«[45]

Jameson, hierin mit Habermas vergleichbar,[46] denkt ganz klar, daß es wichtige kritische Elemente in der Moderne gab. Obgleich sie sich vermutlich nicht darin einig wären, welche es waren, würden sie übereinstimmen, daß in einer wichtigen Hinsicht das Projekt der Moderne unvollendet ist und daß gewisse Züge (ihr Versuch, kritisch, weltlich, anti-kapitalistisch zu sein) eine Verstärkung verdienten.

Ich würde hinzufügen, daß die Postmoderne, auch wenn sie in den sechziger Jahren teilweise als eine Reaktion auf die akademische Kanonisierung der großen Künstler der Moderne entstand, in raschem Vormarsch selbst erfolgreich in den achtziger Jahren in den akademischen Betrieb einrückte. Sie hat sich selbst durch üppiges Wuchern klassifikatorischer Schemata, die Konstruktion von Kanons, die Errichtung von Hierarchien, Abmilderung beleidigenden Verhaltens und schweigendes Einfügen in Universitätsnormen mit Erfolg domestiziert und handlich gemacht. Genauso wie es jetzt Kunstgalerien für Graffiti in New York gibt, so werden nun auch in den meisten fortschrittlichen Fakultäten Dissertationen über Graffiti, Break Dance und so weiter geschrieben. Selbst die Sorbonne hat eine Doktorarbeit über David Bowie angenommen.[47]

Was ist die Postmoderne? Das erste Element ist ihre historische Verortung als Gegenreaktion auf die Moderne. Über Lyotards inzwischen »klassische« Definition[48] – das Ende der Meta-Narrationen – hinausgehend, definiert Jameson ihr zweites Element als Pastiche. Die Wörterbuchdefinition – »1. Eine künstlerische Komposition, die sich aus mehreren Quellen speist, 2. Ein Mischmasch [engl: *hodge podge*, A. d. Ü.] – reicht nicht aus.

Pound speiste sich beispielsweise auch aus mehreren Quellen. Jameson weist auf einen Gebrauch des Pastiches, der seine normative Verankerung verloren hat und der das Durcheinander der Elemente als das Hauptsächliche sieht. *Hodge podge* wird als »durcheinander gerührtes Mischmasch« definiert, aber es kommt aus dem französischen *hochepot*, ein Eintopf, und das macht den Unterschied aus.

Joyce, Hemingway, Woolf und andere gingen von der Idee einer verinnerlichten und distinktiven Subjektivität aus, die sich sowohl aus der Alltagsrede und -identität speiste als auch davon Abschied nahm. Es gab »eine linguistische Norm, mit der kontrastiert die Stile der großen Modernen«[49] angegriffen oder gepriesen werden konnten, aber in jedem Fall gemessen. Was aber, wenn diese Spannung zwischen bürgerlicher Normalität und der stilistischen Grenzerprobung der Modernen aufbrach und einer gesellschaftlichen Wirklichkeit nachgab, in der wir nichts als »stilistische Vielfalt und Heterogenität« finden, ohne die Annahme (wie angreifbar auch immer) einer relativ stabilen Identität oder linguistischen Norm? Unter solchen Bedingungen mußte das kontroverse Gebaren der Modernen an Kraft verlieren:

»Was noch übrig blieb, war die Imitation toter Stile, das Sprechen durch die Masken und mit den Stimmen der Stile im imaginären Museum. Aber das heißt, daß die zeitgenössische oder postmoderne Kunst auf eine neue Art die Kunst selbst zum Gegenstand hat; ja, noch mehr, es heißt, daß eine ihrer Kernbotschaften mit dem notwendigen Scheitern der Kunst und des Ästhetischen, mit dem Scheitern des Neuen und dem Gefangensein in der Vergangenheit zu tun hat.«[50]

Es kommt mir so vor, als sei dieses Gefangensein in der Vergangenheit etwas gänzlich anderes als Historismus. Die Postmoderne geht über die (inzwischen fast tröstlich wirkende) Entfremdung des Historismus hinaus, der aus der Entfernung auf andere Kulturen als Ganzes blickte. Die Dialektik von Selbst und Anderem hat vielleicht eine entfremdete Beziehung bewirkt, aber es war eine mit definierbaren Normen, Identitäten und Beziehungen. Heute liegt jenseits der Entfremdung und des Relativismus das Pastiche.

Um dies an einem Beispiel zu demonstrieren, entwickelt Jameson eine Analyse nostalgischer Filme. Zeitgenössische Filme der Nostalgie wie etwa *Chinatown* oder *Body Heat* zeichnen sich durch »Rückstilisierung« aus, die von französischen Kritikern »*la mode rétro*« genannt wird. Im Gegensatz zu traditionellen historischen Filmen, die die Fiktion einer anderen Zeit als andere wiedererschaffen wollen, versuchen die »*mode rétro*«-Filme durch den Einsatz sorgfältig rekonstruierter Artefakte und stilistischer Techniken eine Gefühlstönung zu erreichen, die Zeitgrenzen verwischt. Jameson weist darauf hin, daß neuere nostalgische Filme häufig in der Gegenwart spielen (oder, wie im Falle von *Krieg der Sterne*, in der Zukunft). Ein Wuchern von Meta-Referenzen auf andere Darstellungen verflacht und entleert die Inhalte. Eine der Haupttechniken sind Anleihen bei älteren *plots*: »Das anspielungsreiche, aber schwer faßbare Plagiieren älterer *plots* ist natürlich auch ein Kennzeichen des Pastiche.«[51] Diese Filme arbeiten nicht so sehr mit einer Verleugnung der Gegenwart als mit einem Verwischen der Eigenheit der Vergangenheit, mit einer Auflösung der Linie zwischen Vergangenheit und Gegenwart (oder Zukunft) als deutlich umgrenzten Zeiträumen. Was diese Filme tun, ist unsere Darstellungen anderer Zeiträume darzustellen. »Wenn es hier noch irgendeinen Realismus gibt, so ist es ein ›Realismus‹, der aus dem Schock des Begreifens jenes Gefangenseins und der Erkenntnis entspringt, daß wir, aus welchen Gründen auch immer, dazu verdammt zu sein scheinen, die historische Vergangenheit durch unsere eigenen Pop-Bilder und Stereotypen von dieser Vergangenheit, die selbst für immer unerreichbar bleibt, suchen zu müssen.«[52] Dies, so scheint mir, beschreibt einen Ansatz, der die strategische Auswahl der Darstellungen von Darstellungen als sein Hauptproblem ansieht.

Obwohl Jameson über historisches Bewußtsein schreibt, geht es doch um den gleichen Trend, der auch im ethnographischen Schreiben aktuell ist: Interpretierende Ethnologen arbeiten mit dem Problem der Darstellungen von Darstellungen anderer, Historiker und Metakritiker der Anthropologie mit der Klassifizierung, Kanonisierung und »Verfügbarmachung« von Darstellungen von Darstellungen von Darstellungen. Die historische Verflachung, die man im Pastiche der nostalgischen Filme findet, taucht in der meta-ethnographischen Verflachung wieder auf, die alle Weltkulturen Textlichkeit praktizieren läßt. Die Einzelheiten in diesen Erzählungen sind präzise, die Bilder evokativ, die Neutralität exemplarisch und der Modus *rétro*.

Der letzte Zug der Postmoderne ist für Jameson »Textlichkeit«. Auf Lacans Ideen zur Schizophrenie bezugnehmend weist Jameson als eine der definierenden Charakteristiken textueller Bewegung den Zusammenbruch der Beziehung zwischen Signifikanten aus: »Schizophrenie ist die Erfahrung von isolierten, entbundenen, unzusammenhängenden materialen Signifikanten, die es nicht zuwege bringen, sich zu einer kohärenten Sequenz zusammenzuschließen [...] ein Signifikant, der sein Signifikat verloren hat, wird dadurch in ein Bild verwandelt.«[53] Obwohl der Gebrauch des Begriffs »schizophren« mehr verdunkelt als erhellt, ist dies ein bezeichnendes Argument. Sobald der Signifikant aus seiner Beziehung zu einem externen Referenten befreit ist, flottiert er ganz und gar nicht frei und referenzlos; es ist eher so, daß andere Texte, andere Bilder zu seiner Referenz werden. Für Jameson vollziehen postmoderne Texte (er spricht von den *Language*-Dichtern) eine parallele Bewegung dazu: »Ihre Referenten sind andere Bilder, ein anderer Text, und die Einheit des Gedichtes liegt überhaupt nicht im Text, sondern außerhalb in der gebundenen Einheit eines abwesenden Buches.«[54] Wir sind zurückgekehrt zur »Fantasie der Bibliothek«, diesmal nicht als bittere Parodie, sondern als lobpreisendes Pastiche.

Offensichtlich soll dies nicht heißen, daß wir die gegenwärtige Krise der Repräsentation per Dekret lösen können. Eine Rückkehr zu früheren Modi der unreflektierten Darstellung ist keine kohärente Position (obwohl diese Neuigkeit die meisten anthropologischen Fachbereiche noch nicht erreicht hat). Aber wir können sie auch nicht lösen, indem wir die Beziehungen zwischen Darstellungsformen und gesellschaftlichen Praktiken ignorieren. Wenn wir versuchen, gesellschaftliche Referentialität auszuschalten, werden andere Referenten den frei gewordenen Platz einnehmen. Also ist die Entgegnung des Dwyerschen Informanten (auf die Frage, welcher Teil ihres Dialoges ihn am meisten interessierte), daß ihn nicht eine einzige von Dwyers Fragen interessiert habe, so lange nicht beunruhigend, wie andere Anthropologen das Buch lesen und es in ihren Diskurs aufnehmen. Aber offenbar wäre weder Dwyer noch Clifford mit dieser Antwort zufrieden. Ihre Intentionen und ihre Diskursstrategien divergieren. Es sind die letzteren, die anscheinend von der Bahn abgekommen sind.

> Die Jungkonservativen machen sich [...] die
> Enthüllung der dezentrierten, von allen [...]
> Imperativen der Arbeit und der Nützlichkeit
> befreiten Subjektivität zu eigen – und brechen mit ihr
> aus der modernen Welt aus, [...] Sie verlegen die
> spontanen Kräfte der Imagination, der
> Selbsterfahrung, der Affektivität ins Ferne und
> Archaische.
>
> Jürgen Habermas, *»Die Moderne – ein*
> *unvollendetes Projekt«*

Verschiedene wichtige Schriften der letzten zehn Jahre haben die historischen Beziehungen zwischen Weltpolitik und Anthropologie untersucht: Der Westen versus den Rest der Welt; Imperialismus; Kolonialismus; Neo-Kolonialismus. Die Arbeiten reichten von Talal Asad über Kolonialismus und Anthropologie bis zu Edward Said über den Diskurs des Westens, und andere haben diese Punkte direkt auf die Tagesordnung der gegenwärtigen Debatte gesetzt. Talal Asad weist jedoch darauf hin, daß dies keineswegs impliziert, die makropolitischen wirtschaftlichen Bedingungen wären deutlich von den Vorgängen innerhalb der anthropologischen Debatten beeinflußt worden. Wir wissen nun auch eine ganze Menge über die Macht- und Diskursverhältnisse, die zwischen den Anthropologen und den Menschen, mit denen sie arbeiten, herrschen. Die Macht- und Diskursverhältnisse sowohl auf der Mikro- wie auf der Makroebene zwischen der Anthropologie und ihrem Gegenüber können nun endlich untersucht werden. Wir kennen einige der Fragen, die es wert sind, gestellt zu werden, und haben dafür gesorgt, daß sie gestellt werden, indem wir sie zum Gegenstand des Faches gemacht haben.

Die Metareflexionen zur Krise der Repräsentation in ethnographischen Texten weisen auf eine Verlagerung hin – weg von der Konzentration auf die Beziehungen zu anderen Kulturen, hin zu einer (nicht-thematisierten) Beschäftigung mit Traditionen der Repräsentation und Metatraditionen der Metarepräsentation in unserer Kultur. Ich habe Cliffords Metaposition als Prüfstein benutzt. Er schreibt nicht primär über Beziehungen zum Anderen, es sei denn vermittelt durch sein zentrales analytisches Anliegen, das diskursiver Tropen und Strategien. Das hat uns Wichtiges gelehrt. Ich habe jedoch behauptet, daß dieser Ansatz einen interessanten blinden Fleck enthält, eine Verweigerung der Selbstreflexion. Fredric Jamesons Analyse der postmodernen Kultur wurde als eine Art anthropologischer Perspektive auf diese kulturelle Entwicklung eingeführt. Sei es nun richtig oder falsch (eher richtig als falsch in meinen Augen), Jameson schlägt Möglichkeiten vor, wie man sich das Auftauchen dieser neuen Krise der Repräsentation als ein historisches Ereignis mit seinen eigenen spezifischen historischen Zwängen denken könnte. Anders ausgedrückt, Jameson läßt uns erkennen, daß in einigen wichtigen Hinsichten, die nichts mit anderen kritischen Ansätzen (die wiederum ihre eigenen charakteristischen blinden Flecke haben) gemein haben, die Vertreterin der Postmoderne ihrer eigenen Situation und Situiertheit gegenüber blind ist, da sie als Vertreterin der Postmoderne einer Lehre der Partialität und des Fließens anhängt, für die selbst Dinge wie die eigene Situation so instabil, so identitätslos sind, daß sie nicht als Gegenstand andauernder Reflexion dienen können.[55] Das postmoderne Pastiche ist sowohl eine kritische Position als auch eine Dimension unserer gegenwärtigen Welt. Jamesons Analyse hilft uns, ein Verständnis ihrer Vernetztheit zu schaffen und dabei sowohl die Nostalgie als auch den Fehler der Universalisierung oder der Ontologisierung einer ganz bestimmten historischen Situation zu vermeiden.

Meiner Meinung nach geht es in den jüngsten Debatten über das Schreiben nicht direkt um Politik im üblichen Sinn des Begriffs. Ich habe an anderer Stelle[56] argumentiert, daß, wenn Politik im Spiel ist, es Hochschulpolitik ist, und daß diese Dimension des Politischen noch nicht erforscht wurde. Das Werk Pierre Bourdieus ist hilfreich, wenn es darum geht, Fragen über Kulturpolitik zu stellen.[57] Bourdieu hat uns fragen gelehrt, in welchem Machtfeld und von welcher Position in diesem Feld aus ein Autor schreibt. Seine neue Soziologie der kulturellen Produktion versucht nicht, Wissen auf die soziale Position oder auf Interesse an sich zu reduzieren, sondern eher, all diese Variablen innerhalb der komplexen Zwänge – Bourdieus *Habitus* –, innerhalb derer sie produziert und rezipiert werden, zu situieren. Bourdieu achtet besonders aufmerksam auf Strategien kultureller Macht, die dadurch vorwärts kommen, daß sie ihre Verbindung zu unmittelbar politischen Zielen leugnen und dadurch sowohl symbolisches Kapital als auch eine »hohe« strukturelle Position akkumulieren.

Bourdieus Werk könnte in uns den Verdacht auslösen, zeitgenössische Proklamationen des Antikolonialismus, gleichwohl bewundernswürdig, seien nicht die ganze Geschichte. Diese Proklamationen muß man als politische Schachzüge innerhalb des akademischen Betriebs sehen. Weder Clifford noch sonst einer von uns schreibt in den späten fünfziger Jahren. Seine Leserschaft besteht weder aus Kolonialbeamten noch aus unter der Ägide einer Kolonialmacht Arbeitenden. Unser politisches Feld ist vertrauter: der akademische Betrieb der achtziger Jahre. Deshalb trifft es, so wie es derzeit gehandhabt wird, wenngleich es nicht direkt falsch ist, doch einfach nicht den Punkt, die Krise der Darstellbarkeit innerhalb eines Kontextes des Bruches der Dekolonialisierung zu situieren. Das ist in dem Maße richtig, wie die Anthropologie sicherlich auch den Lauf der größeren Weltereignisse und speziell die sich verändernden Beziehungen zu den Gruppierungen, die sie untersuchen, reflektiert. Die Behauptung, das neue ethnographische Schreiben tauchte wegen der Dekolonialisierung auf, läßt jedoch genau die Vermittlungen aus, die den gegenwärtigen Studienobjekten historischen Sinn verleihen würden.

Dies bringt uns zu Überlegungen hinsichtlich der Interpretationspolitik im heutigen akademischen Betrieb. Zu fragen, ob längere, dispersive, multi-auktoriale Texte einen Lehrstuhl auf Lebenszeit abwerfen können, mag kleinlich wirken. Aber dies sind die Dimensionen der Machtverhältnisse, auf die peinlich aufmerksam zu sein Nietzsche uns ermahnt hat. Es kann keinen Zweifel an der Existenz und dem Einfluß dieses Typs von Machtverhältnissen bei der Produktion von Texten geben. Wir schulden diesen weniger aufsehenerregenden als unmittelbar Zwang ausübenden Bedingungen mehr Aufmerksamkeit. Das Tabu gegen detailliertere Darstellung derselben ist viel größer als die Auflagen gegen eine Denunzierung des Kolonialismus; eine Anthropologie der Anthropologie würde sie mitbeinhalten. Genauso wie es früher einen diskursiven Knoten gab, der eine Diskussion gerade der Feldforschungspraktiken, die die Autorität des Anthropologen definierten, vereitelte und der jetzt gelöst worden ist,[58] so könnte den Mikropraktiken des akademischen Betriebs etwas Durchkämmen auch nicht schaden.

Eine andere Art, dieses Problem zur Debatte zu stellen, ist, vom »Gespräch im Flur« zu reden. Viele Jahre lang diskutierten Anthropologen ihre Erfahrungen in der Feldforschung informell untereinander. Gerüchte über Feldforschungserlebnisse eines Anthropologen bildeten einen wichtigen Bestandteil seiner Reputation. Aber über solche Dinge schrieb man, bis vor kurzem, nicht »ernsthaft«. Sie verblieben auf den Fluren und in den Fakultätsclubs. Aber was nicht öffentlich diskutiert werden kann, kann auch nicht analysiert oder abgeschmettert werden. Jene Domänen, die nicht analysiert oder widerlegt werden können und die doch unmittelbar den Kern der Hierarchie betreffen, sollten nicht als unschuldig oder irrelevant betrachtet werden. Wir wissen, daß es eine der häufigsten Taktiken von Elite-Gruppen ist, Themen, die ihnen unbequem sind, als Diskussionspunkt abzulehnen oder sie als gewöhnlich oder uninteressant abzustempeln. Wenn aus dem Gespräch über Feldforschung auf dem Flur ein Diskurs wird, erfahren wir eine ganze Menge. Die Produktionsbedingungen anthropologischen Wissens aus dem Bereich der Gerüchteküche – wo es Eigentum derer bleibt, die in der Nähe sind und es hören können – hinüberzuschieben in den des Wissens, das wäre ein Schritt in die richtige Richtung.

Ich wette, der Einsatz würde sich lohnen, sich einmal die Bedingungen anzusehen, unter denen Leute angestellt werden, einen Lehrstuhl bekommen, Stipendien erhalten und gefeiert werden.[59] Inwiefern unterschied sich die »dekonstruktivistische« Welle von dem anderen größeren Trend im akademischen Betrieb der letzten zehn Jahre – vom Feminismus?[60] Wie macht man heute Karriere? Wie werden heute Karrieren zerstört? Wo liegen die Geschmacksgrenzen? Wer legte diese Höflichkeitsregeln fest und wer bestätigt sie? Egal was wir noch wissen, eines wissen wir sicher, daß nämlich die materiellen Bedingungen, unter denen die ›Textualismus-Bewegung‹ gedieh, die Universität, ihre Mikropolitik, ihre Trends mitbeinhalteten. Wir wissen, daß diese Ebene von Machtverhältnissen existiert, Auswirkungen auf uns hat, unsere Themen, Formen, Inhalte, Leserschaft beeinflußt. Wir schulden diesen Fragen Aufmerksamkeit – und sei es nur, um ihr relatives Gewicht festzusetzen. Dann können wir uns, wie in der Feldforschung, globaleren Themen zuwenden.

6. Stop Making Sense: Dialog und Identität

Marilyn Strathern unternahm mit ihrem ausgesprochen herausfordernden Aufsatz, »Dislodging a World View: Challenge and Counter-Challenge in the Relationship Between Feminism and Anthropology«,[61] einen wichtigen Schritt, indem sie der Strategie aktuellen textualistischen Schreibens durch einen Vergleich mit aktuellen Arbeiten anthropologischer Feministinnen und Feministen ihren Platz zuwies. Strathern unterscheidet zwischen feministischer Anthropologie, einem anthropologischen Spezialgebiet, das dem Fortgang des Faches nützt, und dem anthropologischen Feminismus, dessen Ziel es ist, eine feministische Wissenschaftsgemeinschaft zu bilden, deren Prämissen und Ziele von denen der Anthropologie verschieden, ja ihnen entgegengesetzt sind. Letzteres Projekt favorisiert die Begriffe Differenz und Konflikt – als historische Bedingungen von Identität und Erkenntnis – nicht Wissenschaft und Harmonie.

Strathern macht sich Gedanken über ihre Verärgerung darüber, daß ein älterer männlicher Kollege die feministische Anthropologie dafür lobte, das Fach zu bereichern. Er sagte: »Laßt tausend Blumen blühen.« Sie schreibt: »Es ist tatsächlich im allgemeinen zutreffend, daß die feministische Kritik die Anthropologie bereichert – ein neues Verständnis von Ideologie, von der Konstruktion symbolischer Systeme, der Resourcenverwaltung, der Eigentumsbegriffe und so weiter eröffnet hat.« Die Anthropologie hat in ihrer relativen Offenheit und ihrem Eklektizismus diese wissenschaftlichen Fortschritte integriert – zuerst zögernd, dann gierig. Indem sie Kuhns vielbemühtes Konzept des Paradigmas benutzt, legt Strathern dar, daß so Wissenschaft eben normalerweise funktioniert. Doch die Toleranz eines »Laßt tausend Blumen blühen« erzeugte ein gewisses Unbehagen; später erkannte Strathern, daß ihr Unbehagen von folgendem Gefühl herrührte: Feministinnen sollten auf anderen Feldern ackern und nicht das der Anthropologie mit einigen Blüten schmücken.

Strathern distanzierte ihre eigene Praxis auf zweierlei Weisen vom normalen Wissenschaftsmodell. Erstens behauptet sie, Sozial- und Naturwissenschaften unterschieden sich »nicht einfach darin, daß man innerhalb der wissenschaftlichen Fächer verschiedene ›Schulen‹ findet (wie auch in den Naturwissenschaften), sondern daß auch ihre Prämissen im Verhältnis untereinander wettstreitend konstruiert sind«. Zweitens geht es in diesem Wettstreit nicht allein um epistemologische Fragen, sondern letztlich um politische und ethische Differenzen. In seinem Aufsatz »What Makes an Interpretation Acceptable«[62] argumentiert Stanley Fish ähnlich (wenngleich er ein ganz anderes Anliegen hat). Er argumentiert, alle Feststellungen seien Interpretationen und jedes Sich-Berufen auf den Text oder auf die Tatsachen beruhe selbst auf Interpretationen; diese Interpretationen sind Angelegenheiten der wissenschaftlichen Gemeinde und nicht subjektive (oder individuelle) – das heißt, Bedeutungen sind kulturell oder sozial verfügbar, sie werden nicht *ex nihilo* von einem einzelnen Interpretierenden erfunden. Schließlich sind alle Interpretationen, ganz besonders jene, die ihren Status als Interpretationen verleugnen, nur möglich auf der Grundlage anderer Interpretationen, deren Regeln sie bestätigen, indem sie ihre Negation verkünden.

Fish argumentiert, daß wir niemals Meinungsverschiedenheiten dadurch lösen, daß wir uns auf Tatsachen oder auf den Text berufen,

»weil Tatsachen nur im Kontext eines bestimmten Blickwinkels aufscheinen. Daraus folgt, daß Meinungsverschiedenheiten zwischen denen aufkommen müssen, die verschiedene Blickwinkel besetzen (oder von ihnen besetzt sind), und worum es bei einer Meinungsverschiedenheit geht, ist das Recht, zu bestimmen, was von da an unter Tatsachen zu verstehen sein wird. Meinungsverschiedenheiten kommen nicht durch Tatsachen zur Ruhe, sondern sie selbst sind die Mittel, durch die Tatsachen zur Ruhe kommen.«[63]

Strathern demonstriert diese Punkte geschickt in ihrer Gegenüberstellung von anthropologischem Feminismus und experimenteller Anthropologie.

Der Leitwert für die am experimentellen ethnographischen Schreiben Interessierten, argumentiert Strathern, ist der Dialog: »Man müht sich, eine Beziehung zum ANDEREN aufzubauen – so in der Suche nach einem Ausdrucksmittel, das wechselseitige Interpretation ermöglicht, vielleicht visualisiert als gemeinsamer Text oder als etwas, das mehr einem Diskurs ähnelt.« Für Strathern geht der Feminismus von der ursprünglichen und schwer akzeptierbaren Tatsache der Machtherrschaft aus. Der Versuch, feministische Einsichten in eine verbesserte Wissenschaft der Anthropologie oder in eine neue Rhetorik des Dialogs zu integrieren, wird als weiterer Gewaltakt verstanden. Die feministische Anthropologie versucht, den Diskurs zu wechseln, nicht ein Paradigma aufzubessern, »das heißt, sie verändert die Natur der Zuhörerschaft, die Reichweite der Leserschaft und die Interaktionsweisen zwischen AutorIn und LeserIn, sie verändert den Inhalt des Gesprächs durch die Art, in der es anderen zu sprechen erlaubt – worüber gesprochen wird und zu wem gesprochen wird«. Strathern will keine neue Synthese erfinden, sondern Differenz verstärken.

Die sich hier ergebenden Ironien sind sehr amüsant. Experimentalisten (fast alle männlich) sind Heger und Optimisten mit einem Hauch von Sentimentalität. Clifford behauptet, er arbeite auf der Basis einer Kombination von Sechziger-Jahre-Idealismus und Achtziger-Jahre-Ironie. »Textualistische« Radikale versuchen auf Beziehungsaufbau hinzuarbeiten, die Wichtigkeit von Vernetzung und Offenheit vorzuführen, die Möglichkeiten für Teilhabe und gegenseitiges Verständnis voranzutreiben, indes ihre Position beim Thema Macht und Realitäten sozio-ökonomischer Zwänge merkwürdig verschwommen bleibt. Stratherns anthropologische Feministin besteht darauf, fundamentale Ungleichheiten, Machtverhältnisse und hierarchische Herrschaft nicht aus dem Blick zu verlieren. Sie versucht, eine gemeinsame Identität auf der Basis von Konflikt, Trennung und Antagonismus zu artikulieren: zum Teil als Abwehr gegen die Bedrohung der Vereinnahmung durch ein Paradigma der Liebe, Wechselseitigkeit und Verständnis, wohinter sie andere Motive und Strukturen erkennt; zum Teil als Mechanismus, um die bedeutsame Differenz per se als unterscheidenden Wert zu erhalten.

Differenz wird auf zwei Ebenen ausgespielt: zwischen Feministinnen und der Anthropologie und innerhalb der feministischen Gemeinde. Nach außen sind Widerstand und Nicht-Assimilierung die höchsten Werte. Innerhalb dieser neuen Interpretationsgemeinschaft werden jedoch die Stärken dialogischer Beziehungen bejaht. Intern mögen Feministinnen verschiedener Meinung sein und rivalisieren; aber das tun sie, indem sie sich aufeinander beziehen.

»Genau deshalb, weil die feministische Theorie ihre Vergangenheit nicht als ›Text‹ konstituiert, kann sie nicht einfach der Anthropologie hinzugefügt werden oder sie verdrängen. Denn wenn Feministinnen immer eine Schranke gegenüber dem ANDEREN aufrecht halten, so schaffen sie – wenn sie unter sich sind – im Gegensatz dazu etwas, das tatsächlich viel näher am Diskurs steht als am Text. Und der Charakter dieses Diskurses nähert sich dem ›interlokutionären gemeinsamen Erzeugnis‹, auf das die neue Ethnographie abzielt.«

Während Tropen allen zur freien Verfügung stehen, liegt der ganze Unterschied darin, wie sie eingesetzt werden.

7. Ethik und Modernität

> Das Auftauchen von Fraktionen innerhalb einer einst
> verbotenen Aktivität ist ein sicheres Zeichen dafür,
> daß sie den Status der Orthodoxie erreicht hat.
> Stanley Fish, »*What Makes an Interpretation*
> *Acceptable?*«

Neuere Diskussionen über die Herstellung ethnographischer Texte haben Unterschiede und Gegensätze genauso enthüllt wie wichtige Bereiche der Übereinstimmung. Um eine weitere Formulierung von Geertz zu borgen, wir können und haben einander mit Gewinn drangsaliert, und das ist der

Prüfstein für interpretative Fortschrittlichkeit. In diesem letzten Teil werde ich, mit Hilfe einer schematischen Zusammenstellung der drei zuvor umrissenen Positionen, meine eigene Position vortragen. Obwohl ich einzelnen Dimensionen jeder dieser Positionen kritisch gegenüberstehe, betrachte ich sie als Mitglieder, wenn nicht einer Interpretationsgemeinschaft, so doch zumindest einer interpretativen Vereinigung, der ich angehöre.

Anthropologen, Kritiker, Feministinnen und kritische Intellektuelle beschäftigen sich alle mit Fragen der Wahrheit und ihrer sozialen Verortung; der Imagination und formalen Problemen der Darstellung; der Herrschaft und des Widerstands; mit dem ethischen Subjekt und den Techniken, wie man ein solches wird. Diese Themen werden jedoch unterschiedlich interpretiert; es werden verschiedene Gefahren und verschiedene Möglichkeiten herausgesucht und verschiedene Rangfolgen zwischen diesen Kategorien verteidigt.

1. *Interpretierende Anthropologen.* Wahrheit und Wissenschaft, die als interpretative Praktiken aufgefaßt werden, sind die dominierenden Begriffe. Man sieht die Beschäftigung sowohl des Anthropologen als auch des Eingeborenen darin, den Sinn des täglichen Lebens zu interpretieren. Probleme der Darstellung sind für beide zentral und Orte kultureller Imagination. Darstellungen sind jedoch nicht *sui generis*; sie dienen als Mittel, um aus Lebenswelten Sinn zu machen (deren Konstruktion sie bewerkstelligen), und folglich unterscheiden sie sich in ihren Funktionen. Die Ziele des Anthropologen und des Eingeborenen sind verschieden. Um ein Beispiel herauszugreifen: Wissenschaft und Religion unterscheiden sich als kulturelle Systeme in ihrer Strategie, ihrem Ethos und ihren Zielen. Die politischen und ethischen Positionen sind wichtige, wenn auch größtenteils implizite Verankerungen. Webers Doppelideal von Wissenschaft und Politik als Berufung gäbe, wenn in einem Forscher verkörpert, das ethische Subjekt für diese Position ab. Konzeptuell befindet sich die wissenschaftliche Spezifizierung kultureller Differenz im Herzen des Projekts. Die größte Gefahr, von innen gesehen, ist die Verwechslung von Wissenschaft und Politik. Die größte Schwäche, von außen gesehen, ist der historische, politische und erfahrungsmäßige *Cordon sanitaire*, der um die interpretierende Wissenschaft herum gezogen ist.

2. *Kritiker.* Das Leitprinzip ist formal. Der Text ist primär. Aufmerksamkeit auf die Tropen und rhetorischen Wendungen, durch die Autorität konstruiert wird, erlaubt die Einführung der Themen Herrschaft, Aus-

schluß und Ungleichheit als Gegenstände. Aber sie sind nur Material. Die Kritikerin / Autorin gibt ihnen Form, sei sie Anthropologin oder Eingeborene: »Andere Stämme, andere Schreiberinnen.« Wir verändern uns selbst in erster Linie durch imaginative Konstruktionen. Die Wesen, die wir werden wollen, sind offene, durchlässige, gegenüber Meta-Erzählungen mißtrauische Pluralisierer. Aber auktoriale Kontrolle scheint die Selbstreflexion und den dialogischen Impuls abzustumpfen. Die Gefahr: die Auslöschung bedeutsamer Differenz, Webers Musealisierung der Welt. Die Wahrheit, daß Erfahrung und Bedeutung repräsentational vermittelt sind, kann zu weit ausgedehnt werden, so daß schließlich Erfahrung und Bedeutung mit der formalen Dimension der Repräsentation gleichgesetzt werden.

3. *Politische Subjekte.* Der Leitwert ist die Konstitution einer gemeinschaftsbasierten politischen Subjektivität. Anthropologische Feministinnen und Feministen arbeiten gegen einen anderen Schlag, der im Kern genauso verschieden und gewalttätig ist. Innerhalb der Gemeinschaft wird die Suche nach Wahrheit wie nach gesellschaftlichem und ästhetischem Experiment von einem dialogischen Begehren geleitet. Der fiktive Andere läßt ein pluralisierendes System von Differenzen erscheinen. Das Risiko liegt darin, daß diese Fiktionen essentieller Differenz reifiziert werden und dadurch die unterdrückerischen gesellschaftlichen Formen, die sie unterminieren sollten, verdoppeln. Strathern drückt dies gut aus: »Wenn sich nun der Feminismus über die Anmaßung der Anthropologie, ein irgendwie gemeinsam verantwortetes Erzeugnis zu erschaffen, lustig macht, so belächelt die Anthropologie die Anmaßung der Feministinnen, sie könnten wirklich jemals die Trennung erreichen, nach der sie sich sehnen.«

4. *Kritische, weltbürgerliche Intellektuelle.* Ich habe die Gefahren der hochinterpretativen Wissenschaft und des hypersouveränen Abbilders betont und bin von direkter Teilnahme am feministischen Dialog ausgeschlossen. Lassen Sie mich daher ein kritisches Weltbürgertum als vierte Figur vorschlagen. Das Ethische ist der Leitwert. Das ist eine Oppositionsposition, eine, die souveränen Gewalten, universellen Wahrheiten, überrelativierter Kostbarkeit, lokaler Authentizität und Moralismen von oben wie von unten mißtraut. Verständnis ist ihr zweiter Wert, aber ein Verständnis, das seinen eigenen Herrschaftstendenzen mißtraut. Diese Position versucht, extrem aufmerksam für (und respektvoll gegenüber der) Differenz zu sein, aber sie ist auch auf der Hut vor der Tendenz, Differenzen zu essentialisieren. Was wir als Existenzbedingung miteinander teilen, heutzutage geschärft durch

unsere Fähigkeit und zuweilen unsere Bereitwilligkeit, uns gegenseitig aus-zulöschen, ist eine Spezifität geschichtlicher Erfahrung und des Ortes, wie komplex und angreifbar sie auch immer sein mögen, und eine weltweite wechselseitige Abhängigkeit auf globaler Ebene, die jede lokale Besonder-heit überspannt. Ob es uns gefällt oder nicht, wir sind alle in dieser Lage. Ich borge mir einen Begriff, der in verschiedenen Epochen auf Christen, Aristokraten, Kaufleute, Juden, Homosexuelle und Intellektuelle ange-wandt wurde (und dabei seine Bedeutung veränderte), und nenne die An-nahme dieser Doppelwertigkeit *Weltbürgertum*. Wir wollen Weltbürgertum definieren als ein Ethos von wechselseitigen Abhängigkeiten auf der globa-len Ebene, mit einem sehr scharfen, oft aufgezwungenen Bewußtsein von den Unausweichlichkeiten und Besonderheiten von Orten, Charakteren, historischen Bahnen und Schicksalen. Obwohl wir alle Weltbürger sind, hat sich *Homo sapiens* in der Interpretation dieses Zustands nicht gut geschla-gen. Wir scheinen Probleme mit dem Balancieren zu haben, ziehen es vor, lokale Identitäten zu verdinglichen oder universale zu konstruieren. Wir leben dazwischen. Als eine fiktive Figur dafür bieten sich die Sophisten: ausgesprochen griechisch und doch oft aus der Bürgerschaft in verschiede-nen Poleis ausgeschlossen; die Außenseiter des weltbürgerlichen *Insiders* einer bestimmten historischen und kulturellen Welt; nicht Mitglieder eines entworfenen universalen Regimes (unter Gott, dem Reich oder den Regeln der Vernunft); der Rhetorik ergeben und deshalb der möglichen Gefahr ihres Mißbrauchs voll bewußt; mit den Tagesereignissen zwar beschäftigt, aber gepolstert mit ironischer Zurückhaltung.

Die problematischen Beziehungen zwischen Subjektivität, Modernität und Repräsentation bilden auch das Herzstück meiner Arbeit. Unter dem Eindruck, daß meine Beschäftigung mit Macht und Darstellung in meiner früheren Arbeit über Marokko räumlich zu sehr beschränkt war, habe ich ein Forschungsthema gewählt, das diese Kategorien breiter ansetzt. Da ich mich von meinem Temperament her in der Oppositionshaltung wohler fühle, habe ich eine Gruppe von französischen Eliteadministratoren, sowohl Kolonialbeamte als auch Gesellschaftsreformer, die sich allesamt in den zwanziger Jahren mit Stadtplanung beschäftigten, für die Untersuchung ausgewählt. Bei dieser »Aufarbeitung« fühle ich mich wohler, als wenn ich einer unterdrückten oder randständigen Gruppe meine »Stimme verliehe«. Ich habe eine mächtige Gruppe von Männern ausgesucht, die sich mit politi-schen und formalen Fragen befassen: Da sie weder Helden noch Schurken sind, denke ich, daß sie mir die nötige anthropologische Distanz verschaffen; sie sind entfernt genug, um eine leichte Identifizierung zu verhindern, und doch nahe genug, um ein mitfühlendes, wenngleich kritisches Verständnis zu ermöglichen.

Das Fach moderne Stadtplanung wurde in den französischen Kolonien, speziell in Marokko unter dem Generalgouverneur Hubert Lyautey (1912–25) in die Praxis umgesetzt. Die kolonialen Architekturplaner und die kolonialen Regierungsbeamten, die sie anstellten, betrachteten die Städte, in denen sie arbeiteten, als gesellschaftliche und ästhetische Labors. Diese Planungssituation bot beiden Gruppen die Gelegenheit, neue, großdimensionierte Planungskonzeptionen und die politische Effektivität dieser Pläne in der Anwendung in den Kolonien und schließlich auch, so hofften sie, zu Hause zu erproben.

Untersuchungen über den Kolonialismus fanden bis vor kurzem fast ausschließlich in Form der Dialektik von Herrschaft, Ausbeutung und Widerstand statt. Diese Dialektik war und ist wesentlich. An sich genommen vernachlässigte sie jedoch mindestens zwei wichtige Dimensionen der Kolonialsituation: ihre Kultur und das politische Feld, in dem sie stand. Dies führte zu einer Reihe überraschender Konsequenzen; seltsamerweise ist die Gruppe in den Kolonien, die am wenigsten Aufmerksamkeit in historischen und soziologischen Untersuchungen fand, die Gruppe der Kolonisten selbst. Zum Glück ändert sich allmählich das Bild; die unterschiedlichen Systeme sozialer Schichtung und die kulturelle Komplexität des kolonialen Lebens – das von Ort zu Ort und in verschiedenen historischen Zeiträumen anders war – wird langsam verstanden.

In dem Maße wie eine komplexere Sicht der kolonialen Kultur ausformuliert wird, denke ich, brauchen wir auch ein komplexeres Verständnis der Macht in den Kolonien. Die zwei sind verbunden. Macht wird häufig als personifizierte Gewalt verstanden: im Besitz einer einzelnen Gruppe – der Kolonisten. Diese Auffassung ist aus einer Reihe von Gründen unangemessen. Erstens waren die Kolonisten selbst hochgradig in einzelne Gruppen zersplittert und hierarchisiert. Zweitens müssen wir sehr viel mehr über den Staat (und besonders über den Kolonialstaat) wissen. Drittens wurde die Sicht der Macht, die sie als ein Ding oder einen Besitz versteht oder als etwas, das in einer Richtung von oben nach unten fließt oder in erster Linie durch Gewaltanwendung funktioniert, ernsthaft in Frage gestellt. Die Franzosen regierten schließlich Indochina in den zwanziger Jahren mit einer Truppe von weniger als 20 000, aber mit einem Grad an Kontrolle, den die Amerikaner 50 Jahre später mit 500 000 Soldaten niemals mehr erreichten. Macht umfaßt mehr als Waffen, obwohl sie sie sicher nicht ausschließt.

Das Werk von Michel Foucault über Machtverhältnisse liefert uns einige hilfreiche analytische Werkzeuge. Foucault unterscheidet zwischen Ausbeutung, Herrschaft und Unterwerfung.[64] Er argumentiert, die meisten Analysen der Macht konzentrierten sich fast ausschließlich auf Herrschafts- und Ausbeutungsbeziehungen: wer wen kontrolliert und wer aus den Arbeitenden die Früchte ihrer Arbeit zieht. Der dritte Begriff, Unterwerfung (Subjektion), stellt jenen Aspekt des Machtfeldes in den Mittelpunkt, der am meisten von direkter Gewaltanwendung entfernt ist. Jene Dimension der Machtverhältnisse befindet sich dort, wo es um die Identität von Einzelnen und Gruppen geht und Ordnung in ihrer breitesten Bedeutung Gestalt annimmt. Dies ist der Bereich, in dem Kultur und Macht am engsten miteinander verflochten sind. Foucault nennt diese Verhältnisse manchmal »Herrschaftlichkeit [*gouvernementalité*]«, und der Begriff ist hilfreich.

Foucault folgend hat Jacques Donzelot argumentiert, daß sich in der zweiten Hälfte des 19. Jahrhunderts ein neues Beziehungsfeld von großer historischer Bedeutung bildete: Donzelot nennt es das »gesellschaftliche«.[65] Spezielle Bereiche, die oftmals als außerhalb des Politischen stehend verstanden wurden, wie Gesundheitswesen, Familienstruktur und Sexualität, wurden zum Ziel staatlicher Eingriffe. Das Gesellschaftliche wurde zu einer abgegrenzten und vergegenständlichten Menge von Praktiken, die durch die aufkommenden Methoden und Institutionen der neuen sozialwissenschaftlichen Fächer teilweise konstruiert und teilweise verstanden wurde. Das »Gesellschaftliche« war der privilegierte Ort für Experimente mit neuen Formen politischer Rationalität.

Lyauteys stark differenzierte Sicht der Kolonialisierung drehte sich um die Notwendigkeit, gesellschaftliche Gruppen in ein anderes Feld von Machtverhältnissen zu bringen, als es dies bisher in den Kolonien gegeben hatte. In seiner Sicht konnte dies nur durch eine großdimensionierte Sozialplanung erreicht werden, in der die Stadtplanung eine zentrale Rolle spielte. Wie er in einer Lobrede auf seinen obersten Stadtplaner, Henri Prost, sagte:

»Die Kunst und Wissenschaft der Stadtplanung, die im klassischen Zeitalter in solcher Blüte stand, scheint seit dem zweiten französischen Kaiserreich völlig zum Stillstand gekommen zu sein. Stadtplanung, die Kunst und Wissenschaft der Entwicklung von menschlichen Ansammlungen, erwacht unter Prosts Händen wieder zum

Leben. Prost ist der Wächter des ›Humanismus‹ in diesem mechanischen Zeitalter. Prost hat nicht nur mit Dingen, sondern mit Menschen, verschiedenen Typen von Menschen gearbeitet, denen *La Cité* etwas mehr als Straßen, Kanäle, Abflüsse und Transportsysteme schuldig ist.«[66]

Für Lyautey und seine Architekten bezog sich also der neue Humanismus nicht nur auf Dinge, sondern auch auf Menschen und nicht nur auf Menschen im allgemeinen – es handelte sich nicht um den Humanismus Le Corbusiers –, sondern auf Menschen in verschiedenen kulturellen und sozialen Lebensumständen. Das Problem bestand darin, dieser Vielfalt Rechnung zu tragen. Für die Architekten, Planer und Verwaltungsbeamten stellte sich die Aufgabe, ein neues gesellschaftliches Rezept , eine *ordonnance* vor- und herzustellen.

Dies ist der Grund, warum die Städte Marokkos in Lyauteys Augen so wichtig waren. Sie schienen Hoffnung zu geben und einen Weg zu zeigen, wie die Sackgassen sowohl Frankreichs als auch Algeriens zu vermeiden waren. Lyauteys berühmter Ausspruch: »Ein *chantier* [Bauplatz] ist so viel wert wie ein Bataillon«, war wörtlich gemeint. Lyautey hatte Angst, falls die Franzosen mit ihrer politischen Praxis so wie bis dahin weitermachen konnten, die Ergebnisse weiterhin katastrophal blieben. Eine direkte politische Lösung war jedoch nicht bei der Hand. Was dringend nötig war, war eine neue wissenschaftliche und strategische Kunst der Gesellschaft; nur so konnte die Politik aufgehoben – und Macht wirklich »verschrieben« (*ordonné*) werden.

Diese Männer versuchten, wie so viele andere im 20. Jahrhundert, der Politik zu entkommen. Das hieß jedoch nicht, daß Machtverhältnisse sie nichts angingen. Weit gefehlt. Ihr Ziel, eine Art technokratischer Selbstkolonialisierung, war es, eine neue Form von Machtverhältnissen zu entwickeln, in der sich »gesunde« soziale, ökonomische und kulturelle Beziehungen entfalten konnten. Zu diesem Schema gehörte die Notwendigkeit, eine neue Herrschaftlichkeit zu erfinden, durch die die (für sie) fast dekadenten und individualistischen Tendenzen der Franzosen umgeformt werden konnten. Sie konstruierten und artikulierten neue Repräsentationen einer modernen Ordnung und ebenso Technologien, um sie ins Werk zu setzen. Diese Repräsentationen sind moderne soziale Tatsachen.

Dieser Beitrag hatte einige Elemente der Diskurse und Praktiken moderner Repräsentation umrissen. Das Verhältnis zwischen dieser Analyse und der politischen Praxis wurde nur leicht gestreift. Was, wie und wer von jenen repräsentiert werden könnte, die eine ähnliche Sicht der Dinge haben, entschlüpft unseren genormteren Kategorien von sozialen Akteuren und politischer Rhetorik. Abschließend möchte ich den Raum nur abstecken. Foucault antwortete auf den Vorwurf, er habe jeden Anspruch verwirkt, irgend jemanden oder irgendwelche Werte zu vertreten, als er sich weigerte, sich mit einer bereits identifizierten und politisch verortbaren Gruppe zu affilieren:

»Rorty verweist darauf, daß ich mich in diesen Analysen an kein ›Wir‹ wende – an keines dieser ›Wirs‹, deren Konsens, deren Werte, deren Traditionen den Rahmen für einen Gedanken bilden und die die Bedingungen definieren, unter denen er für richtig erklärt werden kann. Aber das Problem ist genau zu entscheiden, ob es tatsächlich angemessen ist, sich innerhalb eines ›Wir‹ anzusiedeln, um die Prinzipien, die man anerkennt, und die Werte, die man akzeptiert, zu vertreten; oder ob es nicht eher notwendig ist, die zukünftige Bildung eines ›Wir‹ möglich zu machen.«[67]

(Aus dem Amerikanischen von Dagmar Buchwald)

Anmerkungen

1 Richard Rorty, *Philosophy and the Mirror of Nature*, Princeton 1979; dt. *Der Spiegel der Natur. Eine Kritik der Philosophie*, Frankfurt am Main 1981.
2 Ebd., zitiert nach der deutschen Ausgabe, S. 343.
3 Ebd., S. 76.
4 Ebd., S. 63/64.
5 Ebd., S. 13.
6 Ebd., S. 150.
7 Ebd., S. 157.
8 Ebd., S. 16.
9 In: R. Hollis und S. Lukes (Hg.), *Rationality and Relativism*, Cambridge/Mass. 1982, S. 185–203.
10 Ebd., S. 56–57.
11 Ebd., S. 56. [A. d. Ü.: Ich ziehe es vor, die Alternative »true or false« mit »richtig oder falsch« zu übersetzen, da es – im Gegensatz zur »Wahrheitsfrage« – um eine binäre Entscheidung innerhalb eines syntaktischen »sets« geht. Die Übersetzer von Rorty und Foucault haben diese Unterscheidung nicht getroffen, so daß direkte Zitate mit »wahr oder falsch« arbeiten.]
12 Ebd., S. 49 und S. 65.
13 Ebd., S. 65.
14 Michel Foucault, *The Archeology of Knowledge*, New York 1976; dt. *Archäologie des Wissens*, Frankfurt am Main ³1988.
15 »The Discourse on Language«, in: *The Archeology of Knowledge*, New York 1976, S. 215–237; dt. *Die Ordnung des Diskurses*, Frankfurt am Main 1991.
16 Für eine Behandlung dieses Themas vgl. Hubert Dreyfus und Paul Rabinow,

Michel Foucault Beyond Structuralism and Hermeneutics, Chicago 1982, S. 44–79; dt. *Michel Foucault jenseits von Strukturalismus und Hermeneutik*, Frankfurt am Main 1987, S. 69–104.

17 *Die Ordnung des Diskurses*, a. a. O., dt. S. 23–24.

18 Ebd., S. 24.

19 »Five Parables«, in: Richard Rorty, J. B. Scheewind und Quentin Skinner (Hg.), *Philosophy in History*, Cambridge 1984, S. 109.

20 Michel Foucault, *Die Ordnung der Dinge. Eine Archäologie der Humanwissenschaften*, Frankfurt am Main 1974.

21 Michel Foucault, »Truth and Power«, in: ders., *Power/Knowledge*, New York 1980, S. 117; dt. »Wahrheit und Macht«, in: ders., *Dispositive der Macht*, Berlin 1987, S. 33.

22 Ebd., zitiert nach der deutschen Ausgabe, S. 52–54.

23 Ebd., S. 53–54 [Hier handelt es sich allerdings um fünf Hypothesen, *A. d. Ü.*].

24 »Fantasia of the Library«, in: Donald Bouchard (Hg.), *Language, Counter-Memory, Practice*, Ithaca, N. Y. 1977, S. 87–109; dt. »Un ›fantastique‹ de bibliothèque«, in: Michel Foucault, *Schriften zur Literatur*, Frankfurt am Main, Berlin, Wien 1979, S. 157–177.

25 Dan Sperber, »Ethnographie interprétative et anthropologie théorique«, in: ders., *Le Savoir des anthropologues*, Paris 1982, S. 13–48; dt. »Interpretierende Ethnographie und theoretische Ethnologie«, in: *Das Wissen des Ethnologen*, Frankfurt am Main/New York 1989, S. 20–61.

26 Michel de Certeau, »History: Ethics, Science, and Function«, in: Norma Haan, Robert Bellah, Paul Rabinow und William Sullivan (Hg.), *Social Science as Moral Inquiry*, New York 1983, S. 125–152.

27 Die Wichtigkeit dieser Doppelbewegung ist eines der zentralen Argumente in meinem Buch: *Reflections on Fieldwork in Morocco*, Berkeley und Los Angeles 1977.

28 James Clifford, »On Ethnographic Autorithy«, in: *Representations* 1/2 (1983), S. 118–146, hier S. 132.

29 Ich möchte gerne Arjun Appadurai für seine Hilfe bei der Klärung dieses und anderer Punkte danken.

30 Vgl. Anm. 28.

31 Ebd., S. 142.

32 Ebd., S. 133.

33 Ebd., S. 133.

34 Ebd., S. 134.

35 Ebd., S. 135.

36 Ebd., S. 134.

37 Ebd., S. 142.

38 Ebd., S. 137.

39 Ebd., S. 140.

40 Ebd., S. 139.

41 Ebd., S. 142.

42 Fredric Jameson, »Postmodernism and Consumer Society«, in: Hal Foster (Hg.),

The Anti-Aesthetic: Essays on Postmodern Culture, Port Townsend/Wash. 1983, S. 111–125.

43 Fredric Jameson, »Periodizing the 60s«, in: S. Sayers, A. Stephanson, S. Aronwitz und F. Jameson (Hg.), *The Sixties Without Apology*, Minneapolis 1984, S. 178–215.

44 Vgl. Anm. 42, S. 124.

45 Ebd., S. 11–112.

46 Jürgen Habermas, »Die Moderne – ein unvollendetes Projekt«, in: *Die Moderne – ein unvollendetes Projekt*, Leipzig 1990, S. 32–54.

47 Wie in *Le Nouvel Observateur* (November 1984), S. 16–22, berichtet.

48 Jean François Lyotard, *La Condition postmoderne*, Paris 1979.

49 F. Jameson, vgl. Anm. 42, S. 114.

50 Ebd., S. 115–116.

51 Ebd., S. 117.

52 Ebd., S. 118.

53 Ebd., S. 120.

54 Ebd., S. 123.

55 Ich möchte James Faubion für dieses Argument danken.

56 Paul Rabinow, »Discourse and Power: On the Limits of Ethnographic Texts«, in: *Dialectical Anthropology* 10/1 u. 2 (1985), S. 1–13.

57 Pierre Bourdieu, *Homo Academicus*, Paris 1984.

58 Paul Rabinow, *Reflections on Fieldwork in Morocco*, a. a. O.

59 Martin Finkelstein, *The American Academic Profession: A Synthesis of Social Scientific Inquiry Since World War II*, Columbus/Ohio 1984, präsentiert eine hilfreiche Zusammenfassung einiger dieser Fragen in bezug auf die Sozialwissenschaften.

60 Diese Fragen werden derzeit in einer wichtigen Doktorarbeit von Deborah Gordon an der University of California, Santa Cruz, untersucht.

61 Marilyn Strathern, »Dislodging a World View: Challenge and Counter-Challenge in the Relationship Between Feminism and Anthropology«, Vortrag am Research Center for Women's Studies, University of Adelaide, 4. Juli 1984. [Der im vorliegenden Buch abgedruckte Aufsatz ist eine veränderte Version dieses Vortrages; direkte Zitate aus dem Vortrag von Strathern in Rabinows Aufsatz stimmen im Wortlaut nicht immer genau mit dem hier abgedruckten Text von Strathern überein, *A. d. Ü.*]

62 Stanley Fish, »What Makes an Interpretation Acceptable?«, in: ders., *Is There a Text in This Class?*, Cambridge/Mass. 1980, S. 338–355.

63 Ebd., S. 338.

64 Foucault, »The Subject and Power«, in: *Michel Foucault Beyond Structuralism and Hermeneutics*, a. a. O., S. 212.

65 Jaques Donzelot, *The Policing of Families*, New York 1979.

66 Jean Marrast (Hg.), *L'Œuvre de Henri Prost: Architecture et urbanisme*, Paris 1960, S. 119.

67 »Polemics, Politics, and Problemizations«, in: Paul Rabinow (Hg.), *The Foucault Reader*, New York 1984, S. 385.

Marilyn Strathern

Ein schiefes Verhältnis: Der Fall Feminismus und Anthropologie *

Die feministische Forschung bietet uns das Versprechen, fachübergreifend zu sein. Doch gerade dieses Versprechen wirft Fragen auf hinsichtlich des Einflusses feministischer Theorien auf die Entwicklung der traditionellen Fachbereiche. Tatsächlich ruft die eine Idee – die Erwünschtheit autonomer Zentren für Frauenforschung – die andere – die Erwünschtheit einer Einflußnahme auf die althergebrachten Institutionen – auf den Plan: zwei Vorhaben, die im Kern das politisch Brisante der feministischen Theorie, nämlich den grundlegenden Diskurs zwischen Autonomie und Integration, enthalten. Daß feministische Forschung über Fachgrenzen hinweg arbeitet, bedeutet, daß sie nicht parallel zu diesen Fächern verlaufen kann, und das paßt wiederum nicht zu der Idee, feministische Einsichten könnten die Arbeit in den einzelnen Fächern, zum Beispiel in der Anthropologie, modifizieren. Um einen spürbaren Einfluß auf die klassischen Theorien ausüben zu können, müßte man die feministische Forschung als eine isomorphe Schwester-»Disziplin« anlegen, aus der Ideen und Begriffe übernommen werden könnten. Jeder Entwurf des Verhältnisses zwischen Feminismus und Anthropologie muß dieser Schieflage Rechnung tragen.

Ein Großteil der Literatur über den fehlgeschlagenen Versuch feministischer Forschung, auf die Fächer Einfluß zu nehmen, geht von einem Isomorphismus zwischen feministischen Untersuchungen und traditionellen Disziplinen aus, denn es ist darin häufig von der immensen Aufgabe eines Paradigmenwechsels die Rede. Die Idee, daß Paradigmen tatsächlich gewechselt werden können, impliziert gleichzeitig zweierlei: Die impliziten

* »An Awkward Relationship: The Case of Feminism and Anthropology«, in: *Signs: Journal of Women in Culture and Society*, 12/2 (1987), S. 276–302.

Dieser Artikel basiert auf einer Vorlesung innerhalb der Reihe »Changing Paradigms: The Impact of Feminist Theory upon the World of Scholarship« am Research Center for Women's Studies in Adelaide, Australien, Juli 1984. Die Vorlesung wurde im *Australian Feminist Studies Journal* 1 (Dezember 1985), S. 1–25, veröffentlicht.

Prämissen, die die Voreingenommenheit eines Faches im nicht-reformierten Zustand ausmachen, werden bloßgestellt; wenn jedoch diese impliziten Vorgaben durch ein explizites Theoriegebäude ersetzt werden sollen, so bedroht dies die bereits existierenden Theoriegebäude. Dadurch werden die Grundvoraussetzungen angreifbar gemacht. Und doch stellt sich diese Idee vom Paradigmenwechsel, die für unsere Selbstdarstellungen so lieb und teuer geworden sind, als inadäquate Beschreibung unserer Praxis heraus. Ich will versuchen zu zeigen, warum das so ist.

Fächer unterscheiden sich sowohl in ihren Gegenständen als auch durch ihre methodischen Ansätze. Die feministische Forschung untersucht neue Gegenstände, die sie verschiedenen Fächern anbieten kann: »Frauen werden in den Mittelpunkt gestellt, als Forschungsgegenstände wie als Aktive im Prozeß des Wissenserwerbs.«[1] Wie sieht es mit den methodischen Verfahren aus? Verfahren bilden sich aus Theorierahmen, begrifflichen Voraussetzungen und Vorgaben und auch aus der Art der Beziehung, die ein/e ForscherIn zu dem Gegenstand selbst eingeht. Dieser Aufsatz untersucht die Problematik, wie fachspezifische Vorgehensweisen eine Empfänglichkeit für feministische Theoriebildung erschweren können. Der Schwerpunkt liegt auf der Beziehung zwischen ForscherIn und Forschungsgegenstand, eine Quelle besonders mißlicher Unstimmigkeit zwischen feministischer Praxis und der Praxis des Faches, das ich selbst am besten kenne, der Sozialanthropologie.

Vielleicht ist es ironisch, eine Unstimmigkeit zwischen Feminismus und Anthropologie zu betonen, denn gerade die Anthropologie wird manchmal wegen des starken Einflusses feministischen Denkens auf das Fach herausgegriffen. Gewiß hat die Anthropologie Interessen, die mit denen feministischer Forschung parallel laufen, aber diese Annäherung macht den Widerstand der AnthropologInnen nur um so schärfer. Tatsächlich ist es gut möglich, daß, wie es eine Leserin von *Signs* ausgedrückt hat, der Mißklang ein Produkt der intellektuellen Nähe von Feministinnen und AnthropologInnen ist – daß sie, wie die Leserin nahelegte, Nachbarn unter Spannung sind, Nachbarn, deren Ähnlichkeiten zu gegenseitigem Spott herausfordern. Ich unterstreiche dies gerade dadurch, daß ich die Unstimmigkeiten zwischen *bestimmten Zweigen* feministischer und anthropologischer Theoriebildung, die sich oberflächlich besonders gut zu vertragen scheinen, untersuche. Statt voll etablierte Gebiete der Anthropologie in Augenschein zu nehmen, sehe ich mir eine innovative Richtung an, die mit dem radikalen Feminismus gemeinsame Interessen hat. PraktikerInnen beider Bereiche stellen sich vor, sie könnten bestehende Paradigmen umstürzen und dann im Gegenzug erwarten, daß die »radikale« Anthropologie etwas von ihrem feministischen Gegenstück bezieht. Dies ist anscheinend nicht geschehen. Ihre Widerstände gegeneinander werden ein bezeichnendes Licht auf den Unterschied zwischen »Feminismus« und »Anthropologie« als solche werfen.

1. Ist die Anthropologie erfolgreich oder nicht?

Die Affinität zwischen feministischem und anthropologischem Denken steht im Mittelpunkt von Judith Staceys und Barrie Thornes Bericht über die ausgebliebene feministische Revolution in der Soziologie. Die Anthropologie, so stellen sie fest, verbindet Geschichte und Literatur als die beiden Bereiche, in denen die eindrucksvollsten feministischen Konzeptionsverschiebungen aufgetreten sind. Die beeindruckenden Gewinne der Anthropologie können auf den »deutlichen weiblichen Abdruck auf dem anthropologischen Pflaster von den frühesten Tagen des Faches an« zurückgeführt werden, auf die Zentralität von Verwandtschafts- und Geschlechterbeziehungen in der traditionellen anthropologischen Analyse und auf eine ganzheitliche Perspektive, die Geschlechtsidentität als allgegenwärtiges Prinzip gesellschaftlicher Organisation akzeptiert.[2]

In vielerlei Hinsicht sind von *Mainstream*-Sozialanthropologen Ideen, die aus der feministischen Forschung stammen, bereitwillig in ihre Beschreibung anderer Gesellschaften aufgenommen worden. Niemand kann mehr arglos über die Stellung der Frau sprechen. Es ist nicht mehr möglich anzunehmen, daß Frauen nach dem Status gemessen werden müssen, den sie in bezug auf andere einnehmen, oder daß sie in das Kapitel über Heirat und Familie abgeschoben werden. Die Untersuchung des sozialen und kulturellen Geschlechts (*gender*) ist zu einem eigenständigen Feld geworden. Die meisten Hauptgebiete der Ethnologie und der Anthropologie wurden während des enormen Aufschwungs des Interesses am Feminismus in den siebziger Jahren von feministischen Ideen durchsetzt, wodurch schließlich die Teildisziplin Feministische Anthropologie entstand. Die frühen Fragen der Feministischen Anthropologie – Welchen Raum nimmt die Ideologie in Kollektivdarstellungen ein? Wie entstehen Ungleichheitssysteme? Sind analytische Kategorien wie »häuslich« und »politisch« sinnvoll? Und: Wie sind Entwürfe der Personalität aufgebaut? – bleiben ihre Hauptanliegen. Zudem liefert das Fach Material für einen Teil der feministischen Unternehmung, nämlich für die Untersuchung wesentlicher Ideenkonstruktionen. AnthropologInnen haben westliche Biologismen untersucht; sie haben betont, daß das, was Frauen geschieht, nicht verstanden werden kann, wenn wir uns nicht ansehen, was Frauen und Männern geschieht, und daß das, was in diesem Bereich geschieht, nicht verstanden werden kann ohne Rückbindung auf das gesellschaftliche Gesamtsystem; sie ermöglichen noch immer Blicke in andere Welten und auf verschiedene Formen der Unterdrückung und der Freiheit. Die Anthropologie stellt eine Reihe kulturvergleichender Daten und Fakten bereit, mit denen es sich, um eine Redewendung zu gebrauchen, »gut denken läßt«.

So bietet das Fach anscheinend eine Position ohnegleichen, von der aus westliche Grundannahmen untersucht werden können, wobei es die Perspektive des feministischen Unternehmens erweitert, an die Bedingungen erinnert zu werden, unter denen Frauen anderswo leben. Und dennoch wurde in den frühen siebziger Jahren in der Form beißender Angriffe auf die männliche Ausrichtung des Faches ein spezifisch feministisches Interesse in die Anthropologie hineingetragen. Das war ein klares Signal, daß sich AnthropologInnen Selbstgefälligkeit nicht leisten konnten. Daß sie in ihren Berichten irgendwo einen »Platz« für Frauen gehabt hatten, reichte nicht mehr aus; es war gut möglich, daß sie männliche Bewertungen von Frauen in den von ihnen untersuchten Gesellschaften verdoppelten. Diese feministische Kritik an Vorurteilen fand schnell Beachtung. Schließlich stellten die Feministinnen die Art von Fragen über Ideologien und Modelle, die AnthropologInnen anerkannten. Kurz, sie erteilten vorzügliche anthropologische Ratschläge.

Stacey und Thorne lesen solche Innovationen in der Anthropologie als Paradigmenwechsel. Für sie haben feministische Bodengewinne in der Anthropologie in zwei Hinsichten einen Paradigmenwechsel bewirkt: Bestehende Begriffsgebäude wurden erschüttert, und die Umwandlung wurde von anderen im Fach akzeptiert. So war »von allen Fächern die feministische Anthropologie die erfolgreichste, was diese beiden Punkte betrifft«.[4]

Auf ähnliche Weise, wenngleich weniger optimistisch, wird die Anthropologie in Elizabeth Langlands und Walter Goves Aufsatzsammlung zu feministischen Perspektiven im akademischen Betrieb herausgestrichen.[5] Im Vergleich zum Stand der Dinge in verschiedenen Fächern schließen sie damit, daß AnthropologInnen schon lange für Unterschiede in männlichem und weiblichem Verhalten sensibilisiert gewesen seien, aber daß sie es dabei belassen hätten. Während für Stacey und Thorne die Anthropologie[6] einen doppelten Paradigmenwechsel erreichte, muß nach den pessimistischen Überlegungen von Langland und Gove der zentrale Wechsel erst noch vollzogen werden. Jedoch sehen beide Autorenpaare eine Umwandlung von Konzeptionen als Erfolgskriterium.

Langland und Gove sprechen von Widerständen, die sich in ihrer Sammlung dokumentierten: Die Forscher sind sich zwar einig, daß

»eine feministische Perspektive begonnen hat, in den jeweiligen Fächern den Umriß dessen, was wir wissen – und wissen können –, zu verändern, aber vielleicht ist die dringlichere Bemerkung in beiden Aufsätzen der Hinweis auf das Scheitern des Versuchs der *women's studies* [Frauenforschung], die Lehrpläne der Oberschulen und Universitäten zu verändern. Ein Aufsatz nach dem anderen schließt damit, daß zwar die potentielle Kraft zur Veränderung des Faches groß sei, aber daß *women's studies* die Kraft noch nicht in nennenswertem Ausmaß entfesselt habe.«[7]

Sie wirken wie ein Echo zu einem Überblick über Frauenforschung, der »den massiven Widerstand, gegen den feministische Forscherinnen ankämpfen«,[8] anspricht. Langland und Gove fragen nach der Ursache des Fehlschlags. Ihre Antwort folgt dem Paradigmenmodell (obwohl sie diese Formulierung nicht verwenden):

»*Women's studies* hatten so wenig Auswirkungen auf traditionelle Wissensbestände, weil die Frauenforschung tief verankerte, oft heilige Überzeugungen angreift. [...] Sie greift als sicher geltende Anrechte an; sie entwurzelt Perspektiven, die vertraut sind, und die, weil so vertraut, bequem sind. [...] Frauenforschung ist kein zusätzliches Wissen, das man an den Lehrplan anhängen kann. Statt dessen vermittelt sie einen Wissensbestand, der *perspektivenverändernd* wirkt und der daher den bestehenden Lehrplan von innen her umwandeln und altbewährte Ansichten über das, was eine ›normative‹ oder ›objektive‹ Perspektive ausmacht, revidieren sollte.«[9]

Mit anderen Worten: Feministische Analysen haben traditionelle Lehrpläne nicht nennenswert beeinflußt, weil solche Analysen grundlegende fachliche Rahmen zu sprengen drohen.

Was den Einfluß dieser Ideen auf die Anthropologie betrifft, wo würde man die Widerstände ansetzen? Kann man sie tatsächlich in Begriffen der Herausforderung und des Gegenangriffs zwischen Paradigmen sehen?

Die Sozialanthropologie ist in vielerlei Hinsicht ein offenes Fach. Angesichts einer ganzen Reihe von sozialen und kulturellen Systemen neigen SozialanthropologInnen dazu, nach dem Werkzeugkasten zu greifen, wie James Clifford sich ausdrückte, der solche Konstrukte enthält, die auch analytisch nutzbar gemacht werden können. Spezialisierungen wuchern – regionale Ethnographie, Wirtschaftswissenschaft und Politikwissenschaft, Rechtstheorie – wie auch theoretische Rahmen – Marxismus, Strukturalismus, symbolische Anthropologie. Diese Toleranz ließ Platz für die Untersuchung des sozial und kulturell konstituierten Geschlechts und für feministische Ideen. Aber ein Milieu der Toleranz hat auch die feministische Forschung darauf reduziert, bloß ein weiterer Ansatz zu sein, nur ein Weg unter vielen, um ans Material zu kommen. Folglich fördert ein dezidiertes Interesse daran, Frauen wieder aufs Programm zu setzen, theoretische Zurückhaltung. Wenn feministische Forschung als Untersuchung von Frauen oder von Geschlechtsidentität gesehen wird, so kann man diesen Gegenstand als etwas verstehen, das weniger als »die Gesellschaft« ist. Feministische Anthropologie wird also als Spezialfall toleriert, der ohne Gefahr für das Ganze absorbiert werden kann.

Innerhalb der Anthropologie sind nur wenige Namen mit einer ausschließlich feministischen Position verbunden. Feministische Anthropologie wird eher mit einer generellen Kategorie verknüpft, mit »Frauen« als Ausübende wie als Gegenstand.[10] Ganz klar ist es die Intention vieler feministischer Forscherinnen, Frauen wieder ins Blickfeld zu bekommen. Aber es ist ungünstig, daß ihr Anliegen so konkretisiert werden kann. Wo feministische Anthropologinnen sich auf das gesamte Fach beziehen, begegnet man ihnen mit der Tendenz, die Analyse von Geschlechteridentitäten oder die Frauenforschung vom Rest der Anthropologie abzutrennen. Vielleicht, wie Langland und Gove argumentieren würden, ist dies die Reaktion auf eine Bedrohung. Die Infragestellung einer einseitig männlich orientierten Wissenschaft durch feministisch inspirierte Anthropologinnen könnte als Angriff auf die Grundlage des Subjekts, mit seiner theoretischen Betonung auf Gruppenstrukturen, auf Autoritätssystemen, auf Regeln und Normen und mit seinen Vorannahmen zur Beschreibung totaler Systeme, gesehen werden. Ironischerweise war es da, wo eine besonders kritische Durchleuchtung dieser Begriffe erfolgte – und »Gruppen«, »Regeln« und »Normen« haben das letzte Jahrzehnt schwerlich überlebt –, als Antwort auf interne Kritik geschehen und hatte wenig mit feministischer Theorie zu tun. Mittlerweile begreift sich die Sozialanthropologie noch immer als die Untersuchung sozialen Verhaltens oder der Gesellschaft verstanden als Systeme und kollektive Repräsentationen. Wenn diese Begriffe ein Paradigma konstituieren, so ist es größtenteils intakt.

Ist dies tatsächlich ein Prozeß von Herausforderung und Gegenangriff? Stellt die feministische Theorie eine ernsthafte Bedrohung von Kernparadigmen dar? Und wurde diese Bedrohung vom Rest des AnthropologInnenvölkchens großartig abgewehrt mit der Annahme, daß es sich ja nur »um Frauen« handle? Sowohl die Idee von Herausforderung und Gegenangriff als auch die der anderen Seite der Anthropologie, also ihre Offenheit für feministische Ideen, laden dazu ein, an Paradigmen zu denken. Tatsächlich charakterisieren Stacey und Thorne die Gebiete, auf denen feministisches Denken besonders an Boden gewonnen hat, als solche mit »starken Traditionen interpretierenden Verstehens«, das heißt als solche, die reflektieren und selbstkritisch sind.[11] Hier wäre anscheinend die Folgerung die, daß jene Fächer, die sich der paradigmatischen Grundlagen, von denen sie ausgehen, am meisten bewußt sind, auch am stärksten offen für Paradigmenwechsel sind. Dieses Argument enthält jedoch einen entscheidenden Schönheitsfehler.

Der Fehler wird sichtbar, wenn man Thomas Kuhns Arbeit über Paradigmen in der Wissenschaftstheorie heranzieht. Ohne eine solche Merkhilfe käme man vielleicht mit dem davon, was der gesunde Menschenverstand unter Paradigmen versteht, nämlich »grundlegende Begriffsrahmen und richtunggebende Vorgaben eines Wissensbestandes«.[12] Doch ist ein wichtiger Zug des Kuhnschen Paradigmas die Tatsache, daß die WissenschaftlerInnen, die er untersuchte, des Paradigmenwechsels erst gewahr wurden, nachdem er schon vollzogen war. Der ganze Witz ist der, daß sie es nicht darauf anlegen, Paradigmen zu wechseln – sie legen es darauf an, den Dingen mit dem, was sie wissen, Rechnung zu tragen. Die Doppelidee – Paradigmen und die Möglichkeit ihres Wechsels – behält ihre Kraft. Solche Ideen gehören zu der Art, wie innovative Gelehrte sich selbst darstellen. Sie sind ein Teil der Art und Weise, wie sie über das *sprechen*, was sie tun. Das Image der Perspektivenumwandlung gehört zur Rhetorik des Radikalismus – und bedarf der Erklärung als Teil jener Rhetorik.[13]

2. Die Rhetorik des Paradigmenwechsels

Der Begriff »Paradigma« gelangt in das Vokabular der Sozial- (und Geistes-) wissenschaften, um ein konstruiertes Modell zu bezeichnen. Man kann sich ausmalen, daß neue Paradigmen »erfunden« werden oder daß ein anderes Paradigma »auftaucht«.[14] Die Idee, Paradigmen zu stürzen ist eine populäre Metapher für die wahrgenommene Herausforderung und den Gegenangriff im Verhältnis zwischen feministischer Forschung und Lehre und den etablierten Fächern. Es ist die übliche radikale Sicht, daß Leute ihre gegenwärtigen Paradigmen verteidigen, weil es zu unbequem oder zu bedrohlich ist, den Besitzstand aufzugeben. In ihrem Überblick über die Frauenforschung beobachtet Marilyn Boxer: »So wie viele Feministinnen feststellten, daß die Ziele der Frauenbewegung nicht durch die ›Frauen-dazu-und-umrühren‹-Methode erfüllt werden konnten, so entdeckten Frauenforscherinnen, daß akademische Gebiete nicht durch einfachen Zuwachs vom Sexismus geheilt werden konnten.«[15] Anfängliche kompensatorische Forschung führte zu der Erkenntnis, daß nur ein radikaler Neuaufbau genügen würde. Viele Forscherinnen haben eine Erklärung in Kuhns Theorie der wissenschaftlichen Revolutionen gefunden. Kuhns Formulierungen werden dabei als gleichermaßen auf die Sozialwissenschaften anwendbar verstanden wie auf die Naturwissenschaften, für die er sie entwickelte. Ich behaupte nun, daß sie weniger anwendbar sind, als sie auf den ersten Blick scheinen.

Ich gebe ein Beispiel. Elizabeth Janeway folgt Kuhns Formulierungen in allen Einzelheiten, um zu zeigen, daß sie eine starke Analogie für die Untersuchung sexueller Stereotypen liefern.[16] Kuhn definierte ein Paradigma als implizites Ensemble von untereinander verflochtenen theoretischen und methodologischen Überzeugungen, das Auswahl, Bewertung und Kritik erlaubt. Veränderung wird zuerst evaluiert, dann als Anomalie registriert – der Druck der Anomalien erzwingt schließlich ein neues normatives Modell. Janeway argumentiert, daß männliche Darstellungen weiblicher Sexualität Muster liefern, die in die akzeptierte Verhaltensstruktur passen, Überzeugungen, die eine Quelle abgeben für die Metaphern, die sich der Mensch im Nachdenken über sich selbst erlaubt, sowie Verhaltensstandards und Lehrbeispiele, die durch den anonymen Druck askriptiver sozialer Mythologie gelernt wurden. Vorstellungen von weiblicher Sexualität verhalten sich in ihrer Reaktion auf Anomalien wie Kuhnsche Paradigmen. Mit der Zeit zwingen Anomalien Paradigmen in eine andere Position; statt für selbstverständlich gehalten zu werden, werden sie zu Idealen, die man predigt. Tatsächlich kommt es Janeway vor allem auf den Punkt an, daß auf manche Frauen männliche sexuelle Stereotypen niemals paßten. Frauen konnten nie voll daran teilhaben, weil sie sich nicht selbst in die Erwartung männlicher Normalität einpassen konnten. Paradigmen setzen in ihrer Sicht die Regeln der Normalität fest.

Aber was machen wir mit den inneren Widersprüchen, die Janeways »Paradigmen« auch nach sich zu ziehen scheinen? Schon die Konstruktion der Normalität nach rein männlichen Richtlinien veranlaßt die Frage, welchen Platz Männer und Frauen in bezug auf die Definition von Normalität einnehmen. Janeway schreibt, »die gemeinsamen Überzeugungen und Werte, die durch unser ›Paradigma‹ weiblicher Sexualität ausgedrückt werden, werden tatsächlich nicht von all den Frauen geteilt, die sie zum Rollenmodell nehmen mußten«.[17] Ich würde vorschlagen, daß die Tatsache, daß sie nicht geteilt werden, weniger vom Scheitern des Paradigmas in seiner Realitätsanpassung herrührt als von der Struktur einer Ideologie, die, während sie auf bestimmte soziale Interessen anspricht, auch andere reproduziert und so widersprüchliche Aussagen hervorbringt. Es ist daher wichtig, sich die Art und Weise anzusehen, wie sogenannte Paradigmen geteilt werden.

Sandra Coyner rät Wissenschaftlerinnen in der Frauenforschung, »abzulassen von der energieverschleißenden und immer noch überwältigend erfolglosen Anstrengung, die etablierten Fächer zu verändern. Statt dessen sollten sie damit weitermachen, die neue Gemeinschaft feministischer Forscherinnen zu entwickeln, die schließlich neue Paradigmen entdecken und eine neue normative Wissenschaft gründen wird.«[18] Diese interessante Feststellung bricht mit der Annahme, daß Paradigmen so etwas wie eine Gruppe kultureller Normen sind; statt dessen verortet sie Paradigmen in Beziehung zu einer Gemeinschaft von Ausübenden. Die Frage ist, ob wir es dann noch mit Paradigmen zu tun haben oder nicht.

Kuhn selbst behauptet, seine Untersuchungen in den Naturwissenschaften rührten aus der Erkenntnis her, in welch hohem Maße die Sozialwissenschaften durch offene Meinungsverschiedenheiten charakterisiert sind. Er bekundet Verwirrung angesichts der Art und Weise, in der seine Idee des Paradigmas in anderen Bereichen übernommen wurde.[19] Kuhn verweist auf die spezifische Natur der Gemeinschaft in den Naturwissenschaften: Es gibt relativ wenige wettstreitende Schulen, so daß Revolutionen universelle Wahrnehmungen berühren. Die Mitglieder einer Gemeinschaft sind untereinander die einzigen Richter, und das Lösen von Rätseln ist ein Ziel an sich. Kuhn betont die allgemein geteilten Bedeutungen von Paradigmen, die eine wissenschaftliche Gemeinschaft definieren und wiederum ihrerseits von der Gemeinschaft definiert werden. Natürlich gibt es wissenschaftliche Gemeinschaften auf verschiedenen Ebenen, aber im großen und ganzen wird es Übereinstimmung über den Status ihrer Nichtübereinstimmung geben. Vor allem gibt es eine allgemeine Übereinstimmung über das Verhältnis der WissenschaftlerInnen zu ihrem Gegenstand: Die Welt bietet ihnen Probleme, die gelöst werden müssen.

Dies sind die Charakteristika eines geschlossenen Systems. Eine Revolution dient nur dazu, das System erneut zu schließen: aufeinanderfolgende Paradigmen verdrängen einander oder substituieren sich. Offener Wettstreit unter Paradigmen ist kurzlebig, weil die BefürworterInnen des neuen Paradigmas behaupten, die Probleme, die die BefürworterInnen des alten Paradigmas in Schwierigkeiten brachten, gelöst zu haben. Aber dies paßt kaum auf den gegenwärtigen Fall der feministischen Forschung, insofern sie ein Interesse daran hat, den Antagonismus zwischen »Paradigmen« aufrechtzuerhalten. Hier ist es bereits das Eintreten für ein neues »Paradigma«, was das alte problematisch macht. In der Tat ist es im offenen Interesse der Feministinnen, eine Konfliktsicht auf ihren sozialen Kontext einzunehmen. Wenn das so ist, dann kann ihr expliziter gedanklicher Rahmen nicht als Paradigma betrachtet werden.

3. Wettstreitende Prämissen

Über Paradigmen zu reden ist nicht dasselbe wie sie zu benutzen. Die Metapher gemahnt an die Vorstellung von unbeweglichen, massiven Grundsteinen und von der Herkulesaufgabe, die es darstellen würde, sie zu entfernen. Aber wenn wir es mit SozialwissenschaftlerInnen zu tun haben, die ununterbrochen ihre eigenen Theorien umwerfen und explizite Geschichten interner Revolution konstruieren, dann denke ich nicht, daß die Erklärung für den Widerstand die Herausforderung ist, die der Feminismus für Gedankengebäude, und schon gar nicht für »Paradigmen«, darstellt. Mir geht es darum, die Schieflage in der Beziehung zwischen Anthropologie und Feminismus und den anhaltenden Widerstand, dem feministische Forschung begegnet, in anderen Begriffen zu erklären. Über »Paradigmen« zu *reden*, gehört zu der bewußten Anstrengung, einen neuen Gegenstand einzuführen. Was sich nicht bewußt austauschen läßt, so werde ich behaupten, ist die Natur der *Beziehung*, die die ForscherInnen zu ihren Gegenständen haben und die durch die einzelnen wissenschaftlichen Praktiken entstehen. Wir müssen uns die soziale Verfaßtheit sowohl der feministischen als auch der anthropologischen Praxis anschauen.

Weder die feministische Forschung und Lehre noch die Sozialanthropologie ist im Kuhnschen Sinne geschlossen. Es gibt nicht nur eine Anthropologie. AnthropologInnen reichen von DeterministInnen zu RelativistInnen, von jenen, die sich für Machtverhältnisse interessieren, bis zu jenen, die Kulturmodellen den Vorrang geben, von den politischen VolkswirtInnen zu den HermeneutikerInnen. Viele dieser Positionen korrespondieren mit philosophischen oder finden ihr Gegenstück in Geschichts- oder Literaturwissenschaft. Wenn AnthropologInnen sich selbst PoststrukturalistInnen nennen, so können sie ebensowenig zeitgenössischen literarischen Traditionen entkommen, wie sie jemals ein Monopol auf den Strukturalismus erheben konnten. Es sollte daher nicht überraschen, daß das so kleine Feld der feministischen Anthropologie auf Unterteilungen basiert. Sozialanthropologische Studien von Frauen spalten sich hartnäckig in zwei Lager, und zwar an der Frage, ob sexuelle Asymmetrie universell ist oder nicht. Die eine Seite behauptet, westliche Vorstellungen machten uns blind für den Egalitarismus in unvertrauten Kontexten, und wir begegneten hierarchischen Beziehungen nur im historischen Kontext des Privatbesitzes. Die andere Seite behauptet, wir sollten nach sexuellen Ungleichheiten in jeglicher Form Ausschau halten, denn sexuelle Differenz trage überall zu den gesellschaftlich konstituierten Unterschieden bei. Diane Bell nannte diese beiden Positionen »evolutionistisch« und »universalistisch«; sie sind ein Widerhall etablierter Strategien im anthropologischen Umgang mit kulturvergleichenden Daten und Fakten.[20]

Alle, die einen Überblick über feministische Theorie geben wollen, müssen auch den verschiedenen Positionen, die Feministinnen selbst intern entwickelt haben, Rechnung tragen. Die Etiketten muten politisch an: liberal/radikal/marxistisch-sozialistisch. Die politischen Ausgangspunkte liefern ein Modell für die Differenzierung feministischer Ausgangspunkte, die wiederum potentielle intellektuelle Aufteilungen innerhalb der ganzen westlichen Gesellschaft replizieren. Es sieht tatsächlich vielleicht so aus, als gäbe es eine unmögliche Aneinanderreihung theoretischer Positionen innerhalb der feministischen Debatte: »Hier sprechen wir mit vielen Stimmen.«[21] Doch ist es ein Phänomen des Feminismus, daß die Positionen explizit aufeinander bezogen gehalten werden. Inmitten der riesigen Menge interner Kritik und Gegenkritik ist jede Stimme abhängig von der Anwesenheit der jeweils anderen. Es bedarf kaum des Beispiels, daß der marxistisch-sozialistische Feminismus sich selbst in bezug sowohl zum liberalen als auch zum radikalen Feminismus verortet und diese Tatsache ständig kommentiert. Die Streitigkeiten kommen nie an ein Ende. Mit anderen Worten, kein Standpunkt reproduziert nur sich selbst: feministische »Theorie« wird dialogisch geschaffen, in dem Sinn, daß ihre Basis durch alle Positionen in der Debatte gebildet wird. Der Pluralismus, der sowohl die Anthropologie als auch die feministische Forschung und Lehre charakterisiert, läßt sie offenbar an mehreren Stellen gemeinsamen Boden berühren. Der Unterschied zu den Naturwissenschaften liegt nicht einfach darin, daß man innerhalb der wissenschaftlichen Praxis verschiedene »Schulen« findet (wie auch in den Naturwissenschaften), sondern daß auch ihre Prämissen im Verhältnis untereinander ihrer Natur nach *wettstreitend konstruiert* sind.

Kuhn charakterisierte die Beziehung von WissenschaftlerInnen zu ihren Gegenständen als eine des Problemlösens. Die natürliche Welt wird begriffen als eine aus verschiedenen Dingen zusammengesetzte, welche letztlich durch eine Menge von »Gesetzen«, die nach »natürlicher Logik«[22] nicht widersprüchlich sein können, zueinander in Beziehung stehen. Das Problem besteht darin, wie man diese Gesetze spezifiziert. Paradigmen liefern Regeln, um die Natur des Problems und den möglichen Umriß einer Lösung aufzuzeichnen. In den Sozialwissenschaften korrespondieren jedoch die Unterschiede zwischen den theoretischen Positionen, die ich angesprochen habe, mit der Bildung verschiedener sozialer Interessen. Die soziale Welt wird begriffen als aus Personen bestehend, die im Grunde ähnlich sind, aber untereinander getrennt durch Interessen, die tatsächlich in Widerspruch zueinander stehen können; darüber hinaus erlaubt die »soziale Logik« entgegengesetzte Standpunkte. Wissenschaftliche Praxis, die mit der Konstituierung dieser sozialen Welt befaßt ist, repliziert intern diese Differenzierung. Es wäre sinnlos, eine Homogenisierung oder Versöhnung aller Standpunkte anzustreben; es kann in diesem Sinn keine gemeinsame Weltsicht geben. Was man als diese Welt konstituierend ansieht, ist eher die Natur der Beziehungen zwischen verschiedenen Perspektiven von verschiedenen sozialen Positionen aus.

Die AnthropologIn will den Charakter anderer Systeme nicht dem des eigenen assimilieren. Zentral für die vergleichende Methode ist es, Sinn in Unterschieden zu finden und nicht, sie zum Verschwinden zu bringen. Auch die feministische Theorie hat ein Interesse an Differenz – sie erinnert immer wieder daran, »was für einen Unterschied es macht«, die Dinge von einer Perspektive aus zu betrachten, die die Interessen von Frauen miteinschließt. Insofern die Interessen von Männern und Frauen einander entgegengesetzt sind, müssen dauerhafte Bemühungen dahin gehen, die Aufmerksamkeit darauf zu lenken. Wieder macht eine Homogenisierung keinen Sinn. Das Anliegen des Feminismus und der Anthropologie, Differenz zu fördern, scheint ein weiterer Ort zu sein, an dem sie sich treffen könnten. Warum also der Widerstand?

Die Antwort kann nicht in »Paradigmen« liegen, erstens weil die verschiedenen theoretischen Positionen, die in den Sozialwissenschaften eingenommen werden, nicht analog zu den Paradigmen der Kuhnschen Wissenschaft sind. Sie beruhen auf offenem Konflikt zwischen wettstreitenden Theorien, die nicht auf eine einzelne Position reduziert werden können. Und zweitens, weil theoretische Positionen, zumindest in der Anthropologie, tatsächlich sehr leicht umgeworfen und ersetzt werden können – Radikalismen sprießen in Hülle und Fülle. Man könnte dem entgegenhalten, daß solche Positionen dann nicht wirklich einen paradigmatischen Status haben und daß wir nach tiefer liegenden Paradigmen Ausschau halten sollten. Doch so etwas wäre leichter *innerhalb* der Anthropologie zu machen: Es sind ja die Begegnungen mit fremden sozialen und kulturellen Systemen, die einem erlauben, die Subjekt/Objekt-Dichotomie oder Warengesichtspunkte näher unter die Lupe zu nehmen, die das westliche Verständnis von Personalität und von Identität bilden helfen. Vom anthropologischen Standpunkt aus hat ein großer Teil des feministischen Denkens teil an solchen Konstrukten, insofern dieses Denken einen ethnozentrischen Kommentar zur Welt verkörpert. Drittens wird das schiefe Verhältnis zwischen Feminismus und Anthropologie am dramatischsten in der Spannung gelebt, die diejenigen erfahren, die feministische Anthropologie praktizieren. Sie sind in Strukturen gefangen: die Wissenschaftlerin ist mit zwei verschiedenen Arten und Weisen, sich auf ihren Gegenstand zu beziehen, konfrontiert. Diese Spannung muß aufrechterhalten werden; sie darf nicht dadurch aufgehoben werden, daß man die eine durch die andere ersetzt.

4. Eine angespannte Nachbarschaft

Für die Spannung zwischen feministischer Wissenschaft und der Anthropologie habe ich den Begriff »schief« benutzt, um eher ein Zögern auf der Türschwelle nahezulegen als Barrikaden. Jeder belächelt in gewissem Sinne den anderen, weil beide fast erreichen, was der andere als ideale Beziehung zur Welt anstrebt.

In der anthropologischen Forschung hat das Brechen mit der Vergangenheit eine lange Tradition, so daß Theoriegenerationen eher kurzlebig sind. Erst kürzlich aufgetauchte Erben dieser dauernden Radikalisierung sind die Innovationen, die im aktuellen Kontext wegen des Gewichts, das sie auf die Interpretation von *Erfahrung* legen, von Interesse sind. Erfahrung ist auch explizit Thema in der feministischen Forschung. Der viel debattierte radikale Standpunkt ist der, daß feministische Theorie »auf Erfahrungen aufbaut«,[23] in dem Sinne, daß ihr erster Schritt in der Schärfung des Bewußtseins besteht. Rayna Rapp Reiter berichtete in ihrem Überblick über die Anthropologie 1979 von der »Suche nach der Analyse einer subtiler gezeichneten weiblichen Erfahrung«; später stellt sie Interesse am »Leib« fest – das weibliche Selbstverständnis ist vermittelt durch Körperwahrnehmungen.[24] Nancy Scheper-Hughes spricht eine feministische Anthropologie an, die »die Natur des Selbst« in der Feldsituation erforscht: Ethnographie als »intellektuelle Autobiographie«.[25] Doch avancierte der Fokus auf ähnliche Fragen im ethnologischen Schreiben allgemein als unabhängige radikale Entwicklung, ohne Berücksichtigung des feministischen Beitrags. Das Ziel der AnthropologIn ist es, »gelebte Erfahrung« durch Wahrnehmungen des Körpers zu erfassen;[26] »eine neue Anthropologie der rituellen Erfahrung« wurde in einer Sammlung von Aufsätzen über Initiationsriten angekündigt.[27] Feministische Interessen an diesen Fragen griffen nicht »Paradigmen« an, die nicht bereits innerhalb der Anthropologie selbst unter Attacke stünden. Ich denke, das ist deshalb so, weil »Erfahrung« nicht die gemeinsame Schnittstelle ist, wie es zunächst der Fall zu sein scheint. Ich will mich dabei auf die Schieflage im Verhältnis zwischen Anthropologie und feministischer Forschung als solcher konzentrieren. Ich stelle kurz gegenüber, wie die Idee der Erfahrung im nichtanthropologischen feministischen Diskurs benutzt wird und wie im nichtfeministischen anthropologischen Diskurs. In beiden Fällen wurde sie als Waffe gegen die Orthodoxie entwickelt.

Die feministische Forschung sieht sich selbst als Angriff auf Stereotypen, die Erfahrungen von Frauen falsch wiedergeben. Die Erfahrung von Frauen kann gegen männliche Ideologie gesetzt werden, akademische Theoriebildung eingeschlossen, die Sprache und Bilder den Interessen des Patriarchats zuführen. Dies sind die Bilder der Sexualität, von denen Janeway sprach – wobei Frauen dazu gebracht werden, sich selbst auf bestimmte Weise zu fühlen, als ob man ihnen dieses Empfinden abnehmen könnte. Eng ans Persönliche geknüpft kann Erfahrung nur die Umstände, so wie sie sind, wiedergeben, selbst wenn ihre Bedeutung individuell zu Bewußtsein gebracht werden muß. Erfahrung wird so zum Instrument eines Wissens, das sich *andere* nicht aneignen können. Man kann es nur mit ähnlichen Personen teilen.

Wesentlich für diese Sicht der feministischen Aufgabe ist das Bedürfnis, die Autorität anderer Personen, die weibliche Erfahrung zu bestimmen, bloßzustellen und dadurch zu zerstören. Diese ständige Wiederentdeckung, daß Frauen das Andere in Berichten von Männern sind, erinnert Frauen daran, daß sie Männer als das Andere in bezug auf sich selbst sehen müssen. Einen Raum für Frauen schaffen, heißt, einen Raum für das Selbst zu schaffen, und Erfahrung wird ein Instrument, um das Selbst kennenzulernen. Notwendig für diese Konstruktion eines weiblichen Selbst ist also ein nicht-feministisches Anderes.[28] Das Andere ist, ganz allgemein aufgefaßt, das »Patriarchat«, die Institutionen und Personen, die männliche Herrschaft repräsentieren und die oft einfach als »Männer« konkretisiert werden. Weil das Ziel darin besteht, der Subjektivität ein Selbst zurückzugeben, das vom Anderen beherrscht wird, kann es keine gemeinsame Erfahrung mit Personen geben, die für das Andere stehen.

Innerhalb der Anthropologie signalisiert der Fokus der Ethnographin auf Erfahrung eine Anstrengung, offen für das emotionale und persönliche Leben der Menschen zu bleiben. Das Problem besteht darin, daß EthnographInnen, wenn sie einen Bericht schreiben, erst die Erfahrung einer anderen Person durch die eigene übersetzen und dann Erfahrung ins geschriebene Wort übertragen müssen. Zeitgenössisches Experimentieren mit literarischen Formen wie Biographie, Erzählung und Roman stellt eine explizite Reaktion darauf dar.[29] Die Experimente schließen aktuelle selbstreflexive Versuche, die Gegenstände der AnthropologInnen für sich selbst sprechen zu lassen, mit ein. Als Geschichtsschreiber der Anthropologie beschreibt James Clifford neuartige Arbeiten, die so entworfen wurden, daß sie eine multiple Autorschaft reproduzieren. Paul Rabinow typisiert dieses Genre als poststrukturalistisch, als ein »Ineinanderschieben vermischter Genres von Texten und Stimmen«.[30] Wenn der sogenannte Informant in seiner oder ihrer eigenen Stimme sprechen darf, gibt die daraus resultierende Ethnographie den Gesprächsprozeß der Feldarbeit wieder, der immer auf der Zusammenarbeit von AnthropologIn und InformantIn beruht. AnthropologInnen und ihre Reaktionen sind so ein Teil der Daten und Fakten und nicht die geheimnisvoll verborgene Hand. Die eigenen Erfahrungen der AnthropologInnen sind die Linse, durch die andere Mitglieder der eigenen Gesellschaft ein ähnliches Verstehen erreichen können. Diese Erfahrungen werden folglich zum Vehikel für einen kulturvergleichenden Kommentar, zum Beispiel wenn Rabinows persönliche Reaktionen im Forschungsfeld ein »kulturelles Selbst« enthüllen.[31]

Anthropologie konstituiert sich hier in Beziehung zu einem Anderen, d. h. vis-à-vis der fremden Kultur/Gesellschaft, die untersucht wird. Deren Entferntheit und Fremdheit werden absichtlich aufrechterhalten. Aber der Andere steht nicht unter Beschuß. Im Gegenteil, man müht sich, eine Beziehung zum Anderen aufzubauen, zum Beispiel in der Suche nach einem Ausdrucksmedium, das wechselseitige Interpretation ermöglicht, vielleicht visualisiert als gemeinsamer Text oder als Dialog. Clifford entwickelt das Konzept des »Diskurses«, um die Struktur eines Dialogs heraufzubeschwören, der die deutlichen multiplen Stimmen seiner AutorInnen beibehält und doch ein Produkt ergibt, das sie alle in gewissem Maße teilen. Unter Beschuß steht im Gegensatz dazu der Teil des eigenen Selbst, der sich in der ererbten Tradition verkörpert. Es wird behauptet, die Anmaßungen der alten Anthropologie verwischten die multiple Autorschaft der Feldarbeitsdaten und würden weder die Eingabe der InformantIn noch die besondere Erfahrung der AnthropologIn anerkennen.

Die feministische Forschung suggeriert, es sei möglich, das Selbst zu entdecken, indem man sich der Unterdrückung durch den Anderen bewußt wird. So könnte man versuchen, eine gemeinsame Vergangenheit wieder zu erlangen, die auch die eigene sei. Die anthropologische Forschung suggeriert, das Selbst könne bewußt als Vehikel zur Darstellung des Anderen benutzt werden. Aber das sei nur möglich, wenn das Selbst mit der eigenen Vergangenheit breche. So entpuppen sie sich als zwei sehr verschiedene Radikalismen. Denn trotz all ihrer gemeinsamen Interessen sind die beiden Praxisvarianten verschieden strukturiert in der Art, wie sie Wissen organisieren und Grenzlinien ziehen – kurz: bezüglich der sozialen Beziehungen, die ihre Wissenschaftsgemeinschaften definieren.

Vielleicht könnte man aus den Unterschieden einen Dialog zwischen feministischer Forschung und Lehre und der Anthropologie machen. Aber es wäre ein schiefer Dialog, insofern alle beide das Potential besitzen, den anderen zu untergraben. Denn beide sind auf dem ethischen Gebiet, das sie für so wichtig halten, verwundbar. Ich konstruiere eine hypothetische Begegnung, um das Argument zu verdeutlichen.

5. Spott unter Nachbarn

Wie kann man sagen, der Feminismus mache sich über den Stil der Anthropologie lustig? Der Anthropologe versucht, sich selbst als Interpret von Erfahrungen einzusetzen. Doch würde der Anthropologe offensichtlich auch zugeben, daß er den endgültigen Text kontrolliert. Sosehr multiple Autorschaft auch immer anerkannt wird, wenn man die Erfahrungen von Menschen dazu benutzt, Feststellungen über Gegenstände von anthropologischem Interesse zu treffen, so ordnet man sie schlußendlich doch den Zwecken des Faches unter. Aber das soll nicht heißen, es wäre nicht der Mühe wert. Im Gegenteil, und der Grund, daß die Frage der Ethik gestellt wird, der Grund für das Plädoyer, daß multiple Autorschaft wünschenswert ist, spricht für eine ideale Beziehung zu den InformantInnen. EthnographInnen geben sich Mühe, nicht einfach die Erfahrung anderer in ihrer eigenen Terminologie wiederzugeben, sondern deren eigenständige Würde zu bewahren. Eine Monographie als Gemeinschaftsproduktion zu präsentieren, ist dann also eine Metapher für eine ideale ethische Situation, in der keine Stimme des Anderen überdeckt wird.[32]

Natürlich kann es aus einer feministischen Perspektive keine Zusammenarbeit mit dem Anderen geben. Das anthropologische Ideal ist eine Illusion, die die entscheidende Dimension verschiedener sozialer Interessen übersieht. Es kann keine Parität zwischen der Autorschaft des Anthropologen und dem Informanten geben; der Dialog muß immer asymmetrisch sein. Ob die Primärfaktoren die kolonialen Beziehungen zwischen den Gesellschaften sind, aus denen die AnthropologInnen und die InformantInnen kommen, oder der Gebrauch, der vom Text gemacht werden wird – die sozialen Welten der AnthropologIn und der InformantIn sind verschieden. Sie haben keine gemeinsamen Interessen, denen durch dieses angeblich gemeinsame Produkt gedient werden könnte.

Obwohl ich den Fall der innovativen Ethnographie der Erfahrung benutzt habe, beruft sich die Ethnographie allgemein auf Werte, die innerhalb des Faches weit verbreitet sind. Die anthropologische Praxis käme an ihr Ende, wenn sie nicht auf die eine oder andere Weise eine Arbeitsethik des

Humanismus erfüllen könnte.[33] Die feministische Kritik entsteht aus anderen Prämissen, aber das hindert sie nicht daran, die anthropologischen Ansprüche an ihrem wundesten Punkt lächerlich zu machen. Tatsächlich kommt Spott immer von einem anderen Ansatzpunkt, so daß der Schlag zum allergrößten Ärger in einer Randzone trifft. Aber die Feministinnen sind nahe daran, eine alternative Route zu dem, was die AnthropologInnen in Gemeinschaftsarbeiten zu erreichen hoffen, auszuweisen. Feministische Forscherinnen können behaupten, daß sie massive Interessen mit den Leuten gemein haben, die sie studieren. Sie können von Frau zu Frau sprechen oder haben sonst etwas gemeinsam im Verstehen von Herrschaftssystemen.

Wie könnte nun die Anthropologie sich über den Feminismus lustig machen? Der radikal-feministische Ansatz betont die bewußte Erschaffung des Selbst, indem dessen Unterschied zum Anderen gesehen wird. Frauen müssen sich über das Ausmaß im klaren sein, in dem ihr Leben von patriarchalischen Werten geformt wird. Es ist eine Leistung, abwechselnd diese Kluft wahrzunehmen und eine ethische Position, denn dies ist es, was das Engagement der Frauen füreinander wirksam macht. Wenn nun solch ein Feminismus sich über den anthropologischen Anspruch, ein Produkt zu schaffen, das irgendwie einen gemeinsamen Autor hat, lustig macht, dann macht sich die Anthropologie über den Anspruch lustig, daß Feministinnen jemals wirklich jene Trennung von einem antithetischen Anderen erreichen könnten, die sie so ersehnen. Von einem Standpunkt außerhalb unserer eigenen Kultur sehen AnthropologInnen, daß schon die Basis für die Trennung auf gemeinsamen kulturellen Grundannahmen über die Natur von Personalität und Beziehung beruht. Wenn Frauen für sich selbst eine Subjektivität schaffen, tun sie das streng innerhalb der soziokulturellen Zwänge ihrer eigenen Gesellschaft. Die Einführung eines Selbst muß eine Weltsicht bestätigen, die gleichermaßen vom Anderen geteilt wird.

Und wieder sind dies die ethischen Fragen, über die auch die feministischen Denkerinnen sich Gedanken machen: stumme Sprache; stillschweigende Billigung und Teilnahme an Unterdrückung; die Frage, wie wir es angehen, einen feministischen Diskurs zu erschaffen, der Herrschaft ablehnt, wenn doch Sprache selbst als ein Herrschaftsinstrument aufgefaßt wird.[34] Der Feminismus braucht ein Dogma des Separatismus als politisches Instrument, um eine gemeinsame Sache aufzubauen. AnthropologInnen spotten über Feministinnen, indem sie fast mühelos die Distanz zu ihrer eigenen Gesellschaft erzielen, die Feministinnen nur mit soviel Pein schaffen. Doch prallt der Spott auch wieder ab, weil Feministinnen tatsächlich in der eigenen Gesellschaft leben und weil die Entdeckung, daß ihre Werte kulturell abhängig sind, irrelevant ist. Feministinnen können ihre Perspektiven nur operationalisieren, wenn man ihnen abnimmt, daß sie sich mit der Wirklichkeit decken. So brauchen sie gar nicht zu wissen, daß sie sich »in Wirklichkeit« gar nicht vom unterdrückenden Anderen unterscheiden können; im Gegenteil, was sie nur kennen müssen, sind all die Weisen, auf die sie es »in Wirklichkeit« tun können und müssen.

Wenn wir in den Sozialwissenschaften nach Vorstellungen suchen müßten, die im Status dem der Paradigmen in den Naturwissenschaften vergleichbar sind, wäre es vielleicht hilfreich, sich daran zu erinnern, daß Paradigmen in Kuhns Bericht gemeinsame Weltsichten sind, die eher daher kommen, *daß* man Wissenschaft betreibt, als daher, daß man Regeln erwirbt, *wie* man es tun soll.

In den Naturwissenschaften nehmen solche Weltsichten notwendig die Form intellektueller Paradigmen an, das heißt, die Form von Modellen zur Organisation von Wissen über die Welt. Ich habe gesagt, daß bewußtes Theoretisieren über Wissen, das sowohl die Anthropologie als auch das feministische Denken charakterisiert, im Begriff des Paradigmas nicht am glücklichsten gefaßt ist. Doch es gibt in der Tat ein »Set« von Ansichten, das einem Paradigma analog wäre und das von FeministInnen wie von AnthropologInnen gleichermaßen als so grundlegend erachtet wird, daß beide nicht ohne es weiterkommen könnten. Aber diese Ansichten können einem bewußten Angriff nicht zugänglich sein, weil sie die Praxis selbst definieren, nach der alle handeln. So erscheinen sie überhaupt nicht als »Ansichten«, sondern als Wissen von der Welt. Es ist eine soziale Welt und bezieht die verschiedenen Beziehungen, die Feministinnen und AnthropologInnen dem Anderen gegenüber konstruiert haben, mit ein.

Obwohl ich mich hier länger mit bestimmten Ansätzen beschäftigt habe, können die Konstruktionen des Anderen, die ich kurz beschrieben habe, für den ganzen Feminismus und die ganze Anthropologie verallgemeinert werden. Diese Konstruktionen sind grundlegend. Wenn sie ans Licht und zum Vergleich gebracht werden, können sich ihre AnhängerInnen unmöglich gegenseitig angreifen, denn das eine ist kein Ersatz für das andere. Wie Kuhn über die AnhängerInnen wettstreitender wissenschaftlicher Paradigmen schreibt, praktizieren sie ihr Handwerk in verschiedenen Welten.

Tatsächlich wird der eigentlich paradigmatische Status dieser beiden Praktiken in dem Ausmaß enthüllt, in dem sie einander *irrelevant* erscheinen und sich so nicht gegenseitig herausfordern, sondern sich eher das entgegenbringen, was ich Spott genannt habe.

(Aus dem Englischen von Dagmar Buchwald)

Anmerkungen

1 Judith Stacey und Barrie Thorne, »The Missing Feminist Revolution in Sociology«, in: *Social Problems*, 32/4 (1985), S. 301–316. Ich bin Barrie Thorne dankbar, von der dieser Artikel sehr profitiert hat.

2 Stacey und Thorne, a. a. O., S. 303. Vgl. auch Carol MacCormack, »Anthropology – a Discipline with a Legacy«, in: Dale Spender (Hg.), *Men's Studies Modified*, New York 1981, S. 99–110. Judith Shapiro schließt jedoch die Anthropologie in ihre scharfe Kritik an den Sozialwissenschaften ein, die »erst noch mit dem Begriff des sozialen und kulturellen Geschlechts *(gender)* als gesellschaftlicher Tatsache zurecht kommen müssen«; in: »Anthropology and the Study of Gender«, in: E. Langland und W. Gove (Hg.), *A Feminist Perspective of the Academy*, Chicago 1983, S. 110–129, bes. S. 112.

3 Vgl. Jane Monnig Atkinson, »Anthropology (Review Essay)«, in: *Signs*, 8/2 (1982), S. 236–258, bes. S. 238. Ironischerweise schrieb Edwin Ardener seinen Artikel über das Problem »Frauen«, um bestimmte Charakteristiken der Modellbildung zu erhellen. Sein Artikel ist im Rückblick ein Beitrag zur feministischen Literatur geworden; vgl. Edwin Ardener, »Belief and the Problem of Women«, in: Jean La Fontaine (Hg.), *The Interpretation of Ritual*, London 1972.

4 Stacey und Thorne, a. a. O., S. 302.

5 Elizabeth Langland und Walter Gove (Hg.), *A Feminist Perspective in the Academy: The Difference It Makes*, Chicago 1983; zuerst veröffentlicht von der Society for Values in Higher Education und der Vanderbilt University 1981.

6 Ich beziehe mich hier auf die Sozial-, beziehungsweise Kulturanthropologie. Ein gemäßigter Fall für körperorientierte Anthropologie ist der von Helen Longino und Ruth Doell, »Body, Bias, and Behavior: A Comparative Analysis of Reasoning in Two Areas of Biological Science«, in: *Signs*, 9/2 (1983), S. 206–227, besonders S. 226.

7 Langland und Gove, a. a. O., S. 2.

8 Marilyn Boxer, »For and About Women: The Theory and Practice of Women's Studies in the United States«, in: Nannerl Keohane, Michelle Rosaldo und Barbara Gelpi (Hg.), *Feminist Theory: A Critique of Ideology*, Sussex 1982.

9 Langland und Gove, a. a. O., S. 3–4.

10 Vgl. Judith Shapiro, »Cross-Cultural Perspectives on Sexual Differentiation«, in: H. Katchadourian (Hg.), *Human Sexuality: A Comparative and Developmental Perspective*, Berkeley und Los Angeles 1979.

11 Stacey und Thorne, a. a. O., S. 309.

12 Ebd., S. 302; Thomas Kuhn, *The Structure of Scientific Revolutions*, Chicago ²1970; dt. *Die Struktur wissenschaftlicher Revolutionen*, Frankfurt ⁵1981. Langland und Gove zitieren Kuhn nicht, obwohl ihre Terminologie stark nahelegt, daß sie mit seinem Werk vertraut sind.

13 Vgl. Longino und Doell; Donna Haraway, »In the Beginning Was the Word: The Genesis of Biological Theory«, in: *Signs*, 6/3 (1981), S. 469–481.

14 Vgl. Elizabeth Janeway, »Who Is Sylvia? On the Loss of Sexual Paradigms«, in: *Signs*, 5/4 (1980), S. 573–589, besonders S. 588; und Ethel Spector Person, »Sexuality as the Mainstay of Identity: Psychoanalytic Perspectives«, in: *Signs*, 5/4 (1980), S. 605–630, besonders S. 613.

15 Boxer, a. a. O., S. 258.

16 Janeway, a. a. O.

17 Ebd., S. 575.

18 Zitiert in: Boxer, a. a. O., S. 260.

19 Kuhn, a. a. O., betreffs des ersten Punktes S. VIII; zum zweiten S. 208; dt. S. 9 und S. 219–220.

20 Diane Bell, *Daughters of the Dreaming*, Melbourne 1984, S. 245–246.

21 Haraway, a. a. O., S. 481; vgl. auch Michèle Barrett, *Women's Oppression Today: Problems in Marxist Feminist Analysis*, London 1980; dt. *Das unterstellte Geschlecht. Umrisse eines materialistischen Feminismus*, 1983; Hester Eisenstein, *Contemporary Feminist Thought*, Sydney 1984; Jean Bethke Elshtain, *Public Man, Private Woman: Women in Social and Political Thought*, Princeton 1981, besonders S. XIX; Janet Sayers, *Biological Politics: Feminist and Anti-Feminist Perspectives*, London 1982.

22 Vgl. T. M. S. Evens, »Mind, Logic and the Efficacy of the Nuer Incest Prohibition«, in: *Man*, 18 (1983), S. 111-133.

23 Nannerl Keohane, Michelle Rosaldo und Barbara Gelpi (Hg.), »Foreword« zu: *Feminist Theory: A Critique of Ideology*, a. a. O., S. VII; ebenso Cheri Register, »Literary Criticism (Review Essay)«, in: *Signs*, 6/2 (1980), S. 268–282, besonders S. 269. Stacey und Thorne merken an, daß feministische Theoretikerinnen »das Verhältnis zwischen Wissendem und Gewußtem neu denken, um eine Forschungsmethode zu entwickeln, die die Gegenwart des Subjekts als Handelndes und Erlebendes bewahren wird«, und sie betonen ihre Affinität zu anderen, die zu einer hermeneutischen und neo-marxistischen Kritik an der positivistischen Sozialwissenschaft beitragen (Anm. 1), S. 309.

24 Rayna Rapp Reiter, »Anthropology (Review Essay)«, in: *Signs*, 4/3 (1979), S. 497–513, besonders S. 500 und S. 503.

25 Nancy Scheper-Hughes, »Introduction: The Problem of Bias in Androcentric and Feminist Anthropology«, in: *Women's Studies* 10 (1983), S. 115.

26 Michael Jackson, »Knowledge of the Body«, in: *Man*, 18 (1983), S. 327–345.

27 Gilbert Herdt, »Preface« zu: *Rituals of Manhood: Male Initiation in Papua New Guinea*, Berkeley and Los Angeles 1982, besonders S. XIX.

28 Vgl. Haraway, a. a. O., und Genevieve Lloyd, »History of Philosophy and the Critique of Reason«, in: *Critical Philosophy*, 1 (1984), S. 5–23, besonders S. 14. Keohane u. a. (Hg.), a. a. O., jedoch umreißen Spielarten des Bewußtseins, von

denen das Bewußtsein von sich selbst als Objekt der Aufmerksamkeit eines Anderen nur eine ist.

29 Michael Jackson, *Allegories of the Wilderness: Ethics and Ambiguity in Kuranko Narratives*, Bloomington 1982; Michael Young, *Magicians of Manumanua: Living Myth in Kalauna*, Berkeley und Los Angeles 1983.

30 Paul Rabinow, »›Facts Are a Word of God‹: An Essay Review of James Clifford's *Person and Myth: Maurice Leenhardt in the Melanesian World*«, in: G. Stocking (Hg.), *Observers Observed: History of Anthropology*, Madison 1983, S. 196–207, besonders S. 196; auch James Clifford, »On Ethnographic Authority«, in: *Representations*, 1 (1983), S. 118-146.

31 Vgl. z. B. Paul Rabinow, *Reflections on Fieldwork in Morocco*, Berkeley 1977.

32 Rabinow meint, es sei nicht Authentizität, was Leenhardts in Kooperation verfaßte Texte für sich reklamierten, sondern »ein *ethisch* herausragendes Produkt von Gemeinschaftsarbeit« (Hervorhebung von mir) zu sein, S. 204; vgl. James Clifford, »Fieldwork, Reciprocity and the Making of Ethnographic Texts: The Example of Maurice Leenhardt«, in: *Man*, 15 (1980), S. 518–532; und Young, a. a. O., S. 34–35.

33 Robert Bellah, »Foreword« zu: Rabinow (vgl. Anm. 31), besonders S. XII.

34 Vgl. Jean Bethke Elshtain, »Feminist Discourse and Its Discontents: Language, Power and Meaning«, in: Keohane u. a. (Hg.), a. a. O., S. 145.

Judith Stacey
Ist feministische Ethnographie möglich?[*]

Die meisten feministischen Forscherinnen, die sich verpflichtet fühlen, zumindest das sexistische Ungleichgewicht einer von Männern dominierten
Wissenschaft zu beseitigen, scheinen ihre Forschungsprojekte aus überzeu-
genden Gründen auszuwählen. Persönliche Interessen und Fähigkeiten ver-
schmelzen oft auf unerklärliche Weise mit kollektiven feministischen Anliegen, ein spezifisches Forschungsthema festzulegen, das dann seinerseits die
Forschungsmethoden zu bestimmen scheint. Auf eben diese Weise wählte
ich auch mein letztes Projekt aus, eine Studie zu Patriarchat und Revolution
in China, die wichtige theoretische Probleme des westlichen Feminismus
und Sozialismus ansprechen sollte. Die Art des Themas sowie meine unzu-
reichenden Vorkenntnisse erforderten den makro-strukturellen, abstrakten, sich fast ausschließlich auf Bibliotheksforschung stützenden Ansatz,
den ich wählte. Das schriftliche Ergebnis meiner Untersuchung, *Patriarchy
and Socialist Revolution in China*, enthielt dementsprechend eine Analyse
von Sozialismus und Patriarchat, die – wie einige RezensentInnen mit Recht
kritisierten – Geschichten über konkrete Frauen oder Patriarchen außer acht
ließ.[1] Meine Unzufriedenheit mit dieser Art Forschungsprozeß und Ergebnis veranlaßten mich, methodologische Überlegungen über inhaltliche Interessen zu stellen. Bei der Wahl meines gegenwärtigen Forschungsprojekts,
einer Feldstudie über Familienstrukturen und Geschlechterverhältnisse im
kalifornischen Silicon Valley, war ich gespannt auf Forschungserfahrung
»zum Anfassen«, von Angesicht zu Angesicht, die, wie ich glaubte, auch eher
mit feministischen Prinzipien vereinbar war.

Obwohl es nicht nur keinen einheitlichen Kanon feministischer For-

* Original: »Can there be a feminist ethnography?«, in: *Women's Studies Int. Forum*,
11/1 (1988), S. 21–27.
   Ich danke Gloria Bowles, Mary Frank Fox, Carole Joffe, Suad Joseph und Barrie
Thorne für anregende und konstruktive Stellungnahmen zu einer frühen Fassung
dieses Aufsatzes.

schungsprinzipien gibt, sondern auch viele lebhafte Debatten darüber, ob es ihn geben sollte, und – wenn ja – was er enthalten sollte, kann man doch bei feministischen Wissenschaftlerinnen ein derzeit dominantes Konzept feministischer Forschung feststellen. Die meisten von ihnen begreifen feministische Forschung in erster Linie als Forschung über, von und besonders *für* Frauen und unterscheiden sehr genau zwischen den Zielen und Methoden von *Mainstream-* und feministischer Wissenschaft.[2] Feministische Wissenschaftlerinnen bekunden allgemein Enttäuschung über die Dualismen, Abstraktionen und die Abgehobenheit des Positivismus; sie weisen die Trennung zwischen Subjekt und Objekt, Verstand und Gefühl, Wissendem und Gewußtem, Politischem und Persönlichem ebenso zurück wie deren Niederschlag innerhalb der willkürlich gezogenen Grenzen der traditionellen akademischen Disziplinen. Dagegen befürworten die meisten feministischen Wissenschaftlerinnen einen integrativen trans-disziplinären Ansatz, der Theorie in den konkreten Kontext des weiblichen Alltags einbettet. Die »tatsächliche Erfahrung und Sprache von Frauen ist der zentrale Gegenstand für feministische Sozialwissenschaft und Forschung«, behauptet Barbara Du Bois in einem Essay, der eine »leidenschaftliche Wissenschaft« befürwortet, und nur wenige feministische Wissenschaftlerinnen würden hier anderer Meinung sein.[3] In der Tat tendieren Feministinnen dazu, »Gefühl, Glauben und auf Erfahrung beruhendes Wissen« zu preisen, die auf solch traditionell weibliche Fähigkeiten wie Intuition, Einfühlungsvermögen und Beziehungsfähigkeit zurückgreifen.[4] Diskussionen über feministische Methodologie greifen im allgemeinen die hierarchischen, ausbeuterischen Kräfteverhältnisse in der konventionellen Forschung an und zwingen die feministischen Forscherinnen, statt dessen einen egalitären Forschungsprozeß anzustreben, dieser sollte durch Authentizität, Reziprozität und Intersubjektivität zwischen der ForscherIn und ihren Untersuchungs»gegenständen« (»subjects«) gekennzeichnet sein.[5] »Eine Methodologie, die es Frauen ermöglicht, Frauen in einem interaktiven Prozeß zu studieren«, so Renate Duelli Klein, »wird die Ausbeutung von Frauen als Forschungsobjekte beenden.«[6]

Unter diesen Gesichtspunkten scheint die ethnographische Methode, unter der ich intensive teilnehmende Beobachtung verstehe, die auf synthetisierende Kulturbeschreibung abzielt, ein idealer Ansatz für feministische Forschung zu sein. In »The Missing Feminist Revolution in Sociology«, einem Essay über die Grenzen feministischer Einflüsse auf die Soziologie, haben Barrie Thorne und ich uns deshalb enttäuscht gefragt, warum so wenige feministisch arbeitende Soziologinnen sich der ethnographischen Tradition der »community studies« zugewandt haben. Diese Tradition schien uns weit besser vereinbar mit feministischen Prinzipien als die breiter angewandten positivistischen Methoden.[7] Viele andere feministische Wissenschaftlerinnen teilen die Ansicht, daß die Ethnographie für feministische Forschung besonders geeignet ist.[8] Wie die meisten Ausprägungen des Feminismus betont die Ethnographie die Erfahrung. Ihr Ansatz ist kontextuell und interpersonell und richtet, wie die meisten Frauen, ihre Aufmerksamkeit auf den konkreten Bereich alltäglicher Realität und menschlicher Tätigkeit. Da in ethnographischen Studien die Forscherin selbst das primäre Medium ist, das Forschungs-»Instrument«, greift diese Methode außerdem zurück auf Eigenschaften wie Einfühlungsvermögen, Beziehungsfähigkeit und Anteilnahme, die viele Feministinnen als spezifisch weibliche Stärken ansehen und die ihrer Meinung nach die Keimzelle feministischer Forschung sein sollten. Zudem scheint die ethnographische Methode den InformantInnen, die nach Meinung einiger Feministinnen vollwertige MitarbeiterInnen in der feministischen Forschung werden können und sollten, mehr Respekt und Macht zuzugestehen.[9]

So war zumindest mein Eindruck von der Ethnographie, als ich mich im Zusammenhang mit einer Studie, die ursprünglich auf konventionelleren Interviewmethoden begründet sein sollte, für die Ethnographie begeisterte. Ein ethnographischer Ansatz schien den »Widerspruch in sich« aufzuheben, den Anne Oakley in ihrer Kritik der klassischen soziologischen Interviewmethoden beim Befragen von Frauen festgestellt hatte.[10] Oakley wies die hierarchische, verdinglichende und vorgetäuscht »objektive« Haltung der neutralen, unpersönlichen InterviewerInnen als weder möglich noch wünschenswert zurück und vertrat die These, daß bedeutsame feministische Forschung vielmehr auf Einfühlungsvermögen und Gegenseitigkeit angewiesen ist. Auch fühlte ich mich bestärkt durch Shulamit Reinharz' Behauptung, daß die methodologischen Probleme der auf Erfahrung beruhenden Feldforschung »geringfügig scheinen im Vergleich zur Qualität der Beziehungen, die ich mit den an der Untersuchung beteiligten Personen entwickle und der Qualität des gegenseitigen Verstehens, das aus diesen Beziehungen erwächst«.[11]

Heute jedoch, nach zweieinhalb Jahren Erfahrung in der Feldforschung, bin ich weniger zuversichtlich; ich konzentriere mich eher auf die Widersprüche zwischen feministischen Prinzipien und ethnographischer Methode, auf die ich gestoßen bin, als auf ihre Kompatibilität. Daher auch die Frage in meinem Titel, die (allerdings leicht abgewandelt) nach dem Vorbild der impliziten Frage in Oakleys »Interviewing Women: A Contradiction in Terms« formuliert ist. Die Abwandlung besteht darin, daß der Widerspruch, den ich heute zwischen feministischer Ethik und Methodik sehe, dem von Oakley diskutierten entgegengesetzt ist. Ich ertappe mich bei der Frage, ob der Anschein von größerer Rücksicht auf und Gleichheit mit den Personen, die »Gegenstand« der Forschung sind, im ethnographischen Ansatz nur eine stärkere, gefährlichere Form von Ausbeutung verdeckt.

Zwei Hauptaspekte dieses Widerspruchs möchte ich diskutieren. Der erste betrifft den ethnographischen Forschungsprozeß, der zweite sein Produkt. Gerade weil ethnographische Forschung auf menschliche Beziehungen angewiesen ist, auf Engagement und Zuneigung, setzt sie die InformantInnen dem Risiko von Manipulation und Verrat durch die EthnographIn aus, was die folgende Begebenheit aus meiner Feldforschung illustriert. Eine meiner Schlüsselinformantinnen, heute eine verheiratete, überzeugte Christin, war zur Zeit ihrer Bekehrung in eine heimliche lesbische Beziehung involviert. Ich erfuhr von dieser Beziehung erstmals durch die verschmähte Liebhaberin, und das erst nach sechs Monaten Feldforschung bei ihnen. Natürlich brachte mich das moralisch in eine extrem peinliche Situation, eine Situation von Dreiecksbeziehung und potentiellem Verrat in bezug auf diese beiden Frauen und von Unglaubwürdigkeit gegenüber der Verschwiegeneren. Einige Monate später »bekannte« diese Informantin mir ihre Affäre (zum Teil deshalb, glaube ich, weil sie meine Unglaubwürdigkeit gespürt hatte), doch bat sie mich, dieses Wissen gegenüber ihren Verwandten, FreundInnen und MitarbeiterInnen vertraulich zu behandeln. Mehr noch, sie und ihre zurückgewiesene Liebhaberin begannen um meine Loyalität und Sympathie zu wetteifern und schließlich um meine Sichtweise auf ihre gemeinsame Geschichte.

Ich könnte zahlreiche andere Beispiele anführen (wie etwa den Fall einer geheimgehaltenen Vaterschaft, einer verbotenen Affäre und illegaler Aktivitäten). Sie alle brachten mich in Situationen, die von Unglaubwürdigkeit, Verstellung und potentiellem, vielleicht unvermeidbarem, Verrat geprägt waren und die ich mittlerweile als der Feldforschungsarbeit inhärent betrachte. Denn egal wie willkommen oder sogar erfreulich die Anwesenheit einer FeldforscherIn den »Eingeborenen« auch scheinen mag, stellt die Feldforschung doch immer ein Eindringen und eine Intervention in ein System von Beziehungen dar – ein System von Beziehungen, das die ForscherIn sehr viel leichter verlassen kann als die untersuchte Person. Die Ungleichheit und die potentielle Tücke dieser Beziehung scheinen unausweichlich.

Ebenso erscheint auch der ausbeuterische Aspekt des ethnographischen Prozesses unvermeidlich. Die Schicksale und Tragödien, die InformantInnen mit ForscherInnen teilen, sind letzten Endes Daten, Futter für die ethnographische Mühle, eine Mühle, die eine wahrhaft zermalmende Kraft hat. Häufiger, als mir lieb war, hat mich diese Untersuchung in eine makabre und strukturell zwiespältige Beziehung zu tragischen Ereignissen gebracht. Dieser Aspekt des ethnographischen Prozesses wurde besonders anschaulich, als kürzlich einer meiner Schlüsselinformanten starb. Als Ethnographin mußte ich diesen Tod sowohl als Freundin wie als Forscherin erleben, und das brachte mich in heikle und verwirrende Situationen, so etwa, ob ich jemandem – und wenn ja, wem – die wertvollen, aber möglicherweise verletzenden Aufnahmen einer »oral history« schenken sollte, die ich mit dem Verstorbenen geführt hatte. Außerdem wurde ich mit dem unbehaglichen Gefühl konfrontiert, daß ich als Forscherin von dieser Tragödie sicherlich profitieren würde. Das Begräbnis und die Familientrauer dienten mir als weitere Forschungs»möglichkeiten«, und ich konnte mehr »Wahrheiten« über diese Familie in meinen ethnographischen Bericht aufnehmen, als das zu Lebzeiten des Verstorbenen möglich gewesen wäre. Diese und andere während der Feldforschung gemachte Erfahrungen zwangen mich zu der Erkenntnis, daß Interessen- und Gefühlskonflikte zwischen der EthnographIn als authentischer, zu der Gemeinschaft gehörender Person (d. h. als TeilnehmerIn) und als ausbeuterischer ForscherIn (d. h. als BeobachterIn) ebenfalls ein unvermeidbarer Bestandteil der ethnographischen Methode sind.

Der zweite Hauptaspekt des Widerspruchs zwischen feministischen Prinzipien und ethnographischer Methode betrifft die Dissonanz zwischen Feldforschungspraxis und ethnographischem Produkt. Trotz der Aspekte von Intervention und Ausbeutung, die ich beschrieben habe, scheint die ethnographische Methode die Forscherin und ihre InformantInnen oft zu einer gemeinschaftlichen, wechselseitigen Suche nach Verständigung zu bringen; das Forschungsprodukt aber ist letzten Endes das der ForscherIn, wie sehr es auch durch die InformantInnen modifiziert oder beeinflußt sein mag. Bis auf wenige Ausnahmen ist es die ForscherIn, die erzählt, die den ethnographischen Text »verfaßt«. Letztlich ist ein ethnographischer Text ein geschriebenes Dokument, das in erster Linie nach den Zielen der ForscherIn strukturiert ist und ihre Interpretationen liefert, in der Stimme einer ForscherIn verfaßt.[12]

Auch der ethnographische Text enthält Elemente von Ungleichheit, Ausbeutung und sogar Verrat. Vielleicht mehr noch als der ethnographische Prozeß stellt die publizierte ethnographische Aufzeichnung eine Intervention in das Leben und die Beziehungen der untersuchten Person dar. Als AutorIn kann (und wie ich glaube, sollte) die EthnographIn sich der Interpretation, Evaluation und Beurteilung nicht entziehen. Es ist möglich (und die meisten Feministinnen behaupten vermutlich, es sei wesentlich), die Endfassung der Aufzeichnung mit den InformantInnen zu diskutieren und zu verhandeln, aber das beseitigt nicht das Problem der Autorität und kann für die feministisch arbeitende EthnographIn viele neue Widersprüche hervorrufen.[13] So hat mich beispielsweise nach mehr als eineinhalb Jahren und endlosen gemeinsamen Überlegungen zur Bedeutung der oben erwähnten lesbischen Beziehung die genannte »Forschungs-Mitarbeiterin« (»research collaborator«) gebeten, diesen Teil ihrer Geschichte bei meinem ethnographischen Bericht auszusparen. Auf welche Prinzipien feministischer Ethik kann ich mich hier berufen? Das Prinzip der Achtung vor der Informantin und unserer gemeinschaftlichen, egalitären Forschungsbeziehung würde hier nahelegen, daß ich diesen Wunsch respektiere, aber das zwingt mich dazu, sowohl mit dem homophoben Verschweigen lesbischer Erfahrung unter einer Decke zu stecken, als auch ganz bewußt eine für mich entscheidende Komponente der ethnographischen »Wahrheit« in meiner Untersuchung zu verdrehen. Wozu wir uns auch entschließen, meine ethnographische Studie wird in jedem Fall ein feministisches Prinzip verraten.

In der Tat besteht die Ironie, die ich jetzt erkenne, darin, daß die ethnographische Methode die InformantInnen einer weit größeren Gefahr und Ausbeutung aussetzt als die positivistischeren, abstrakteren und »männlicheren« Forschungsmethoden. Je größer die Intimität, die scheinbare Gegenseitigkeit der Beziehung ForscherIn / InformantIn, um so größer ist die Gefahr.

Die Darstellung, die ich gerade von den Paradoxa feministischer Ethnographie gegeben habe, ist an sich schon verharmlosend. Ich habe meine methodologischen, bzw. ethischen Schwierigkeiten so formuliert, wie ich sie als feministische Forscherin erstmals sah, in Unkenntnis der relevanten methodologischen Literatur von EthnographInnen, die sich lange mit ähnlichen Bedenken auseinandergesetzt haben. Ich bin nicht mehr so unschuldig und unwissend, aber ich habe diese Konstruktion beibehalten, um eine interessante Tatsache hervorzuheben. Es hat erstaunlich wenig gegenseitige Anregung gegeben zwischen den Diskursen der feministischen Erkenntnistheorie und Methoden und denen der kritischen Traditionen innerhalb der Anthropologie und Soziologie.[14] Dementsprechend fehlt auch ein Dialog zwischen der feministischen Wissenschaft und den parallelen Entwicklungen in der Forschungsliteratur, die als »neue«, »postmoderne« oder »poststrukturalistische« Ethnographie bezeichnet wird.[15] Das ist auffällig, weil die neue oder postmoderne Ethnographie mit ganz ähnlichen Fragen befaßt ist, wie sie auch feministische Wissenschaftlerinnen bewegen, und auf den ersten Blick eine potentielle Lösung für das feministische ethnographische Paradox anbietet.

Postmoderne Ethnographie ist kritische und selbst-reflexive Ethnographie und eine Literatur des Nachdenkens über die inhärenten, aber oft uneingestandenen hierarchischen und machtbefrachteten Beziehungen ethnographischen Schreibens.[16] Wie die feministischen Wissenschaftlerinnen reißen auch die kritischen Ethnographen[17] den Schleier von den wissenschaftlichen Ansprüchen neutraler Beobachtung oder Beschreibung. Sie versuchen, ihrer Forschung ein Bewußtsein davon zu geben, daß ethnographisches Schreiben nicht Kulturreportage, sondern Kulturkonstruktion ist, und dabei immer die Konstruktion des Selbst wie die des Anderen. Mit James Cliffords Worten ist »das historische Dilemma der Ethnographie: die Tatsache, daß sie ihren Gegenstand, die fremden Kulturen, erfindet und nicht repräsentiert«.[18] Und in seltenen Fällen beziehen kritische oder »postmoderne« Ethnographen feministische Einsichten in ihre reflexiven Kritiken ein. »Interpretation wurde verstanden als phallischer, phallisch-aggressiver, als grausamer und gewaltsamer, als zerstörerischer Akt, und als fruchtbar, befruchtend und kreativ«, so Vincent Crapanzano, und er behält selbstbewußt das männliche Pronomen bei, wenn er sich auf den Ethnographen oder die Ethnographin bezieht, »ungeachtet seiner oder ihrer sexuellen Identität, denn ich schreibe von einer Position und nicht von einer Person«.[19]

Ich sehe die postmoderne ethnographische Lösung für das Dilemma der AnthropologInnen darin, die Begrenztheit des ethnographischen Prozesses und seines Ergebnisses voll anzuerkennen und deren Ansprüche zu reduzieren. Wie Feministinnen vermeiden auch kritische Ethnographen eine objektive Haltung der neutralen Beobachtung, und sie nehmen ihre InformantInnen als MitarbeiterInnen in einem Projekt wahr, das die ForscherIn niemals vollkommen kontrollieren kann. Außerdem geben sie den zwangsläufig aufdringlichen und voreingenommenen Charakter ihrer Teilnahme an der untersuchten Kultur zu.

Ich glaube, daß kritische Ethnographen, mehr noch als die meisten feministischen Wissenschaftlerinnen, sich schmerzlich bewußt waren über die Verzerrungen und die Grenzen der Texte, die aus ihren Untersuchungen hervorgegangen waren. Hier versuchten sie, erstens das interpretierende Selbst der AutorIn voll und ganz anzuerkennen und zweitens mit dialogischen Formen ethnographischer Repräsentation zu experimentieren, die mehr von den Stimmen und Perspektiven der untersuchten Personen in die Schilderung eingehen lassen und die Dissonanz und Besonderheit des ethnographischen Forschungsprozesses viel authentischer reflektieren.

Schließlich zielen postmoderne Ethnographen, beeinflußt von dekonstruktivistischen Moden, nur auf »Halbe Wahrheiten«, wie James Clifford seine Einleitung zu einem wichtigen Sammelband dieser neuen Richtung nannte:

»Ethnographische Wahrheiten sind folglich inhärent *voreingenommen* – einem Ziel verpflichtet und unvollständig. Diese Einsicht setzt sich momentan immer stärker durch, wenn ihr auch an strategischen Stellen von denen widersprochen wird, die den Zusammenbruch klarer Verifikationsmaßstäbe fürchten. Aber einmal akzeptiert und ins ethnographische Handwerk eingebaut, kann ein starkes Gefühl von Voreingenommenheit Quelle für darstellerisches Taktgefühl sein.«[20]

Diese Reflexivität und die Selbstkritik der »postmodernen« ethnographischen Literatur laufen parallel zu feministischen methodologischen Reflexionen und können einen wertvollen Beitrag dazu leisten. Vielleicht verwertet auch die postmoderne Ethnographie unwissentlich feministische Ansätze, denn feministische Sozialwissenschaftlerinnen haben ähnliche Überlegungen zum Selbst, zur Verpflichtung und zur Voreingenommenheit in der Forschung veröffentlicht.[21] Zumindest könnten sie feministische Hymnen auf ethnographische Methoden mit einem Hinweis auf die Grenzen von kulturvergleichendem und zwischenmenschlichem Verständnis und einer daran orientierten Darstellungsweise mildern. In jedem Fall bin ich für sehr viel mehr Dialog und Austausch zwischen den beiden, als bisher stattgefunden hat.

Kürzlich hat auch die feministische Anthropologin Marilyn Strathern den erstaunlich geringen Austausch zwischen Feminismus und der neuen Ethnographie erwähnt. In einem wichtigen Beitrag zu einem solchen Dialog hat sie die Gründe für die gegenseitigen Widerstände analysiert, die das unterstützen, was Strathern als »schiefes Verhältnis« zwischen den beiden bezeichnet.[22] Feminismus und kritische Anthropologie, behauptet Strathern, »sind verwundbar auf dem ethischen Gebiet, das sie für so wichtig halten«: »beide besitzen das Potential, den anderen zu untergraben«, weil sie auf unvereinbaren Konstruktionen der Beziehung zwischen Selbst und »Anderem« beruhen.[23] Der Feminismus, so Strathern, setzt eine antagonistische Beziehung zum männlichen Anderen voraus, eine Annahme, die die Basis für seine extreme Sensibilität für Machtungleichheiten bildet und es ermöglicht, diejenigen anthropologischen Ansprüche von Allianz und Zusammenarbeit mit dem Anderen zu unterminieren, auf denen die neuen ethnographischen Strategien der multiplen Autorschaft beruhen. Im Gegenzug weist die Anthropologie durch ihre kulturvergleichende Perspektive darauf hin, daß der feministische Ruf nach einer tatsächlichen Trennung von den Männern der eigenen Kultur illusionär ist.

Ich sehe die Widerstände ein wenig anders. Die Sensibilität des Feminismus für strukturelle Ungleichheiten in der Forschung und für die Unversöhnbarkeit von Anderssein richtet sich, wie ich glaube, in erster Linie auf eine Kritik an der Forschung von Männern, insbesondere an der Forschung *von* Männern, aber *über* Frauen. Die Mehrheit der feministischen Behauptungen über *feministische* ethnographische und andere Formen qualitativer Forschung setzt jedoch voraus, daß solche Forschung fast ausschließlich von Frau zu Frau stattfinden kann. Dabei neigen feministische Forscherinnen dazu, sich der Täuschung von einer Gemeinschaft eher hinzugeben als der Täuschung von einer Getrenntheit, und zwar in größerem Maße als die meisten poststrukturalistischen Ethnographen. Erinnern wir uns an die Ansprüche, daß zwischen feministischen Forscherinnen und den Frauen, die sie untersuchen, Einfühlungsvermögen und Identifikation herrschen sowie an die Aufrufe feministischer Wissenschaftlerinnen zu einem egalitären Forschungsprozeß, zu vollwertiger Zusammenarbeit und sogar zu multipler Autorschaft, mit denen dieser Essay begann. Daher scheint mir, daß ein fruchtbarer Dialog zwischen Feminismus und kritischer Ethnographie deren komplementäre Sensibilitäten und Naivitäten in bezug auf inhärente Ungleichheiten ebenso thematisieren könnte wie Möglichkeiten des Austauschs in der Definition, der Untersuchung und der Repräsentation des Anderen.

Während ich hoffe, einen solchen Dialog anzuregen, so stimme ich letzten Endes mit Strathern darin überein, daß die Beziehung zwischen Feminismus und Ethnographie zwangsläufig ambivalent ist. Ich bin weniger überzeugt von den Vorzügen dieses ambivalenten Verhältnisses als Strathern, doch würde ich ihr insoweit zustimmen, daß diese Situation zwar verbessert, aber nicht gänzlich beseitigt werden kann. Selbst ein intensiver, gegenseitig vorteilhafter Austausch kann das Dilemma der feministischen Ethnographin nicht lösen. Die postmoderne Strategie ist eine unzulängliche Antwort auf die von mir beschriebenen ethischen Probleme, die sich aus dem ethnographischen Prozeß und dem Verfassen eines ethnographischen Berichts ergeben. Sie erkennt zwar die Probleme von Intervention, Dreiecksbeziehung oder inhärent ungleichem Austausch mit InformantInnen, trägt aber wenig zu ihrer Lösung bei; auch kann sie die feministischen Probleme der Darstellung nicht lösen. Wenn ich zum Beispiel Voreingenommenheit anerkenne und als Autorin Verantwortung für meinen Bericht übernehme, so kann ich dadurch meine Handhabung der lesbischen Beziehung nicht zu einer Frage von »taktvoller Repräsentation« reduzieren.

Meine gegenwärtige Antwort auf die Frage in meinem Titel lautet, daß es keine ausschließlich feministische Ethnographie geben kann. Es kann aber Ethnographien geben (und in der Tat gibt es sie), die teilweise feministisch sind, Kulturbeschreibungen, die durch die Anwendung feministischer Perspektiven bereichert werden. Auch kann und sollte es feministische Forschung geben, die ihren eigenen Diskurs intensiv reflektiert und daher bescheiden ist hinsichtlich der Voreingenommenheit ihres ethnographischen Standpunkts und ihrer Fähigkeit, das Selbst und das Andere zu repräsentieren. Außerdem glaube ich auch nach dem Verlust meiner ethnographischen Unschuld, daß der mögliche Nutzen »teilweise« feministischer Ethnographie die damit verbundenen ernsthaften moralischen Kosten wert ist.

Tatsächlich mag, wie Carole Joffe mir gegenüber angedeutet hat, mein Angriff auf die ethischen Grundlagen der Feldforschung übermäßig hart gewesen sein, vielleicht eher ein Gradmesser meiner früheren Illusionen über ethnographische Tugend als eine Aussage über ethnographisches Laster.[24] Sicherlich können, wie sie und Shulamit Reinharz behaupten, FeldforscherInnen wertvolle Beziehungen zu den InformantInnen aufbauen, auch sind einige unserer ungebetenen Interventionen in ihr Leben konstruktiv und hochgeschätzt. Erst letzte Woche tröstete mich die Tochter des verstorbenen Informanten, den ich bereits erwähnte, als mein Vater plötzlich starb; sie dankte mir dafür, daß ich es ihr ermöglicht hatte, ihre feindliche Beziehung zu ihrem Vater noch vor seinem Tod zu verbessern, indem ich ihr vor Augen führte, wie stolz er auf sie war und wie sehr er sich mit ihr identifizierte. Unter gewissen Umständen bietet Feldforschung für bestimmte InformantInnen praktische und emotionale Unterstützung sowie eine Form von liebevoller Aufmerksamkeit und vergleichsweise bedingungsloser Akzeptanz, was diese sehr zu schätzen lernen.

Dann wieder kann es vorkommen, daß die Personen, denen solche Aufmerksamkeit zuteil wird, in eine Abhängigkeit davon geraten, und das verweist auf ein weiteres ethisches Dilemma der Feldforschung: die Möglichkeit oder sogar Wahrscheinlichkeit, von der Forscherin verlassen zu werden.[25] Doch ein strenges Bewußtsein über die möglichen ethischen Fallen bezüglich der Methode ermöglicht es, einige der Gefahren, denen Ethnographinnen ihre Informantinnen aussetzen, zu kontrollieren und zu mildern. Ich schließe in dieser Talmud-Manier, um den Dialog offen zu lassen, in dem Glauben, daß eine unbehagliche Fusion von feministischem und kritischem ethnographischen Bewußtsein uns vielleicht erlaubt, Kulturbeschreibungen zu erstellen, die, wie voreingenommen und idiosynkratisch sie auch sein mögen, die Kontextualität, die Tiefe und Nuance erreichen können, die ich mit weniger gefährlichen, aber unpersönlicheren Forschungsmethoden nicht für möglich halte.

(Aus dem Amerikanischen von Dorothea Trottenberg)

Anmerkungen

1 Judith Stacey, *Patriarchy and Socialist Revolution in China*, Berkeley 1983.

2 In der vielleicht umfassendsten Darstellung dieser Ansätze sind die Gegensätze tabellarisch aufgelistet. In: Shulamit Reinharz, »Experiential analysis: A contribution to feminist research«, in: Gloria Bowles und Renate Duelli Klein (Hg.), *Theories of Women's Studies*, London 1983, S. 168–172.

3 Barbara Du Bois, »Passionate scholarship: Notes on values, knowing and method in feminist social science«, in: Bowles, Duelli Klein (Hg.), *Theories of Women's Studies*, London 1983, S. 108.

4 Liz Stanley und Sue Wise, »›Back into the personal‹ or: Our attempt to construct ›feminist research‹«, in: Bowles, Duelli Klein, a. a. O., S. 192–210; von hier an zitiert als Stanley and Wise, »Back into the personal«.

5 Renate Duelli Klein, »How to do what we want to do: Thoughts about feminist

methodology«, in: Bowles, Duelli Klein, a. a. O., S. 88–105; Du Bois, a. a. O.; Marie Mies, »Towards a methodology for feminist research«, in: Bowles, Duelli Klein, a. a. O., S. 117–140; Reinharz, a. a. O.; Stanley und Wise, »Back into the personal«, a. a. O.; Liz Stanley und Sue Wise, *Breaking Out: Feminist Consciousness and Feminist Research*, London 1983; von hier an zitiert als Stanley und Wise, *Breaking Out*.

6 Duelli Klein, a. a. O., S. 95.

7 Judith Stacey und Barrie Thorne, »The missing feminist revolution in sociology«, in: *Social Problems*, 32/4 (1985), S. 301–316.

8 Duelli Klein, a. a. O.; Mies, a. a. O.; Reinharz, a. a. O., Stanley und Wise, »Back into the personal«, a. a. O., Stanley und Wise, *Breaking Out*, a. a. O.

9 Duelli Klein, a. a. O.; Mies, a. a. O.; Stanley und Wise, »Back into the personal«, a. a. O.

10 Anne Oakley, »Interviewing women: A contradiction in terms«, in: Helen Roberts (Hg.), *Doing Feminist Research*, London 1981.

11 Reinharz, a. a. O., S. 185.

12 Genau aus diesem Grund argumentieren Duelli Klein, a. a. O., Mies, a. a. O., und in einem geringeren Ausmaß Stanley und Wise, *Breaking Out*, a. a. O., gegen diesen Ansatz und für eine umfassendere Zusammenarbeit zwischen Forscherin und Personen der Untersuchung, dies besonders für aktivistische Forschung in der Tradition von Paulo Freire, *Pedagogy of the Oppressed*, New York 1970; dt. *Pädagogik der Unterdrückten*, Hamburg 1973, die mit den landwirtschaftlichen Projekten von Frauengruppen zusammenhing und ihnen gegenüber rechenschaftspflichtig war. Aber ein solcher Ansatz, wie Carol Smart, »Researching prostitution: Some problems for feminist research«, unveröff. Aufsatz, London o. J., ebenso wie Stanley und Wise, erkennen, macht strenge Einschränkungen in bezug darauf, wer und was untersucht werden kann und worüber geschrieben werden könnte, Einschränkungen, die feministische Interessen ernstlich beeinträchtigen könnten.

13 Carol Smart, a. a. O., stellt wichtige Überlegungen zu den negativen Implikationen dieses ethischen Prinzips an, wenn Feministinnen, was sie ihrer Meinung nach tun sollten, die Mächtigen und die Vertreter der sozialen Kontrolle analysieren anstatt diejenigen, die von ihnen kontrolliert werden.

14 Kritische Betrachtungen zur Ethik und Politik der Feldforschung haben in beiden Disziplinen eine lange Tradition, und inzwischen ist die Literatur unübersehbar. Für wichtige Beispiele der letzten beiden Jahrzehnte siehe Talal Asad, *Anthropology and the Colonial Encounter*, London 1973; Robert M. Emerson, *Contemporary Field Research: A Collection of Readings*, Boston 1983; Norma Haan, Robert N. Bellah, Paul Rabinow, William M. Sullivan (Hg.), *Social Science as Moral Inquiry*, New York 1983; Dell Hymes (Hg.), *Reinventing Anthropology*, New York 1974; Barrie Thorne, »Political activist as participant observer: Conflicts of commitment in a study of the Draft Resistance Movement of the 1960s«, in: *Symbolic Interaction*, 2/1 (1978), S. 73–88; Barrie Thorne, »›You still takin’ notes?‹: Fieldwork and problems of informed consent«, in: *Social Problems*, 27 (1980), S. 284–297.

15 Howard Becker bringt ein ähnliches Argument über den bedauerlich geringen Austausch zwischen kritischen Traditionen in der Soziologie und poststrukturalistischer Anthropologie in einer Rezension zu James Clifford und George Marcus (Hg.), *Writing Culture. The Poetics and Politics of Ethnography*, Berkeley 1986, einem wichtigen Text zur neuen Ethnographie; Howard Becker, »The writing of science«, in: *Contemporary Sociology*, 16/1 (1987), S. 25–27.

16 Eine gute Zusammenstellung und Bibliographie postmoderner ethnographischer Kritik erscheint in Clifford und Marcus, a. a. O. Andere wichtige Texte sind James Clifford, »On ethnographic authority«, in: *Representations*, 1/2 (1983), S. 118–146; Vincent Crapanzano, »The writing of ethnography«, in: *Dialectical Anthropology*, 2 (1977), S. 69–73; George E. Marcus, Dick Cushman, »Ethnographies as Texts«, in: *Annual Reviews of Anthropology*, 11 (1982), S. 25–69.

17 Da die Vertreter der postmodernen Ethnographie ausschließlich Männer sind, wird von hier an im Text nur noch die männliche Form verwendet. [*A. d. Ü.*]

18 James Clifford, »Halbe Wahrheiten«, in diesem Band, S. 104–135, Original: »Introduction: Partial Truths«, in: James Clifford und George Marcus (Hg.), *Writing Culture. The Poetics and Politics of Ethnography*, Berkeley 1986, S. 2.

19 Vincent Crapanzano, »Hermes' dilemma: The masking of subversion in ethnographic description«, in: Clifford/Marcus, a. a. O., S. 51–76, hier S. 52.

20 Clifford, a. a. O., S. 104–135.

21 Susan Krieger, »Beyond ›subjectivity‹: The use of the self in social science«, in: *Qualitative Sociology*, 8/4 (1985), S. 309–324; Mies, a. a. O.; Michelle Z. Rosaldo, »Moral / Analytic Dilemmas Posed By the Intersection of Feminism and Social Science«, in: Haan, Bellah, Rabinow, Sullivan, a. a. O., S. 76–95; Stanley und Wise, »Back into the personal«, a. a. O. und *Breaking Out*, a. a. O.

22 Marilyn Strathern, »Ein schiefes Verhältnis: Der Fall Feminismus und Anthropologie«, in diesem Band, S. 174–195.

23 Ebd.

24 Carole Joffe, 1986, persönliche Mitteilung an die Autorin.

25 In ihrem bissigen, witzigen Stil diskutiert Arlene Kaplan Daniels (»Self-deception and self-discovery in fieldwork«, in: *Qualitative Sociology*, 6/3 (1983), S. 195–214), neben anderen ethischen Fragen der Feldforschung die Probleme mit dem Berufsethos, wenn man die Personen, über die man forscht, verläßt. Ich glaube, das Problem des Verlassens ist in langfristigen ethnographischen Studien schwerwiegender als in solchen, die sich auf eher begrenzte Kontakte stützen, wie es charakteristisch ist für andere Formen qualitativer Forschung.

Frances E. Mascia-Lees, Patricia Sharpe, Colleen Ballerino Cohen

Die postmoderne Wende in der Anthropologie:
Vorbehalte aus feministischer Sicht*

Zum gegenwärtigen Zeitpunkt, wo sich die Anthropologie durch einen hohen Grad an Selbstreflexivität auszeichnet und traditionelle Repräsentationsmodi der Disziplin hinterfragt werden, täten diejenigen, die eine genuin neue Ethnographie schreiben wollen, gut daran, die feministische Theorie als Modell einzusetzen, anstatt postmoderne Trends der Epistemologie und der Literaturkritik aufzugreifen, wie sie es bisher tun.[1] Anders als der Postmodernismus ist die feministische Theorie ein intellektuelles System, das sich seiner Politik bewußt ist, einer Politik, die auf die Anerkennung der Tatsache ausgerichtet ist, daß das Weibliche ein ebenso wesentlicher Bestandteil des Menschlichen ist wie das Männliche, und die sich daher traditionellen »universellen Wahrheiten« gegenüber skeptisch und kritisch verhält. Auf ganz ähnliche Weise hat auch die Anthropologie eine politische Grundlage: Sie zielt auf die Anerkennung der Tatsache, daß das Nicht-Westliche ein ebenso wesentlicher Bestandteil des Menschlichen ist wie das Westliche, und verhält sich somit skeptisch und kritisch gegenüber westlichen Alleinansprüchen auf Wissen und Intelligenz.

Anthropologen, die vom Postmodernismus beeinflußt sind, haben erkannt, daß sie einen politischen Standpunkt einnehmen müssen, wenn sie eine anthropologische Zuhörerschaft ansprechen wollen. Das wird schon im Titel der beiden einflußreichsten Darstellungen dieser reflexiven Richtung deutlich: *Anthropology as Cultural Critique: An Experimental Moment in the Human Sciences* und *Writing Culture: The Poetics and Politics of Ethnography.*[2] Tatsächlich verdanken diese Bücher ihre Popularität wohl ebenso ihrer Anlehnung an den traditionellen moralischen Imperativ der Anthropologen – daß wir die westlichen Definitionen des Menschlichen hinterfragen und erweitern müssen – wie auch dem gegenwärtigen Interesse an Ausdrucksformen. Diese beiden Werke sind postmodern durch die Aufmerk-

* Original: »The Postmodernist Turn in Anthropology: Cautions from a Feminist Perspective«, in: *Signs*, 15/11 (1989), S. 7–33.

samkeit, die sie Form und Struktur widmen, sowie durch den Akzent, den sie auf Sprache, Text und auf die Form der Repräsentation legen, und sie versuchen, diesen Standpunkt mit den politischen Grundlagen des anthropologischen Unternehmens zu verbinden. Zum Beispiel beginnt George Marcus' und Michael Fischers *Anthropology as Cultural Critique* mit einer Neuformulierung der traditionellen Zielsetzung der Anthropologie: Sie soll »distinktive kulturelle Lebensformen vor den Prozessen globaler Verwestlichung« retten und als »eine Art der Kulturkritik an uns selbst« dienen.[3] Im Einklang mit der postmodernen Konzentration auf Stil vertreten die Autoren die These, daß die globalen Systeme von Machtbeziehungen, die in den traditionellen Repräsentationen anderer Gesellschaften verankert sind, am besten durch neue Formen experimentellen ethnographischen Schreibens bloßgelegt werden können.

Der neuen Ethnographie [*new ethnography*] liegen Fragen zugrunde, die die Rolle der Anthropologie in der Erhaltung der westlichen Hegemonie betreffen: Wie haben anthropologische Schriften Mythen über das nichtwestliche »Andere« konstruiert oder perpetuiert? Wie haben diese konstruierten Bilder den Interessen des Westens gedient? Selbst wenn die Anthropologie den Kolonialismus kritisiert und die westlichen Repräsentationen anderer Gesellschaften hinterfragt, so kann sie nicht umhin, Alternativen vorzuschlagen. Das hat zu der Erkenntnis geführt, daß Ethnographie »die fremde Kultur erfindet und nicht repräsentiert«.[4] Und, so James Clifford: Die daraus resultierende Unterminierung der Wahrheitsansprüche westlicher Repräsentationen des »Anderen« ist noch verstärkt worden durch wichtige theoretische Diskussionen über die Grenzen der Repräsentation selbst, die in unterschiedlichen Bereichen geführt wird.[5]

Mit dem Anliegen, klassische Ethnographien als Texte zu behandeln, wollen postmoderne Anthropologen die Aufmerksamkeit auf die Konstruiertheit von Kulturbeschreibungen lenken. Darüber hinaus wollen sie mit neuen Schreibformen experimentieren, die die in letzter Zeit problematisierte Beziehung zwischen SchreiberIn, LeserIn und Untersuchungsgegenstand in der Anthropologie in einer Epoche reflektieren, in dem die einheimischen InformantInnen die Beschreibungen der EthnographIn eventuell lesen und anfechten können, und wo es durchaus sein kann, daß sie von Jacques Derrida gehört haben und den neuesten Katalog von »Banana Republic« besitzen.[6] Postmoderne Anthropologen gehen davon aus, daß das Experimentieren mit Formen wie Intertextualität, Dialog und Selbstreferenz dazu dient, die zentralistische Autorität des Anthropologen zu entmy-stifizieren und so die »vielen Stimmen, die danach verlangen, sich auszu-drücken«[7], in die ethnographische Situation mit einzubeziehen und die Be-ziehungen zwischen diesen Stimmen zu strukturieren. Doch diese neuen Techniken der Strukturierung sind subtiler und undurchsichtiger als tradi-tionelle anthropologische Schreibweisen, sie können dazu dienen, die neuen Ethnographien unverständlicher zu machen, so daß sie nur von hochqualifi-zierten SpezialistInnen diskutiert werden können.

Die Aufsätze in James Clifford und George Marcus' *Writing Culture: The Poetics and Politics of Ethnography* versuchen, die Beziehung zwischen der Situation der ethnographischen Feldforschung und dem Stil des ethnogra-phischen Textes zu klären. So erläutert Clifford in seiner Einleitung die Folgen, die sich aus der verstärkten Verwendung von Dialog in der Ethno-graphie ergeben:

»Er [der Dialog, A. d. Ü.] verortet Interpretationen von Kulturen in vielen Arten von reziproken Kontexten, und er zwingt die Verfasser, verschiedene Methoden zu fin-den, um die so ausgehandelten Wirklichkeiten als multisubjektive, machtbefrachtete und inkongruente darzustellen. So gesehen ist ›Kultur‹ immer relational, sie ist ein Einschreiben kommunikativer Prozesse, die historisch *zwischen* Subjekten in Macht-verhältnissen bestehen.«[8]

Clifford behauptet, daß die neuen Ethnographen, jene Anthropologinnen und Anthropologen, die nicht nur über Textproduktion theoretisieren, son-dern auch Kulturbeschreibungen hervorbringen, experimentelle Schreib-techniken einsetzen, um die Machtrelationen, die sich in jeder ethnographi-schen Arbeit finden, bloßzulegen und Texte zu schreiben, die weniger mit westlichen Voraussetzungen und Kategorien beladen sind als traditionelle ethnographische Texte. Zum Beispiel hat Michelle Rosaldo den Versuch unternommen, die Stimme eines Kopfjägers der Ilongot, die ursprünglich kulturell unverständlich war, weniger durch eine Argumentation oder Er-klärungen überzeugend erscheinen zu lassen als vielmehr durch Wiederho-lung.[9] In *Nisa erzählt. Das Leben einer Nomadenfrau in Afrika* stellt Marjorie Shostak die Stimme der »Anderen« neben die Stimme der Ethnographin, um den LeserInnen die Möglichkeit zu geben, sich der Differenz zwischen den beiden unterschiedlichen Verstehensweisen zu stellen.[10] In *Moroccan Dialogues* experimentiert Kevin Dwyer mit dem dialogischen Repräsenta-tionsmodus, um zu betonen, daß der ethnographische Text ein gemeinsa-mes Unternehmen zwischen ihm und einem marokkanischen Bauern ist.[11]

Andere experimentelle Arbeiten versuchen offenzulegen, wie die Beobachtung und die Interpretation einer anderen Kultur von der kulturellen Identität und dem Ausdrucksmodus der ForscherIn betroffen sind. In *The Princes of Naranja: An Essay in Anthrohistorical Method* zum Beispiel diskutiert Paul Friedrich ausführlich seine persönliche Geschichte und zeigt so, wie ihn seine eigenen Kindheitserlebnisse auf einer Farm für Studien über das Agrarleben prädestiniert haben und wie eine fast unglaubliche Serie von Mißgeschicken ihn dazu gebracht hat, sein ganzes Buch umzustrukturieren. Er legt auch dar, wie die Umstrukturierung und seine Wahl stilistischer Kunstgriffe, wie zum Beispiel Gestaltung und eine »historische Holographie«, dazu beitragen, das Leben der Naranja als komplex zu vermitteln.[12]

Doch das, was diesen neuen postmodernen Anthropologen neu und aufregend erscheint – daß nämlich Kultur sich aus umstrittenen Bedeutungscodes zusammensetzt, daß Sprache und Politik untrennbar miteinander verbunden sind und daß die Konstruktion des »Anderen« Machtbeziehungen mit sich bringt[13], sind Einsichten, die in der feministischen Theoriebildung der letzten 40 Jahre wiederholt und ausführlich untersucht wurden. Die Diskussion über die Frau als das »Andere« war der Ausgangspunkt der modernen feministischen Theorie. Schon 1949 hat Simone de Beauvoir in *Das andere Geschlecht* die These vertreten, daß Männer in der westlichen Kultur sich erst dadurch als Subjekte konstituiert haben, daß sie die Frau als das »Andere« konstruierten.[14] Ein frühes Ziel dieser zweiten Phase des Feminismus lag darin, die Erfahrung der Frauen wiederzuentdecken und dadurch Wege zu finden, wie wir als Frauen uns selbst als Subjekte konstituieren und behaupten können. Diese frühe feministische Theorie weist Ähnlichkeiten mit der traditionellen Anthropologie auf. Beiden ging es sowohl um die Beziehung zwischen dem Dominanten und dem »Anderen« als auch um eine Ausweitung und Infragestellung der Definitionen vom Menschen. Dennoch herrschte selbst in diesem frühen Stadium ein entscheidender Unterschied zwischen anthropologischen und feministischen Untersuchungen. Denn die Anthropologie, die den Status der teilnehmenden BeobachterIn hinterfragte, tat dies aus der überlegenen Position und somit für das »Andere«. Feministinnen sprechen vom Standpunkt des »Anderen« aus.

Doch so einfach ist es nicht. Feministinnen konnten nicht direkt *als* das »Andere« sprechen. Frauen in Frauengruppen haben nicht einfach schon formulierten, aber noch nicht artikulierten Perspektiven von Frauen eine Stimme verliehen, sondern sie haben diese neu entworfen. Wenn die

Frauen Geschichten über ihre Erfahrungen erzählten, verliehen sie ihnen neue Bedeutungen, Bedeutungen, die anders waren als die, die das Patriarchat ihnen gewährt, wo Frauen nur als Verführerinnen oder Ehefrauen, als gute oder schlechte Mütter betrachtet werden. Ähnlich versuchten auch feministische Wissenschaftlerinnen, neue theoretische Interpretationen von Frauen zu entwerfen. Doch selbst wenn sie versuchten, für Frauen und als Frauen zu sprechen, so schrieben feministische Wissenschaftlerinnen dennoch innerhalb eines patriarchalischen Diskurses, der dem Weiblichen [*feminine*][15] keinen Subjektstatus zugesteht. Auf diese Weise haben Feministinnen den Widerspruch in einem anscheinend neutralen und objektiven Diskurs aufgedeckt, der immer von einem Dasein ausgeht, das durch die Geschlechtsidentität [*gender*] bestimmt ist, und stellten so die Angemessenheit des akademischen Diskurses in Frage. Selbst in den siebziger Jahren ging es der feministischen Theorie nicht nur darum, die weibliche Erfahrung des Andersseins zu verstehen, sondern sie hatte auch das Ziel, die Frauen als das »Andere« in die Sprache und den Diskurs einzuschreiben. Besonders evident wurde dieses Anliegen in der feministischen Literaturwissenschaft, die sich von der Auflistung von Stereotypen[16] weiterentwickelt hat zur Untersuchung der weiblichen Autorschaft als Widerstand und Wiedereinschreibung.[17] Französische Feministinnen, vor allem Hélène Cixous und Luce Irigaray, haben die metaphorischen und polysemen Möglichkeiten der Sprache spielerisch ausgenutzt, um feministische Reinterpretationen dominanter Mythen über Frauen zu formulieren.[18]

Ein grundlegendes Ziel der neuen Ethnographie sieht ganz ähnlich aus: »Andere« so wahrzunehmen und einzuschreiben, daß ihre Ansprüche auf Subjekthaftigkeit nicht bestritten oder verzerrt werden. Laut Marcus und Fischer strebt die neue Ethnographie danach, »die adäquate Repräsentation anderer Stimmen oder Perspektiven über kulturelle Grenzen hinweg«[19] zu ermöglichen. Ausgehend von der Auffassung, daß Kultur ein kollektives und historisch bedingtes Konstrukt ist, stellt die neue Ethnographie den Anspruch, besonders sensibel für kulturelle Unterschiede und, innerhalb der Kulturen, für die Vielfalt individueller Erfahrung zu sein.

Doch ungeachtet dieser Ähnlichkeiten wenden Anthropologen, die nach einer Theorie für die Grundlagen der neuen Anthropologie suchen, sich dem Postmodernismus zu und tun die feministische Theorie mit der Begründung ab, daß diese die Anthropologie nichts Neues lehren kann. Marcus und Fischer behaupten: »Die vom Feminismus angeregte Debatte über die Unterschiede der Geschlechter [*gender differences*] [...] fällt oft in dieselben rhetorischen Strategien zurück, die einst eingesetzt wurden, um die Unzufriedenheiten der zivilisierten Gesellschaft gegen die Tugenden der primitiven Gesellschaft auszuspielen.«[20] Da Marcus und Fischer sich auf die Feministinnen beschränken, die »grundlegende« weibliche Eigenschaften wie Mutterschaft und Friedfertigkeit aufwerten, sehen sie im Feminismus kaum mehr als den Ausdruck der weiblichen Unzufriedenheit mit einem finsteren Patriarchat. So läßt sich ihre Ablehnung der feministischen Theorie zum Teil wohl durch ihre Unkenntnis des vollständigen Spektrums der Diskussion erklären.

Ähnlich rechtfertigt Clifford den Ausschluß feministischer Anthropologinnen aus *Writing Culture: The Poetics and Politics of Ethnography* mit einer fragwürdigen Darstellung des feministischen Ansatzes in der Anthropologie: »Die feministische Ethnographie hat sich entweder auf eine Richtigstellung der Forschungsergebnisse zu Frauen oder aber auf eine Revision anthropologischer Kategorien konzentriert [...] Sie hat weder neue Schreibweisen hervorgebracht noch Reflexionen über ethnographische Texte als solche entwickelt.«[21] Dennoch verwendet Clifford Marjorie Shostaks *Nisa erzählt. Das Leben einer Nomadenfrau in Afrika* als Paradebeispiel in seinem Essay »On Ethnographic Allegory« in demselben Band. In diesem Essay nennt er Shostaks Arbeit zugleich »feministisch« und »originell in ihrer Vielstimmigkeit, [...] die ganz offensichtlich das Produkt der Zusammenarbeit mit dem Anderen« ist, sie reflektiere über »einen bewegten, kreativen Moment in der Geschichte kulturvergleichender Repräsentation«.[22] Dadurch verrät Clifford nicht nur, daß er zumindest einen feministischen ethnographischen Text kennt, der »neue Schreibweisen« eingesetzt hat, sondern auch, daß er es vorzieht, über Feministinnen zu schreiben, anstatt sie selbst zum Schreiben einzuladen.

Dieser Widerspruch macht im Kontext von Cliffords Essay über ethnographische Allegorie Sinn, worin er zu beweisen versucht, daß die neue Ethnographie ebenso wie traditionelle anthropologische Schriften über das »Andere« Allegorien einsetzt. Er vertritt die These, daß jede Ethnographie zwangsläufig allegorisch ist, da sie uns mit einer Repräsentation einer fremden Realität konfrontiert und dabei zugleich ständig auf andere Gedankenmuster verweist, um den Unterschied verständlich zu machen. Es mutet seltsam an, daß Clifford einen feministischen ethnographischen Text als einziges Beispiel einsetzt, um zu zeigen, inwiefern die neue Ethnographie allegorisch ist. Denn ausgehend von seiner Behauptung über die mangelnde Experimentierfreudigkeit der feministischen Ethnographie in seiner Einleitung, müßte er annehmen, daß Shostaks Buch nicht repräsentativ für die neue Ethnographie ist. Dieser Widerspruch scheint Cliffords Neigung zu verraten, Frauen mit den Kräften eines kulturellen Konservatismus gleichzusetzen. Während er die Neuheit feministischer Arbeiten in der Anthropologie abtut, versucht er *Writing Culture* als wirklich innovativ aufzuwerten: »[Die Beiträge in diesem Band] besetzen einen neuen Raum, der sich durch die Auflösung des ›Menschen‹ als *Telos* der ganzen Disziplin eröffnet hat.«[23] Wie die europäischen Entdecker der Neuen Welt nehmen Clifford und seine Kollegen einen neuen und unbewohnten Raum wahr, in dem jedoch in Wirklichkeit schon seit langer Zeit Feministinnen tätig sind.

Wie können wir diese Abwertung des Feminismus zugunsten des Postmodernismus verstehen, die Abwertung politischen Engagements zugunsten eines Blicks, der »die Welt als unbeschriebenes Blatt wahrnimmt, mit einer Klugheit, die Gefühl und Engagement in Ironie auflöst«?[24] Ein ästhetischer Blick, der die Welt als globales Shopping Center sieht, sollte AnthropologInnen Unbehagen einflößen, und sie sollten Mißtrauen gegenüber einer Ideologie empfinden, die das globale ökonomische System unterstützt.[25] Natürlich gibt es viele Postmodernismen, so wie es viele Feminismen gibt, und in beiden Bewegungen sind die Definitionen umstritten.[26] Obwohl es beträchtliche Überschneidungen gibt, unterscheidet sich der Postmodernismus vom Feminismus in seiner Beziehung zu dem Ferment der sechziger Jahre.[27] Während der moderne Feminismus eine kontinuierliche politische Bewegung mit Wurzeln in den sechziger Jahren ist, ist

»der Postmodernismus vor allem post-1960; sein Leitgedanke ist kulturelle Hilflosigkeit. Er ist post-Vietnam, post-Neue Linke, post-Hippie, post-Watergate. Die Geschichte wurde unterbrochen, Leidenschaften wurden verbraucht, Glauben wurde schwierig [...] Die sechziger Jahre ließen unseren Glauben an Fortschritt auseinanderfallen. [...] Alte Wahrheiten zerfielen, und neue haben sich noch nicht etablieren können. Eigennützige Ironie und Leere sind Methoden, um Ängste, Wut, Schrecken und Hunger abzuwenden, die aufgewühlt wurden, ohne gelöst werden zu können.«[28]

Das Gefühl der Hilflosigkeit, das der Postmodernismus ausdrückt, geht dennoch tiefer als die Desillusionierung der Linken der Sechziger-Jahre-Generation, es ist die Erfahrung eines gewaltigen Autoritätsverlusts in traditionell dominanten Gruppen. Im postmodernen Zeitalter »wenden« die Theoretiker ihre Ängste »ab«, indem sie die Grundlage der Wahrheiten hinterfragen, die sie nicht länger aus privilegierter Position definieren können.

Die Politikwissenschaftlerin Nancy Hartsock kam zu einem ähnlichen Ergebnis; sie findet es auffällig, daß die postmoderne These von der mangelnden Korrespondenz zwischen sprachlichen Ausdrücken und der Realität genau in dem Moment aufgekommen ist, als Frauen und nicht-westliche Völker begonnen haben, für sich selbst zu sprechen, und zwar gerade über globale Systeme von Machtunterschieden.[29] Hartsock meint, daß der postmoderne Blick, der Wahrheit und Wissen als bedingt und vielfältig sieht, selbst als ein Wahrheitsanspruch funktionieren kann, ein Anspruch, der den ontologischen Status des Subjekts gerade zu der Zeit untergräbt, in dem Frauen und nicht-westliche Völker begonnen haben, sich selbst als Subjekte einzuklagen. Ähnlich behauptet Sarah Lennox, daß die postmoderne Verzweiflung über die Erkenntnis, daß Wahrheit niemals vollständig erkennbar ist, lediglich eine Umkehrung westlicher Überheblichkeit ist.[30] Wenn der weiße westliche Mann – der traditionell die Produktion von Wissen kontrolliert hat – die Wahrheit nicht länger definieren kann, dann zieht er daraus die Schlußfolgerung, so Lennox, daß es keine Wahrheit gibt, die entdeckt werden kann. Ganz ähnlich meint Sandra Harding, daß »der Relativismus historisch gesehen als intellektuelle Möglichkeit und als ›Problem‹ für Dominanzgruppen nur dann auftritt, wenn die Hegemonie (die Universalität) ihrer Ansichten in Frage gestellt wird. [Der Relativismus] ist im Grunde eine sexistische Antwort, die versucht, die Legitimität androzentrischer Ansprüche angesichts dagegensprechender Beweise zu bewahren.«[31] Am zwingendsten für die neue Ethnographie ist vielleicht die Frage, die Andreas Huyssen in »Postmoderne – eine amerikanische Internationale?« stellt:

>»Ist nicht die These vom Tod des Subjekts / Autors durch bloße Umkehrung an eben die Ideologie gekettet, die dem Künstler weiterhin bedenkenlos die Aura des Genies anheftet [...] Begibt sich der Poststrukturalismus mit seiner Weigerung, sich auf Subjektivität einzulassen, nicht letztlich der Möglichkeit, die durchaus noch dahinvegetierende Ideologie des Subjekts (als männlich, weiß und bürgerlich) durch eine alternative Fassung der Subjekt-Problematik effektiver zu unterlaufen als durch störrische Ablehnung, die obendrein ständig Lügen gestraft wird?«[32]

Diese Analysen stellen eindeutig Fragen nach der Erfahrung des weißen westlichen Mannes und danach, wie diese Erfahrung im postmodernen

Denken reflektiert wird. In dem Ausmaß, in dem diese dominante Gruppe in den letzten Jahren eine Dezentrierung dadurch erfahren hat, daß die Weltpolitik und wirtschaftliche Realitäten die globalen Machtrelationen verschieben, kann postmodernes Theoretisieren selbst als sozial konstruiert verstanden werden, als eine Metapher für das Gefühl der dominanten Gruppe, daß ihr der Boden unter den Füßen entgleitet. Und dieses soziale Konstrukt sieht, nach Hartsock, Lennox, Harding und Huyssen, so aus, daß es potentiell dazu dienen kann, die privilegierte Position des westlichen weißen Mannes zu bewahren. Wenn das der Fall ist, dann kann die neue Ethnographie mit ihrem Vertrauen in die Postmoderne Gefahr laufen, an einer Ideologie teilzuhaben, die ihrer eigenen Politik gegenüber blind ist. Und mehr noch, sie kann dazu beitragen, die dominanten kolonialistischen und neokolonialistischen Verhältnisse zu erhalten, von denen sich die Anthropologie und besonders die neue Ethnographie zu lösen versucht.

Doch diese Begrifflichkeit verdeckt die Tatsache, daß die wichtigen Machtverhältnisse für viele dieser neuen postmodernen Anthropologen nicht global sind, sondern auf kleine Gruppen bezogen. Es sind die Machtverhältnisse, die sich in den Hallen der Anthropologie-Institute abspielen und die in die patriarchale akademische Ordnung eingebettet sind, wo Wissenschaftler und Wissenschaftlerinnen um ihren Status, ihre Lebensstellung und ihre Macht kämpfen. In einem neuen Artikel in *Current Anthropology* stellt P. Steven Sangren fest, daß postmoderne Anthropologen, obwohl sie die Forderung aufstellen, eine *textuell* konstituierte Autorität zu hinterfragen, dennoch ein Spiel spielen, in dem es um *sozial* konstituierte Autorität und Macht geht.[33] Sangren geht davon aus, daß es in erster Linie Universitätspolitik ist, die die Produktion und Reproduktion ethnographischer Texte bestimmt. Mehr noch: »Jede ›Autorität‹, die in einem Text geschaffen wird, [hat] ihre unmittelbaren sozialen Wirkungen nicht auf den Bereich politischer und wirtschaftlicher Beherrschung der Dritten Welt durch kolonialistische und neokolonialistische Kräfte, sondern eher auf die akademischen Institutionen, denen die Autoren angehören.«[34] Während postmoderne Anthropologen wie Clifford, Marcus und Fischer davon ausgehen, daß sie globale Machtrelationen ebenso verändern wie die Disziplin der Anthropologie selbst, stellen sie damit vielleicht auch den ersten Anspruch auf das neue akademische Territorium, wo in diesem Jahrzehnt die Kämpfe um intellektuelle Vorherrschaft und um Jobs ausgetragen werden.[35] Der Ausschluß feministischer Stimmen aus Cliffords und Marcus' einflußreichem

Band und Cliffords rechtfertigende, gewundene und widersprüchliche Erklärung dafür sind Strategien, die die männliche Vorherrschaft im akademischen Bereich zu bewahren suchen. Clifford scheint sich dessen durchaus bewußt zu sein, wenn wir in derselben Einleitung, in der er den Ausschluß feministischer Forscherinnen rechtfertigt, lesen, daß »alle konstruierten Wahrheiten durch machtvolle ›Lügen‹ des Ausschlusses und der Rhetorik ermöglicht werden«.[36]

Die Lüge, die den Feminismus ausschließt, charakterisiert die meisten postmodernen Schriften von Männern und beschränkt sich nicht auf den Bereich der Anthropologie. Eine bemerkenswerte Ausnahme, Craig Owens' »The Discourse of Others: Feminists and Postmodernism«, führt vor, wie ergiebig die Einblicke in kulturelle Phänomene durch die Verbindung von feministischen und postmodernen Perspektiven sein können. Besonders aufschlußreich für AnthropologInnen ist seine Analyse von der Nachricht, die wir Menschen potentiellen außerirdischen Lebewesen übermitteln, dem »Anderen« des Raumzeitalters. Bei der Betrachtung der auf dem Raumschiff »Pioneer« prangenden schematischen Darstellung eines nackten Mannes und einer nackten Frau, wobei der rechte Arm des Mannes zum Gruß erhoben ist, stellt Owens fest: »Wie alle Darstellungen von Geschlechterdifferenz, die unsere Kultur hervorbringt, ist auch diese nicht nur das Bild anatomischer Unterschiede, sondern auch der ihnen zugeordneten Werte.«[37] Ein kleiner morphologischer Unterschied wird durch den erhobenen rechten Arm markiert oder betont, einem Signal dafür, daß die Sprache ein Privileg des Mannes ist. Owens bemerkt, daß die Dekonstruktion dieses Privilegs durch männliche Vertreter der Postmoderne selten ist:

»Wenn einer der herausragendsten Aspekte unserer postmodernen Kultur die Präsenz einer hartnäckigen weiblichen Stimme ist [...], so tendieren Theorien der Postmoderne entweder dazu, diese Stimme zu ignorieren oder zu unterdrücken. Die Abwesenheit von Diskussionen über Geschlechterunterschiede in Texten über die Postmoderne sowie die Tatsache, daß nur wenige Frauen an der Debatte über Moderne und Postmoderne beteiligt sind, legt nahe, daß die Postmoderne vielleicht nur eine weitere männliche Erfindung ist, die darauf angelegt ist, Frauen auszuschließen.«[38]

Während das »angelegt sein« mit seiner Implikation bewußten Handelns den Männern in der Wissenschaft vielleicht zu viel boshafte Absicht unterstellt, so ist Owens' Beobachtung der Beweismittel doch korrekt: »Männer scheinen nicht bereit zu sein, die Punkte, die von Frauen als kritisch angesehen werden, zu diskutieren, es sei denn, diese Punkte werden zuerst neutralisiert.«[39] Das läßt vermuten, daß sie sich vor einem Diskurs fürchten, in dem das »Andere« im Vorteil ist. Intellektueller Transvestismus zerstört, ebenso wie sein physisches Pendant, die traditionelle Ordnung der Privilegien in wesentlich geringerem Maße, wenn sie von Frauen statt von Männern durchgeführt wird.[40] In der Furcht, Autorität und Männlichkeit zu verlieren, ziehen Männer es vor, den Feminismus als ein beschränktes und marginales Unternehmen wahrzunehmen und nicht als eine Herausforderung zu begreifen, die sie zwingt, ihre eigenen Positionen im Kontext der Geschlechtsidentität (*gender*) zu überdenken.[41] »Obwohl wohlgesonnene männliche Kritiker den Feminismus respektieren (ein altes Thema: Respekt vor Frauen)«, stellt Owens fest, daß »sie es im allgemeinen ablehnen, in den Dialog einzutreten, den ihre Kolleginnen mit ihnen zu führen versuchen«.[42]

Der Fall Paul Rabinow ist bezeichnend. Sein Beitrag in *Writing Culture* ist der einzige, der sich ernsthaft mit Feminismus auseinanderzusetzen scheint. Dennoch zieht der Autor den Schluß, daß der Feminismus keine intellektuelle Position ist, die er persönlich vertreten kann. Er sieht sich »von der direkten Teilnahme am feministischen Dialog ausgeschlossen« und entwirft eine alternative »ethische« Position für Anthropologen: den kritischen Kosmopolitismus. »Es ist eine Oppositionsposition«, so Rabinow, »eine, die souveränen und universellen Wahrheiten [...] gegenüber mißtrauisch ist, aber sie ist auch auf der Hut vor der Tendenz, Differenzen zu essentialisieren.« Ironischerweise verallgemeinert Rabinow nicht nur, indem er behauptet, daß »wir alle Weltbürger sind«, sondern »essentialisiert« auch »Differenzen«, wenn er sich nur deswegen aus dem feministischen Dialog ausschließt, weil er männlich ist. Indem er sich nicht befähigt fühlt, an feministischen Diskursen und an Diskursen der Dritten Welt teilzuhaben, identifiziert er sich mit den griechischen Sophisten, »Außenseiter des weltbürgerlichen *Insiders* einer bestimmten historischen und kulturellen Welt«.[43] Indem er sich auf diese Weise als nur ein weiterer »Anderer« definiert, setzt Rabinow sich der Gefahr aus, die er bei Wissenschaftlern wie James Clifford feststellt: »das Tilgen von bedeutsamen Differenzen«, das Tilgen und Verbergen einiger der Privilegien, die ihm durch Rasse, Nationalität und Geschlecht verliehen sind.[44] Seinen Entschluß, eine Studie über hohe französische Kolonialbeamte durchzuführen, begründet er als die Wahl eines oppositionellen ethischen Standpunkts: »Bei dieser ›Aufarbeitung‹ fühle ich mich wohler, als wenn ich einer unterdrückten oder randständigen Gruppe ›meine Stimme verliehe‹.« Eine exklusive Konzentration auf die Elite, der die unterdrückten Gruppen und die Randgruppen meidet, ist eine gefährliche, wenn auch bequeme Korrektur. Feministinnen haben uns gezeigt, wie riskant Analysen sind, die sich ausschließlich auf Männer konzentrieren: Sie haben traditionell begründete Unterschiede zwischen den Geschlechtern (*gender*) irrelevant werden lassen und den westlichen Mann als die Norm verstärkt. Rabinows frühere Arbeit, *Reflections on Fieldwork in Morocco*, stützte sich ausschließlich auf männliche Informanten und präsentierte Frauen nur am Rande und als das Objekt seiner sexuellen Begierde, das durch die »Eindeutigkeit der Gestik« kommuniziert.[45] Ironischerweise stellt er den Anspruch, daß seine neue Arbeit »die Auffassungen von Macht und Repräsentation« erweitern wird, die »in meinem früheren Werk über Marokko zu stark lokalisiert waren«, aber dennoch konzentriert er sich noch expliziter auf Männer. Dieser Standpunkt läßt sich nur verteidigen, wenn Rabinow gegen seine frühere Unsensibilität für Aspekte der Geschlechtsthematik ankämpft und in seiner Studie über die mächtige männliche Elite den Part des feministischen Projekts unternimmt, der männlichen Anthropologen besonders zukommt: die Dekonstruktion des Patriarchats.[46]

Die feministische Aufforderung zur männlichen Selbstreflexion ist dem Ziel der Selbstkritik, das die postmoderne Anthropologie vertritt, verwandt; wenn AnthropologInnen sich selbst als handelnde Figuren in ethnographische Texte einschreiben, anstatt als objektive, kontrollierende ErzählerInnen zu posieren, legen sie ihre Befangenheit offen. Das fällt mit den Zielen des Postmodernismus zusammen, wie Jane Flax sie charakterisiert: »Postmoderne Diskurse sind alle ›dekonstruktiv‹ insofern, als sie eine Distanz und Skepsis in uns hervorrufen hinsichtlich des Glaubens an Wahrheiten, Wissen, Macht, das Selbst und die Sprache, die in der modernen westlichen Kultur oft als selbstverständlich angesehen werden und als ihre Legitimation dienen.«[47] Doch ist das Interesse des Postmodernismus an diesen Fragen abstrakt und philosophisch, und paradoxerweise ist es in einer Suche nach einer zutreffenderen Sichtweise der Wahrheit begründet. Flax stellt fest, daß die feministische Theorie ähnliche Anliegen wie diese postmoderne Theorie verfolgt, doch unterscheidet sie sich von der postmodernen darin, daß sie sich zu ihren politischen Grundlagen bekennt.

Eine Theoretikerin, die sich mit den Problemen auseinandergesetzt hat, die sich aus einer Verbindung von Feminismus und Anthropologie ergeben, ist Marilyn Strathern. Sie sagt, daß die Anthropologie Interessen hat, die parallel zu denen der feministischen Wissenschaft laufen, wodurch wir »erwarten, daß die ›radikale‹ Anthropologie etwas von ihrem feministischen Gegenstück bezieht«.[48] Doch sie stellt fest, daß der Feminismus nur die Themenwahl der Sozialanthropologie beeinflußt hat, nicht aber die wissenschaftliche Praxis: Wo die Analysekategorien der Sozialanthropologie sich verändert haben, da geschah es »als Antwort auf interne Kritik, die mit feministischer Theorie wenig zu tun hatte«. Strathern versucht zu erklären, warum die Anthropologie es versäumt hat, auf den Feminismus als grundlegende Herausforderung zu reagieren, indem sie zeigt, wie die beiden Unternehmungen parallel zueinander verlaufen und einander dennoch spöttisch betrachten. Der Feminismus verspottet die Suche der experimentellen Anthropologie nach einer Ethnographie, die »eine Gemeinschaftsproduktion [ist] [...] eine Metapher für eine ideale ethische Situation, in der keine Stimme des Anderen übertönt wird«, während die Anthropologie sich über die Ansprüche der Feministinnen lustig macht, sich von den westlichen »kulturellen Grundannahmen über die Natur von Personalität und Beziehungen [abzusetzen] [...] die gleichermaßen vom [männlichen] Anderen geteilt werden«.[49]

Strathern schließt daraus, daß es keine echte Verbindung von Feminismus und neuer Ethnographie geben kann, doch beruht ihre Schlußfolgerung auf der problematischen Verwendung eines Begriffs. Schon die kurzen angeführten Zitate verweisen auf Stratherns irritierende Verwendung des Begriffes des »Anderen«, der auf »das ›Patriarchat‹, die Institutionen und Personen, die männliche Dominanz repräsentieren und häufig einfach als ›Männer‹ konkretisiert werden, verweist. Dies, so Strathern, ist das »Andere« des Feminismus, das »Andere«, zu dem die Feministinnen für »die Konstruktion des feministischen Selbst« in Opposition stehen müssen.[50] Dieses feministische Bedürfnis, sich von einem verschrobenen männlichen »Anderen« abzusetzen, läßt sich, so Strathern, mit dem Anliegen der neuen Ethnographie, sich dem »Anderen« zu nähern und es kennenzulernen, nicht in Einklang bringen. Doch in diesem Gebrauch des Wortes »Anderes« bezieht sie sich auf das traditionelle anthropologische Studienobjekt, auf die nicht-westlichen Völker. In ihrem ungeschickten parallelen Gebrauch des Begriffs scheint Strathern spezifische Machtverhältnisse zu ignorieren, sie übersieht, daß ein Terminus von jedem Begriffspaar historisch durch das Privileg markiert wird. Sie sieht auch nicht, daß Frauen für Männer das gleiche darstellen, was Eingeborene für Anthropologen darstellen. Und das heißt: Selbst wenn wir als Feministinnen in Opposition zu den Männern stehen, um uns selbst zu definieren, so müssen wir uns nicht vor der Bekanntschaft mit dem nichtwestlichen »Anderen« fürchten. Dennoch sollten wir Vorsicht walten lassen. Feministinnen können den neuen Ethnographen beibringen, daß ihr Ideal einer Zusammenarbeit »eine Verblendung ist, die die entscheidende Dimension verschiedener sozialer Interessen übersieht«, so Strathern, wobei sie diese Einsicht fälschlich der oppositionellen Position zuordnet, die Feministinnen in Relation zum patriarchalischen »Anderen« einnehmen.[51] Unser Mißtrauen gegenüber dem Bedürfnis der neuen Ethnographen nach einer Zusammenarbeit mit dem »Anderen« entstammt nicht einer Weigerung, mit dem »Anderen« in einen Dialog zu treten. Vielmehr ist es ein Ergebnis unserer Geschichte und unseres Begreifens, daß die dominante Gruppe sich unserer bemächtigt hat und daß sie buchstäblich für uns spricht, sowie der daraus folgenden Identifikation mit dem anthropologischen Forschungssubjekt.

Das wirft die Frage auf, die kürzlich von Judith Stacey formuliert wurde, ob eine Ethnographie des »Anderen« mit feministischer Politik in Einklang gebracht werden kann. Stacey vertritt die Meinung, daß trotz der anscheinenden Kompatibilität der feministischen Forscherinnen, die einen »egalitären Forschungsprozeß« anstreben, der sich durch »Authentizität, Reziprozität und Intersubjektivität zwischen der Forscherin und ihren Forschungsgegenständen, den InformantInnen auszeichnet, und dem persönlichen, direkten Zusammentreffen in der ethnographischen Feldforschung dennoch grundlegende Unterschiede bestehen. Erstens setzt die zutiefst persönliche Beziehung zwischen EthnographIn und InformantIn, die tatsächliche Unterschiede hinsichtlich der Machtverhältnisse, des Wissens und der strukturellen Mobilität verschleiert, »die Forschungssubjekte dem Risiko von Manipulation und Verrat durch den Ethnographen oder die Ethnographin aus«. Zusätzlich lenkt Stacey die Aufmerksamkeit auf den Widerspruch zwischen dem Bestreben nach Zusammenarbeit an dem endgültigen Forschungsprodukt und der Tatsache, daß »das Forschungsprodukt [...] letzten Endes das der Forscherin ist, wie sehr es auch durch die InformantInnen modifiziert oder beeinflußt sein mag«.[52] Staceys Antwort auf diese Widersprüche ist, daß eine echte feministische Ethnographie unmöglich ist: Es kann »Ethnographien geben [...], die teilweise feministisch sind, Kulturbeschreibungen, die durch die Anwendung feministischer Perspektiven bereichert werden«, sagt sie, und es kann »feministische Forschung [geben], die ihren eigenen Diskurs intensiv reflektiert und daher bescheiden hinsichtlich der Voreingenommenheit ihres ethnographischen Standpunkts und ihrer Fähigkeit, das Selbst und das Andere zu repräsentieren«.[53] Doch wie lassen sich diese Ziele realisieren? Kann die neue Ethnographie vom Feminismus nichts mehr lernen?

Wir haben die These aufgestellt, daß ein wesentlicher Aspekt feministischer Wissenschaft in ihrer Beziehung zu einem politischen Vorhaben liegt. Strathern stellt fest, daß in feministischen Schriften »ein Spiel mit dem Kontext [ähnlich dem, was von der neuen Ethnographie eingesetzt wird] kreativ ist, weil das kontinuierliche Vorhaben zwischen Feministinnen als Wissenschaftlerinnen und Feministinnen als Aktivistinnen explizit gemacht wird«.[54] Der Feminismus lehrt uns, Beziehungen besonders moralisch und sensibel zu betrachten, indem er betont, wie wichtig die Bildung einer Gemeinschaft für das feministische Projekt ist. Auch fordert er von uns, daß wir die Motive für unsere Forschung genau überprüfen. In der gegenwärtigen Experimentierphase benötigen Anthropologinnen und Anthropologen eine erneuerte Sensibilität für »die Beziehungen, die in die Kommunikation eingebunden sind«.[55] Sie müssen die Lektionen des Feminismus lernen und sich überlegen, für wen sie schreiben.

In ihrer Auseinandersetzung mit der postmodernen Anthropologie legt Strathern ein Mißtrauen an den Tag, wie es den Feministinnen eigen ist: gegenüber deren Anspruch, freies Spiel und Unordnung einzusetzen, viele Stimmen in nivellierten, nicht-hierarchischen, pluralistischen Texten zu präsentieren, »Heteroglossie (eine Utopie pluralistischen Bestrebens, das allen Beteiligten den Status von Autoren verleiht)« zu verwenden. Der postmoderne Modus, so Strathern, ist eher Ironie als Unordnung, und »Ironie umfaßt kein Durcheinanderwerfen, sondern ein intendiertes Nebeneinanderstellen von Kontexten, ein Pastiche vielleicht, aber keine Unordnung«.[56]

Gegen diese Illusion des freien Spiels in der postmodernen Anthropologie stellt Strathern das feministische Schreiben. »Vieles im feministischen Diskurs wird pluralisiert. Argumente werden nebeneinandergesetzt, viele Stimmen werden gesammelt [...] Es gibt keine zentralen Texte, keine definitiven Techniken.« Doch anders als postmoderne Schriften, die ihre strukturierenden Oppositionen unter dem Mythos einer Unordnung verbergen, verfügt die feministische Wissenschaft über »ein spezifisches Sortiment sozialer Interessen. Feministinnen diskutieren miteinander in ihren vielen Stimmen, weil sie sich selbst als eine Interessengemeinschaft sehen.«[57] Das bedeutet: Obwohl Feminismus ursprünglich vielleicht entstanden ist, weil

Frauen sich ihrer Unterdrückung bewußt wurden, so haben die Feministinnen sich in letzter Zeit auf Beziehungen zwischen Frauen konzentriert und auf das Projekt, Unterschiede ohne Binäroppositionen zu entwerfen. Die feministische Politik bietet eine Struktur an, die unser Forschungsanliegen einrahmt und die Interaktionen, die wir mit anderen Frauen eingehen, lenkt. Wenn eine so explizite politische Struktur fehlt, ist die Gefahr der Verschleierung groß.

Anthropologinnen und Anthropologen könnten von diesem feministischen Dialog profitieren. Ebenso wie die frühe feministische Theorie des »Anderen« in der tatsächlichen Unterordnung der Frauen unter die Männer begründet ist, so beruhen neuere Trends in der feministischen Theorie über Differenz in den tatsächlichen Unterschieden zwischen Frauen. Zum Beispiel ist die Aufmerksamkeit, die der Mainstream der feministischen Theorie neuerdings auf die Unterschiedlichkeit der Erfahrungen von Frauen richtet, der postmodernen Dekonstruktion des Subjekts ähnlich, doch hat sie einen anderen Ursprung, nämlich die politische Konfrontation zwischen weißen Feministinnen und farbigen Frauen.[58] Als Antwort auf die Anschuldigungen von farbigen Frauen, daß die Frauenbewegung in Wirklichkeit eine Bewegung der weißen Frauen der Mittelschicht sei, mußten weiße westliche Feministinnen gemeinsam mit farbigen Frauen die Theorien über *die* Frau neu hinterfragen und sie durch Theorien der Vielfalt ersetzen. Auf ähnliche Weise ist die Notwendigkeit, Selbstkritik in die feministische Theorie einzubauen, mit der Erkenntnis aufgekommen, daß die Punkte, die theoretisch einst angemessene Forderungen nach Veränderungen zu sein schienen, für unterschiedliche Bevölkerungsgruppen von Frauen unterschiedliche Ergebnisse bringen. Zum Beispiel vertreten einige Wissenschaftlerinnen die Meinung, daß Aktivitäten gegen Vergewaltigungen Rassenstereotypen verstärkt haben (der Vergewaltiger als der farbige Mann), daß die Legalisierung der Abtreibung unter den armen und farbigen Frauen eine logische Grundlage für erzwungene Sterilisierungen und Abtreibungen geschaffen hat und daß die von den Feministinnen unterstützten Scheidungsgesetze, die auf eine Schuldfrage verzichten, zu einer Verarmung gerade unter Frauen beigetragen haben. Die neue Ethnographie greift die postmoderne Epistemologie auf, um ihre politischen Ziele zu erreichen, ein großer Teil des Feminismus dagegen leitet seine Theorie aus einer Praxis ab, die auf den materiellen Bedingungen des Lebens von Frauen beruht.

Sowohl die postmoderne Anthropologie als auch der Feminismus nehmen eine selbstbewußt reflexive Position gegenüber ihren Forschungsgegenständen ein, aber dennoch gibt es wesentliche Unterschiede zwischen den beiden Richtungen. Denn, so Sandra Harding, in dem Moment, in dem die feministischen Wissenschaftlerinnen sich mit den Erfahrungen von Frauen auseinandersetzen, richtet ihre Untersuchung sich zwangsläufig auf Fragen der Macht und des politischen Kampfes, und ihre Forschungsziele werden durch diesen Kampf bestimmt. Das liegt daran, daß »die Fragen, auf die eine unterdrückte Gruppe eine Antwort sucht, selten Fragen nach der sogenannten reinen Wahrheit sind. Statt dessen wird danach gefragt, wie die Bedingungen dieser Gruppe verändert werden können; wie ihre Welt durch Kräfte geformt wird, die außerhalb ihrer selbst liegen; wie man diese Kräfte, die sich gegen ihre Emanzipation, ihr Wachstum oder ihre Entwicklung usw. richten, auf die eigene Seite ziehen, besiegen oder neutralisieren kann usw.«[59] Die feministische Forscherin muß, so Harding, Projekte entwerfen, die Frauen wollen und brauchen.

Tatsächlich steht die feministische Forschung in diesem Punkt der Angewandten Anthropologie näher als der neuen Ethnographie. Auch die VertreterInnen der Angewandten Anthropologie gehen häufig von den Menschen aus, auf die die Forschung gerichtet ist, sie leiten ihre Fragen von deren Problemen her und wenden ihre Methoden auf die Lösung dieser Probleme an.[60] Häufig fungieren diese AnthropologInnen als »Zünglein an der Waage«, indem sie zwischen der entrechteten Gruppe und der dominierenden Klasse oder Macht vermitteln. Kürzlich hat Clifford in seinem Artikel über »Identity in Mashpee«[61] einen Einblick in die Unterschiede zwischen dem Ansatz der neuen Ethnographie und dem der Angewandten Anthropologie gegeben.

Die Mashpee sind eine Gruppe amerikanischer Indianer, die 1976 vor Gericht um ein großes Stück Land in Mashpee, Massachusetts, geklagt haben. Der Fall drehte sich um Ansprüche kultureller Identität: Wenn die Kläger eine ununterbrochene Identität als Volksstamm nachweisen können, würde ihr Anspruch auf Schadenersatz bestätigt werden. In seinem Artikel verwendet Clifford Gerichtsaufzeichnungen, Abschriften von Interviews mit ZeugInnen der Verteidigung und vereinzelte Informationen, die in der Verhandlung eingesetzt wurden, um die Geschichte der Mashpees zu rekonstruieren. Als neuer Ethnograph analysiert Clifford diese als Kommentare zu »der Art, wie historische Geschichten erzählt werden« und zu »den alternativen Kulturmodellen, die auf menschliche Gruppen ange-wandt wurden«. Solche Lesarten können ans Licht bringen, wer für kulturelle Authentizität spricht und wie kollektive Identität und Differenz repräsentiert werden. In der Tat erscheint der Mashpee-Fall dem neuen Ethnographen als eine Art natürliches Labor, wo viele Stimmen, die zu einer kollektiv konstituierten kulturellen Realität beitragen, gehört werden können. Er illustriert, wie die postmoderne Gewichtung des Dialogs den Anthropologen hilft zu untersuchen, wie eingeborene Völker auf die dominierende Kultur reagieren, wie sie mit ihr interagieren und wie sie selbst sich dabei verändern. Dennoch würde Mascia-Lees, die mit den und für die Mashpee in ihrer Klage vor dem Bundesgericht gearbeitet hat, behaupten, daß es sehr zweifelhaft ist, ob Cliffords Einsichten den Mashpee Erklärungen für soziale Phänomene liefern, die sie wollen oder brauchen.

Wir müssen die Frage stellen, ob das Auftreten vieler Stimmen in Cliffords Text helfen kann, den hegemonialen Kräften entgegenzuwirken, die den Mashpee weiterhin den Zugang zu ihrem Stammesgebiet verweigern. Wer ist das anvisierte Publikum für diese Analyse: die Mashpee oder andere Wissenschaftler in Institutionen, die unter westlicher Kontrolle stehen? Und welchen Interessen dient sie? Wenn man Hardings Behauptung folgt, daß feministische Forschung die Erfahrungen von Frauen »als einen Test für die Angemessenheit der Probleme, der Konzepte, der Hypothesen, der Forschungsentwürfe, der Sammlung und der Interpretation von Ergebnissen«[63] benutzen will, dann können wir sogar so weit gehen zu fragen, ob Cliffords Darstellung die Erfahrung der Mashpees als einen Test für die Angemessenheit seiner Forschung einsetzt. Clifford begreift sich selbst als einen Forscher, der die westliche Privilegierung des Visuellen zugunsten eines Paradigmas von einem Wechselspiel der Stimmen aufgibt. Aber vielleicht ist auch der Dialog, selbst der proliferierende Bachtinsche Dialog, den Clifford bevorzugt, mit westlichen Voraussetzungen durchsetzt. Wir müssen fragen, wessen Erfahrungen von der Welt dieser Fokus auf den Dialog reflektiert: die Erfahrungen der EthnographInnen, die danach streben, mit dem »Anderen« zu sprechen und es zu kennen, oder die Erfahrungen der IndianerInnen, von denen viele in letzter Zeit den Dialog mit den AnthropologInnen verweigert haben, die sie nur als weiteren Vertreter einer unterdrückenden Kultur sehen? Einigen von ihnen mag der Dialog überhaupt das Ausdrucksmittel sein.

Die Ursprünge dieses Strebens nach der Kenntnis des »Anderen« können bis in die Romantik zurückverfolgt werden, die so häufig mit den wissenschaftlichen Unternehmungen der Anthropologie in Verbindung gebracht wird. Traditionellerweise ist diese romantische Komponente mit dem einsamen Anthropologen in Verbindung gebracht worden, der sich auf einer heroischen Suche nach »seiner Seele«[64] durch die Konfrontation mit dem exotischen »Anderen« befindet.[65] Dieser spezielle Weg der Selbstfindung wurde vor kurzem versperrt, sowohl durch den Widerstand der Völker aus der Dritten Welt, die sich weigern, den Forschern aus dem Westen in therapeutischen Funktionen zu dienen, als auch durch die Anthropologen selbst, die meinen, daß die »Eingeborenen« des 20. Jahrhunderts selbst heute der Therapie bedürfen, »daß sie, wie wir selbst, durch die dunklen Mächte des ›Weltsystems‹ aller Heilkräfte verlustig gegangen« sind.[66]

Doch die romantische Tradition in der Anthropologie wird von der postmodernen Forderung nach Selbstreflexion aufrechterhalten. Denn indem der postmoderne Anthropologe sich nach innen wendet und sich seinen Motiven und seiner Erfahrung stellt, lokalisiert er das »Andere« in sich selbst. Es ist, als konstruiere sich der Anthropologe, der sich vom »Exotischen« ausgeschlossen fühlt, selbst als das Exotische.[67] Darauf treffen wir zum Beispiel in *The Princes of Naranja*[68], wo Paul Friedrich durch das Ausführen der markanten Punkte seiner eigenen Lebensgeschichte im Geist der LeserInnen die Verbindung zu den Bildern der Taraskaner Prinzen herstellt, die auf den vorangehenden Seiten aufgetreten sind: selbstgestrickter Fatalismus, Rivalität unter Gleichaltrigen und persönliche Erfahrungen mit Tod und Gefahr. Da Friedrichs Selbstreflexion etwa 30 Jahre nach seiner ursprünglichen Feldforschung in Naranja geschrieben wurde, kann (was Friedrich selbst nicht andeutet) dieses Einschreiben seiner eigenen Kindheitsgeschichte ebensosehr von der Naranja-Erfahrung beeinflußt sein wie umgekehrt. Ironischerweise macht Friedrichs Buch, das die Möglichkeit der Entmystifizierung des »Anderen« bietet, deutlich, daß dieser Prozeß zu einer Mystifizierung des Selbst führen kann. Unter diesem Gesichtspunkt ist es kaum erstaunlich, daß Cliffords Arbeit so erfolgreich ist. Clifford, der Historiker, hat die Ethnographen zu Eingeborenen gemacht, die verstanden werden müssen, und die Ethnographie ist zu dem jungfräulichen Territorium geworden, das erforscht werden muß.

Der gegenwärtige Fokus der postmodernen Anthropologie auf die Selbstreflexion findet nicht nur in den Werken seinen Ausdruck, in denen der Ethnograph zu einer Figur im ethnographischen Text wird, sondern auch in den Analysen früherer ethnographischer Texte.[69] Dazu Marilyn Strathern:

»Retrospektiv nach den persuasiven Fiktionen früherer Epochen zu fragen bedeutet, danach zu fragen, wie andere (Frazer, Malinowski und all die anderen) mit unseren moralischen Problemen der literarischen Konstruktion umgingen. Wenn wir die Frage beantworten, schaffen wir historische Verschiebungen zwischen den früheren AnthropologInnen aufgrund dessen, was für unsere Ohren überredend wirkt, und haben so an einer postmodernen Geschichte teil, indem wir die Strategien der Fiktionalisierung in diese Bücher hineinlesen. Vergangene Werke als quasi-intendierte literarische Spiele zu konstruieren – das ist der neue Ethnozentrismus. Es gibt schließlich keinen Beweis, daß ›wir‹ damit aufgehört haben, unsere Probleme ›anderen‹ zuzuschreiben.«[70]

Darüber hinaus geht es in dieser historischen Analyse zum großen Teil um Kolonialismus; sie bietet so dem zeitgenössischen Anthropologen ein Studiengebiet, das ihm einen kritischen und ethischen Standpunkt ermöglicht. Paradoxerweise wiederholt diese Analyse eine Zeit, in der westliche weiße Männer in dem Leben des »Anderen« von höchster Bedeutung waren, genau zu dem Zeitpunkt, wo der Anthropologe seine Bedeutungslosigkeit fürchtet.

Solche Paradoxe, die sich aus der Verbindung von Postmoderne und Anthropologie ergeben, stellen gegenwärtig die schwierigsten Fragen an die neuen Ethnographen: Wenn man eine Epistemologie des freien Spiels formuliert, in der es keine notwendige Beziehung zwischen Signifikant und Signifikat gibt, wie ist es dann noch möglich, einen ethnographischen Text zu schreiben, der eine deskriptive Leistung erbringt? Wenn es keine Metanarrationen gibt, in die die Erfahrung der Differenz übersetzt werden kann, wie ist es dann möglich, überhaupt ethnographische Texte zu schreiben? Auch hier können die Erfahrungen des Feminismus hilfreich sein, denn da die gegenwärtige feministische Theorie ständig mit der paradoxen Natur ihres eigenen Unternehmens lebt, bietet sie der Postmoderne Modelle für den Umgang mit Widersprüchen an. Laut Nancy Cott ist der Feminismus paradox insofern, als er »nach individuellen Freiheiten strebt, indem er Geschlechtersolidarität mobilisiert. Er erkennt die Verschiedenheit zwischen den Frauen an und fordert zugleich, daß Frauen ihre Einigkeit erkennen sollen. Er fordert das Bewußtsein für Geschlechtsidentität (*gender*) als Grundlage und ruft zugleich nach der Zerstörung der vorgeschriebenen Geschlechterrollen (*gender roles*).«[71] Das postmoderne Denken hat den Feministinnen geholfen, grundlegenden Wahrheitsansprüchen zu widerstehen und den Standpunkt zu formulieren, daß der untergeordnete Status von Frauen das Produkt kultureller und historischer Konstrukte ist. Doch die

Gefahr für die Feministinnen liegt darin, »daß wir, indem wir Bedeutungskategorien dekonstruieren, nicht nur patriarchale Definitionen von ›Weiblichkeit‹ und ›Wahrheit‹ dekonstruieren, sondern auch die Kategorien unserer eigenen Analyse – ›Frauen‹ und ›Feminismus‹ und ›Unterdrückkung‹«.[72]

Daß die feministische Theorie mit ihrer neuen Betonung der Unterschiedlichkeit weiblicher Erfahrung sich nicht vollständig der Verführung der Postmoderne und den Gefahren einer kompletten Dezentrierung des Historischen und des Materiellen hingegeben hat, ist zum Teil der feministischen Theorie zu verdanken, die Frauen als die zentrale Kategorie der Analyse sieht und das politische Ziel vertritt, Machtverhältnisse zu verändern, die der Unterdrückung der Frauen zugrundeliegen. Die Feministinnen werden den Anspruch nicht aufgeben, die durch ihre Geschlechtsidentität [gender] bedingte Erfahrung der Frauen in der hierarchischen Welt, in der wir weiterhin leben, zu verstehen.

Diese Situierung schafft den Feministinnen eine Grundlage, Objektivität für unsere Unternehmung zurückzufordern und zugleich die Parteilichkeit von Wahrheitsansprüchen zu erkennen. Neuere Werke von feministischen Wissenschaftskritikerinnen haben traditionelle Definitionen von Objektivität als Desinteresse in Frage gestellt und den Terminus für die situierte Wahrheit, die der Feminismus sucht, wieder brauchbar gemacht. Dieser Punkt wird von Mary Hawkesworth klar formuliert:

»Da feministische Berichte keine Behauptungen von universeller Gültigkeit aufstellen, leiten sie ihre rechtfertigende Kraft aus ihrer Fähigkeit ab, bestehende soziale Verhältnisse zu erhellen, die Nachteile alternativer Interpretationen darzulegen, widersprüchliche Ansichten zu entlarven. Eben weil die Feministinnen sich in einen Raum jenseits der Texte bewegen, um sich der Welt zu stellen, können sie in spezifischen Kontexten konkrete Gründe für die Überlegenheit ihrer Berichte liefern... Die besten feministischen Analysen umfassen sowohl den kritischen Intellekt als auch die Welt; sie übertreffen androzentrische Darstellungen, weil in ihrem systematischen Vorgehen mehr untersucht und weniger angenommen wird.«[73]

Die Wahrheit kann nur unter bestimmten Umständen zutage treten; wir müssen uns vor Verallgemeinerungen hüten. Solch eine Politik fordert uns Feministinnen auf, zu untersuchen, für wen wir schreiben. Strathern ist eine Anthropologin, für die diese Lektion von Wert ist: »Wenn ich melanesische Hochzeitszeremonien beschreibe, so muß ich dabei an meine melanesischen Leserinnen und Leser denken. Das wiederum macht die vorher etablierte Unterscheidung zwischen Schreibender und Subjekt problematisch: Ich muß wissen, in wessen Auftrag und mit welchem Ziel ich schreibe.«[74]

Verborgene Machtbeziehungen sind nicht nur für Frauen oder für die feministische Wissenschaft ein Problem, sondern auch für Männer und für den Herrschaftsdiskurs, dessen Ansprüche auf Objektivität durch Verzerrungen und Mystifizierung gestört werden. Gerade die fiktionalen Formen, laut der postmodernen Epistemologie die idealen Vehikel zur Aufdeckung dieser Machtbeziehungen, können den neuen Ethnographen in der Tat in Versuchung bringen zu schreiben, ohne vorher das Publikum zu bestimmen. Die neue Ethnographie muß ihre Theorie in eine fundierte Politik einbetten, anstatt sich an eine gegenwärtig populäre Ästhetik zu wenden, ohne sich zu fragen, inwiefern dieses Denken das eigene politische Anliegen der Anthropologie subversiv unterlaufen kann.

Es ist wahr, daß der Postmodernismus mit seiner Dezentrierung des Cartesianischen Subjekts auf diejenigen anregend wirken kann, die traditionellerweise aus dem Diskurs ausgeschlossen sind. Jane Flax hat dieses liberalisierende Potential hervorgehoben, sie meint, daß das postmoderne Experimentieren uns dazu ermutigt, »Ambivalenz, Ambiguität und Multiplizität zu tolerieren und zu interpretieren«.[25] Ganz ähnlich hat die Historikerin Joan Scott vor kurzem festgestellt, daß die postmoderne Ablehnung der Vorstellung, daß die Menschheit sich in jeder universellen Figur oder Norm verkörpern läßt, mit der das »Andere« verglichen werden kann, dazu dient, den westlichen weißen Mann zu dezentrieren.[76] In Craig Owens Worten: »Das postmoderne Werk versucht, die tröstliche Stabilität, die die herrschende Position [des] Subjekts der Repräsentation erzeugt, als absolut zentriert, einheitlich, maskulin zu verabschieden.«[77] Tatsächlich scheint diese politische Motivation der neuen Ethnographie zugrunde zu liegen, doch müssen die tatsächlichen postmodernen Schriften diesen politischen Zielen nicht dienen. Statt dessen können sie Differenz tilgen, indem sie implizieren, daß alle Geschichten in Wirklichkeit von einer Erfahrung handeln, von der Dezentrierung und Fragmentierung, die der weiße westliche Mann gegenwärtig erfährt.

Doch selbst, wenn wir einräumen, daß das Potential der Postmoderne in ihrer Fähigkeit liegt, Erfahrung zu dezentrieren, kommen noch eine Reihe von Fragen auf. Können wir uns Differenz vorstellen, ohne sie an einer Norm zu messen? Können wir Differenz ohne Zuhilfenahme einer Hierarchie erkennen?[78] Und vielleicht etwas mehr im Rahmen der neuen Ethnographie – was sind die Implikationen einer Vielstimmigkeit? Wenn die postmoderne Betonung einer Mehrstimmigkeit zu einer Leugnung der bestehenden Hierarchie der Diskurse führt, können die materiellen und historischen Verbindungen zwischen den Kulturen ignoriert werden, wobei alle Stimmen gleich werden und jede von ihnen nur eine individualisierte Geschichte erzählt. Dann kann die Geschichte dessen, der kolonisiert wurde, als unabhängig von der des Kolonisators gelesen werden. Solche Lesarten ignorieren oder verdunkeln Machtausnutzung und Machtunterschiede und können daher keine Grundlage für den Kampf gegen Unterdrückung und für einen Wechsel sein. Mehr noch, vor der Unterschiedlichkeit der Erfahrungen, die die neue Ethnographie in den Vordergrund stellen will, müssen die AnthropologInnen in Betracht ziehen, welche Vorkehrungen gegen interdiskursive Unverständlichkeit oder Fehlinterpretation getroffen werden müssen. Man hat schon lange erkannt, daß die traditionelle Übersetzung anderer Kulturen in den Diskurs der westlichen Sozialwissenschaften durch EthnographInnen problematisch ist. Genauso problematisch ist ein Text, der die Übersetzung dieser Erfahrung geschickt im Kopf jeder LeserIn ordnet, oder eine ÜbersetzerIn, die sich nur auf allgemeinverständliche, mit den Vorgaben der westlichen Tradition gesättigte Kategorien berufen kann. Wie brillant die Dekonstruktion des Kulturtextes oder wie eloquent die mündliche Geschichte der InformantIn auch sein mag, so kann das »Andere« noch immer in der Sprache des dominanten Diskurses rekonstituiert werden, wenn es keine Analyse gibt, die »jeden Diskurs als das Ergebnis einer Praxis der Produktion ansieht, die zugleich materiell, diskursiv und komplex ist«.[79] Ohne eine politisch reflexive Grundlage kann das »Andere« zu leicht als Exotikum rekonstituiert werden, das Gefahr läuft, durch diese Exotik entmachtet zu werden.

Außerdem kann die Bewegung der neuen Ethnographie weg von einem wissenschaftlichen und hin zu einem stärker literarischen Diskurs eine Maskierung und Verstärkung einer westlichen Vormachtstellung bewirken, anstatt sie zu zerstreuen. Wenn die neue Ethnographie in der Absicht, sich von einer einheitlichen, totalisierenden narrativen Stimme zu befreien, Anleihen bei narrativen Formen macht, dann wendet sie sich aus gutem Grund, wie ironisch es auch sein mag, an die moderne Literatur als Modell. Das Verschwinden der allwissenden, kontrollierenden narrativen Stimme, die das Leben aller Figuren kommentiert und ihre innersten Geheimnisse kennt, ist zentral für die moderne Transformation der Literatur, wie sie sich in den Werken von Schriftstellerinnen und Schriftstellern wie Joseph Conrad, Henry James, Virginia Woolf, James Joyce, Gertrude Stein und William Faulkner zeigt, eine Transformation, die mit dem Kollaps des Kolonialismus zusammenfiel. Wie schon festgestellt wurde, haben die Autoren, die mit dem *point of view* experimentieren und ein scheinbares Durcheinander an Perspektiven und Subjektivitäten in einer Vielzahl von Stimmen präsentieren, vielleicht keine offeneren Texte geschrieben als die klassischen Autorinnen und Autoren, in deren Werken die gesamte Handlung durch eine einheitliche Erzählerstimme vermittelt wird.[80] Die literarischen Techniken der Fragmentierung, der Metapher, des thematischen und verbalen Echos, der Wiederholung und der Juxtaposition, die die neue Ethnographie aufgreift, sind Verfahren, mit deren Hilfe der Autor oder die Autorin den Verstehensprozeß und die Reaktion kontrollieren. Sie haben die Funktion, die Leseerfahrung durch den augenscheinlich diskontinuierlichen, unlogischen und fragmentarischen Text zu strukturieren. Das Einsetzen dieser Verfahren und die Weigerung, eine direkte Aussage der eigenen Ansichten und Intentionen zu machen, verleihen der AutorIn noch mehr Macht über den Text.[81] AnthropologInnen, die eine neue Ethnographie schreiben möchten und ihre Verfahren der Literatur entnehmen, können unwissentlich die literarische Betonung der Form und die Ästhetik der Ganzheit (*aesthetic of wholeness*) aufgreifen, beides Fallen für die EthnographInnen. Diese ästhetischen Kriterien laden zur Manipulation narrativer Techniken in vielstimmigen Werken ein, deren augenscheinliche Kakophonie die Unterschiedlichkeit und Vielzahl individueller und kultureller Perspektiven spiegelt, um dann unmerklich alle Elemente in einem kohärenten und angenehmen Ganzen aufzulösen. Diese narrativen Techniken strukturieren und kontrollieren Texte genauso, wie eine ErzählerIn es in einem klassischen Werk tut, sei es nun literarisch, historisch oder ethnographisch.[82]

Diese Warnungen können natürlich als übermäßig formalistisch angesehen werden, man kann ihnen vorwerfen, daß sie in der neuen Ethnographie nicht mehr sehen als eine stilistische Innovation. Stephen Tyler bezeichnet einen solchen Standpunkt in seiner beschwörenden, äußerst enthusiastischen – wenn auch vielleicht sich selbst widersprechenden – Verherrlichung der neuen Ethnographie als »Perversion der Moderne«.[83] Für ihn sind die neuen ethnographischen Texte eher evokativ als repräsentierend, ähnlich einem Ritual oder einem Gedicht, die neue Ethnographie »evoziert

durch *Abwesenheit*, was begriffen, doch nicht repräsentiert werden kann«.[84]
In der Tat sollten die LeserInnen, um einen Einblick in die Ideologie der
Selbstbeweihräucherung zu bekommen, die der neuen Ethnographie implizit ist und die sich durch das Fehlen jeglicher Subtilität oder akademischer
Vorsicht disqualifiziert, die von Tyler selbst nicht problematisierten Behauptungen lesen; daß postmoderne Ethnographie »die kooperative und
kollaborative Natur der ethnographischen Situation« und »die gegenseitige
dialogische Produktion des Diskurses« betont;[85] daß sie, da sie den Diskurs
dem Text vorzieht, »nie eine Frage der besseren Repräsentation [ist], sondern die Frage, wie man ihr aus dem Weg geht«;[86] daß der neue ethnographische Text »ein meditatives Vehikel für eine Entgrenzung der Zeit und
des Ortes« ist.[87] Tyler sagt, daß »der ethnographische Diskurs [...] am Projekt des universalen Wissens keinen Anteil«[88] nimmt, sondern eher ein »zu
verzehrendes Fragment« eines Verständnisses ist, das nur im Text erfahren
wird, in dem Text, der evoziert und partizipiert, indem er die gemeinsame
Arbeit des Ethnographen und seiner InformantInnen mit dem hermeneutischen Prozeß der LeserInnen zusammenbringt.[89]

Dagegen stehen Jonathan Friedman mit einer marxistischen Perspektive
und Judith Stacey, die einen feministischen Standpunkt vertritt, dem Anspruch, daß die postmoderne Revision der ethnographischen Praxis erheb-
lich mehr sei als eine Frage des Stils, äußerst skeptisch gegenüber. Friedman
fordert einen Dialog, der intertextuell, nicht nur intratextuell ist, da »offensichtlich der einzelne dialogische Text zwar den Versuch ausdrücken kann,
die Beziehung zwischen uns und ihnen einzufangen und so zu neutralisieren,
indem man davon ausgeht, daß AnthropologInnen die Stimme des Anderen
repräsentieren können«.[90] Stacey meint, daß »das Anerkennen von Parteilichkeit und das Übernehmen von Verantwortung für auktoriale Konstruktion« nicht ausreichen. »Die postmoderne Strategie ist eine unzulängliche
Antwort auf die von mir beschriebenen ethischen Probleme, die sich aus dem
ethnographischen Prozeß und dem Verfassen eines ethnographischen Berichts ergeben.«[91] Die neue Ethnographie läuft Gefahr, das »Andere« entweder in einer manipulierenden, totalisierenden Form unterzuordnen, deren
politische Grundlagen verdeckt sind, oder aber in dem historisch abhängigen
Diskurs der Rezeption jeder einzelnen LeserIn. Obgleich die neuen Ethnographen ihre Verfahren der Literatur entnehmen, haben sie dennoch nicht
den Anspruch, rein fiktionale Werke zu schreiben. Sie stellen weiterhin
Wahrheitsansprüche: Die Verwendung von Dialogen wird als Reflexion ih-

rer Feldforschung dargestellt, und die Fragmentierung ihrer Texte soll ihren postmodernen Zustand spiegeln. Wie Tyler es formuliert: »Wir bestätigen in unseren ethnographischen Texten, daß wir uns des fragmentarischen Zustands der postmodernen Welt bewußt sind, denn nichts bestimmt *unsere Welt* so treffend wie das Fehlen einer synthetisierenden Allegorie.«[92]

Das gilt nicht für nicht-westliche Männer oder für alle Frauen. Das vermeintliche Fehlen von Metatexten – die Erfahrung der Hilflosigkeit und der Zerrissenheit – ist die neue synthetisierende Allegorie, die auf weiße Frauen und auf Völker der Dritten Welt projiziert wird, denen erst vor kurzem teilweise Macht zugestanden wurde. Liegt die politische Stärke der neuen Ethnographie, wie Marcus und Fischer es vorgeschlagen haben, in einer sozialen Kritik, die auf der »intellektuellen Reflexion der Anthropologin über sich selbst und über ihre eigene Gesellschaft [beruht], hervorgerufen durch das Beschreiben einer fremden Kultur«, so ist sie als Anthropologie entmutigend.[93] Sie hat den Anspruch verloren, das »Andere« zu beschreiben, und scheint dabei unfähig zu sein, irgend jemanden außer VerfasserInnen und LeserInnen, denen es als akademische Zugabe oder als Therapie dient, Macht zu verleihen. Die Anthropologie wird potentiell auf ein Identitätsritual für den Anthropologen reduziert. Wenn das die neue Ethnographie ist, dann muß sie als eine Facette der letzten Bemühungen der Postmoderne angesehen werden, das Privileg des Subjekts zu verteidigen, selbst wenn sie paradoxerweise den Subjektstatus dekonstruiert.

Während das postmoderne Denken tatsächlich viele akademische Disziplinen belebt hat, sollte sich die Anthropologie noch einmal fragen, welchen Preis sie dafür zahlt. Die AnthropologInnen, die sich der Machtverhältnisse in einem ethnographischen Unterfangen bewußt sind und Wege suchen, ethisch mit diesen umzugehen, sollten sich besser der feministischen Theorie und Praxis zuwenden als dem Postmodernismus. Denn im Endeffekt lenkt der postmoderne Fokus auf Stil und Form trotz seiner Differenziertheit unsere Aufmerksamkeit von der Tatsache ab, daß Ethnographie mehr ist als ein »Zusammenschreiben von Felddaten«. Durch die Position der Frau als das »Andere« in einer patriarchalen Kultur und durch den Dialog der Feministinnen und ihrer Konfrontation mit verschiedenen Gruppen von Frauen haben wir gelernt, allen Mitgliedern einer dominanten Gruppe zu mißtrauen, die für die Unterdrückten sprechen wollen, wie eloquent oder experimentell auch immer. Politisch feinfühlige AnthropologInnen sollten sich nicht mit der Bloßlegung von Machtverhältnissen im ethnographischen Text begnügen (sofern die neue Ethnographie das kann), sondern sie sollten daran arbeiten, diese Verhältnisse zu überwinden. Durch eine Hinwendung zum Postmodernismus können sie (wissentlich oder unwissentlich) Gefahr laufen, solche Machtverhältnisse zu verstärken und ihren Status als AnthropologInnen, als autoritative SprecherInnen zu bewahren. AnthropologInnen können diese Machtverhältnisse vielleicht besser überwinden, wenn sie ihre Fragen im Einklang mit den Bedürfnissen der unterdrückten Gruppe formulieren, wenn sie sich dazu entschließen, eine Arbeit durchzuführen, die die »Anderen« möchten und brauchen, wenn sie sich klarmachen, für wen sie schreiben, und wenn sie einen feministischen politischen Rahmen aufgreifen, der Beziehungen zu »Anderen« mißtrauisch gegenübersteht, sofern die Motive für die Forschung keiner genauen und ehrlichen Untersuchung unterzogen werden.

In der westlichen Kultur ist die Position der Frau schon immer paradox. Wie ein Mensch aus der Dritten Welt, der in Oxbridge studiert hat, sprechen wir feministischen Wissenschaftlerinnen zugleich als sozial konstituierte »Andere« und als Sprecherinnen innerhalb des Herrschaftsdiskurses, und dabei sind wir nie in der Lage, uns ganz und unkritisch in eine der beiden Positionen einzufinden. Auf ähnliche Weise sind Ethnographen, obwohl sie Sprecher des dominanten Diskurses sind, durch ihre Felderfahrung dennoch mit der Erfahrung des Andersseins vertraut, wenn es auch ein selbstauferlegtes und zeitlich begrenztes Anderssein ist. Sie können in dieser Situation auf ihre Erfahrungen als Außenseiter zurückgreifen, so daß sie ihre politischen und persönlichen Zielsetzungen klarer sehen und ihre Forschungspläne bestimmen können. Während es komplex und unbequem ist, aus einer Position zu sprechen, die weder innen noch außen ist, so erfordert eben diese Position, daß wir unsere Wissenschaft mit einer eindeutigen Politik verbinden, um gegen die Kräfte der Unterdrückung vorzugehen.

(Aus dem Amerikanischen von Schamma Schahadat)

Anmerkungen

1 Der Begriff neue Ethnographie (*new ethnography*) wird allgemein für Kulturbeschreibungen verwendet, die eine Reflexivität aufweisen, wie man sie in traditionellen ethnographischen Texten selten antrifft. Diese Reflexivität kann so aussehen, daß der Feldforscher oder die Feldforscherin sich als SchauspielerIn in einer ethnographischen Situation sieht, wie es in folgenden Arbeiten der Fall ist. Paul Rabinow, *Reflections on Fieldwork in Morocco*, Berkeley und Los Angeles

1977; Barbara Myerhoff, *Number Our Days*, New York 1978; Paul Friedrich, *The Princes of Naranja: An Essay in Anthrohistorical Method*, Austin 1986; Marianne Alverson, *Under African Sun*, Chicago und London 1987; dt. *Unser Dorf in Afrika*, Reinbek bei Hamburg 1990; J. Favret-Saada, *Les mots, la mort, les sorts*, Paris 1977; dt. *Die Wörter, der Zauber, der Tod. Der Hexenglaube im Hainland von Westfrankreich*, Frankfurt 1979; Manda Cesara, *Reflections of a Woman Anthropologist: No Hiding Places*, New York 1982. Die Reflexivität kann auch als Kommentar über kulturelle Differenz auftreten, indem sie intersubjektive Interaktionen hervorhebt, wie in Marjorie Shostaks *Nisa: The Life and Words of a !Kung Woman*, Cambridge/Mass. 1981; dt. *Nisa erzählt. Das Leben einer Nomadenfrau in Afrika*, Reinbek bei Hamburg 1988; in Kevin Dwyers *Moroccan Dialogues*, Baltimore 1980; und in Vincent Crapanzanos *Tuhami: Portrait of a Moroccan*, Chicago 1980; dt. *Tuhami. Portrait eines Marokkaners*, Stuttgart 1983. Sie kann mit traditionellen ethnographischen rhetorischen Formen experimentieren, so in Edward Schieffelins *The Sorrow of the Lonely and the Burning of the Dancers*, New York 1976; und in Michelle Rosaldos *Knowledge and Passion: Ilongot Notions of Self and Social Life*, New York 1980. Oder sie kann eine genaue Untersuchung globaler Herrschaftssysteme anbieten, indem sie symbolische Manifestationen im Leben von Individuen analysiert, wie in Michael Taussigs *The Devil and Commodity Fetishism in South America*, Chapel Hill 1980; in June Nashs *We Eat the Mines and the Mines Eat us: Dependency and Exploration in Bolivian Tin Mines*, New York 1979; und in Gananath Obeyesekeres' *Medusa's Hair: An Essay on Personal Symbols and Religious Experience*, Berkeley und Los Angeles 1981. Daneben gibt es noch die Tendenz, traditionelle ethnographische Texte, wie z. B. Bronislaw Malinowskis *Argonauts of the Western Pacific*, New York 1961; dt. *Argonauten des westlichen Pazifik: Ein Bericht über Unternehmungen und Abenteuer der Eingeborenen in den Inselwelten von Melanesisch-Neuguinea*, Frankfurt 1984; und E. E. Evans-Pritchards *The Nuer*, Oxford 1940, auf ihre narrative Struktur oder ihre Rhetorik hin zu lesen. Oder man proklamiert frühe Texte, die einst als »pure Fiktion« präsentiert wurden, als Vorläufer der »neuen Ethnographie«, so zum Beispiel Elenore Bowens (Pseudonym für Laura Bohannan) *Return to Laughter: An Anthropological Novel*, New York 1954; dt. *Rückkehr zum Lachen. Ein ethnographischer Roman*, Berlin 1984; und Gregory Batesons *Naven: A Survey of the Problems Suggested by a Composite Picture of a Culture of a New Guinea Tribe Drawn from Three Points of View*, Stanford/Cal. 1936. Diese Liste ist weder vollständig noch besonders selektiv; viele dieser Ethnographien setzen mehrere reflexive Strategien ein. Unter den ForscherInnen, die über neue Ethnographie reden, gibt es nur einen begrenzten Konsens darüber, welche Arbeiten exemplarisch für den Trend stehen.

2 George E. Marcus und Michael M. J. Fischer, *Anthropology as Cultural Critique: An Experimental Moment in the Human Sciences*, Chicago und London 1986; James Clifford und George E. Marcus (Hg.), *Writing Culture: The Poetics and Politics of Ethnography*, Berkeley und Los Angeles 1986, im weiteren zitiert als *Writing Culture*.

3 Marcus und Fischer, a. a. O., S. 1.

4 James Clifford, »Introduction«, in: *Writing Culture*, a. a. O., S. 1–26, hier S. 2; dt.

»Halbe Wahrheiten«, in diesem Band, S. 104–135 (hier und im weiteren zitiert nach dem deutschen Text); ausführlicher s. Roy Wagner, *The Invention of Culture*, Chicago 1975.

5 Clifford, »Halbe Wahrheiten«, a. a. O., S. 104.

6 »Banana Republic« ist eine amerikanische Bekleidungsfirma. [*A. d. Ü.*] Marilyn Strathern, »Out of Context: The Persuasive Fictions of Anthropology«, in: *Current Anthropology*, 28/3 (1987), S. 251–270, hier S. 269; James Clifford, »On Ethnographic Allegory«, in: *Writing Culture*, a. a. O., S. 98–121, hier S. 117; und Paul Stoller, »A Dialogue on Anthropology between a Songhay and an Inquirer«, Vortrag auf der 87. Jahreshauptversammlung der American Anthropological Association, Phoenix/Ariz., 16.–20. November 1988.

7 Clifford, »Halbe Wahrheiten«, a. a. O., S. 104.

8 Ebd. (Hervorhebung im Original)

9 Rosaldo, a. a. O.

10 Shostak, a. a. O.

11 Dwyer, a. a. O.

12 Friedrich, a. a. O.

13 Clifford, »Halbe Wahrheiten«, a. a. O., S. 104.

14 Simone de Beauvoir, *Le deuxième sexe*, Paris 1949; dt. *Das andere Geschlecht. Sitte und Sexus der Frau*, Reinbek bei Hamburg 1968.

15 (*A. d. Ü.*: Im folgenden werden die englischen Begriffe für weiblich als sozial und kulturell bestimmtes Geschlecht = *feminine* und biologisch definiertes Geschlecht = *female* jeweils in Klammern angegeben. Gleiches gilt für die Begriffe Geschlechtsidentität [*gender*] im Sinne des sozial und kulturell bestimmten Geschlechts vs. biologisches Geschlecht [*sex*].)

16 S. bes. Mary Ellmann, *Thinking about Women*, New York 1968; und Annis Pratt, *Archetypal Patterns in Women's Fiction*, Bloomington 1982.

17 S. bes. Sandra Gilbert und Susan Gubar, *The Madwoman in the Attic: The Woman Writer and the Nineteenth-Century Literary Imagination*, New Haven/Conn. 1980; Elaine Showalter, *A Literature of Their Own: British Women Novelists from Brontë to Lessing*, Princeton/N. J. 1977; und Ellen Moers, *Literary Women*, New York 1976.

18 Hélène Cixous, »Le rire de la Méduse«, in: *L'Arc*, 61 (1975), S. 39–54; und Luce Irigaray, *Ce sexe qui n'en est pas un*, Paris 1977; dt. *Das Geschlecht, das nicht eins ist*, Berlin 1979.

19 Marcus und Fischer, a. a. O., S. 2.

20 Ebd., S. 135.

21 Clifford, »Halbe Wahrheiten«, a. a. O., S. 104.

22 Clifford, »On Ethnographic Allegory«, S. 104–109.

23 Clifford, »Halbe Wahrheiten«, a. a. O., S. 104.

24 Tod Gitlin, »Hip-Deep in Post-Modernism«, in: *New York Times Book Review*, 6. 11. 1988, 1, S. 35–36, hier S. 35.

25 Fredric Jameson, »Postmodernism and Consumer Society«, in: H. Foster (Hg.), *The Anti-Aestetic: Essays on Postmodernist Culture*, Port Townsend/Wash. 1983, S. 111–125, im weiteren zit. als *The Anti-Aesthetic*.

26 Darauf verwies vor kurzem Daryl McGowan Tress, »Comment on Flax's ›Post-

modernism and Gender Relations in Feminist Theory««, in: *Signs*, 14/1 (1988), S. 196–200.

27 Jane Flax, »Postmodernism and Gender Relations in Feminist Theory«, in: *Signs*, 12/4 (1987), S. 621–643; Craig Owens, »The Discourse of Others: Feminists and Postmodernism«, in: *The Anti-Aesthetic*, a.a.O., S. 57–82. Nancy Frasers und Linda Nicholsons »Social Criticism without Philosophy: An Encounter between Feminism and Postmodernism«, in: *Theory, Culture, and Society*, 5 (Juni 1988), S. 373–394, war für uns an diesem Punkt sehr hilfreich.

28 Gitlin, a.a.O., S. 36.

29 Nancy Hartsock, »Rethinking Modernism«, in: *Cultural Critique*, 7 (1987), S. 187–206.

30 Sarah Lennox, »Anthropology and the Politics of Deconstruction«, Vortrag, gehalten auf der neunten Jahreskonferenz der National Women's Studies Association, Atlanta/Ga., Juni 1987.

31 Sandra Harding, »Introduction: Is There a Feminist Method?«, in: Sandra Harding (Hg.), *Feminism and Methodology*, Bloomington und Indianapolis 1987, S. 1–14, hier S. 10.

32 Andreas Huyssen »Mapping the Postmodern«, zit. in Nancy K. Miller, »Changing the Subject: Autorship, Writing, and the Reader«, in: Teresa de Lauretis (Hg.), *Feminist Studies: Critical Studies*, Bloomington: Indiana University Press 1986, S. 102–120; dt. »Postmoderne – eine amerikanische Internationale?«, in: Andreas Huyssen und Klaus R. Scherpe (Hg.), *Postmoderne. Zeichen eines kulturellen Wandels*, Reinbek bei Hamburg 1986, S. 13–44, hier S. 37–38.

33 P. Steven Sangren, »Rhetoric and the Authority of Ethnography«, in: *Current Anthropology*, 29/3 (1988), S. 405–24, hier S. 411.

34 Ebd., S. 412.

35 In ihrer Antwort auf Sangren nennen Michael Fischer und George Marcus (gemeinsam mit Stephen Tyler) Sangrens Anliegen eine »*Besessenheit* von akademischer Macht und Status« (unsere Hervorhebung), s. Michael M.J. Fischer, George E. Marcus und Stephen A. Tyler, »Comments«, in: *Current Anthropology*, 29/3 (1988), S. 426–427, hier S. 426.

36 Clifford, »Halbe Wahrheiten«, a.a.O., S. 104.

37 Owens, S. 61.

38 Ebd.

39 Owens, a.a.O., S. 62. [Im Original heißt es *neut(e)ralized*, eine Kombination aus *neuter* = sächlich, geschlechtslos und *neutral* = neutral. – *A. d. Ü.*]

40 Owens merkt an, daß das Schreiben für Frauen einen intellektuellen Transvestismus erfordert: »Um zu sprechen, sich zu präsentieren, nimmt eine Frau eine männliche Position ein; vielleicht wird Weiblichkeit (*femininity*) deshalb häufig mit Maskierung assoziiert, mit falscher Repräsentation, mit Simulierung und Verführung.« (ebd. S. 59). S.a. Mary Russos »Female Grotesques: Carnival and Theory«, in: *Feminist Studies: Critical Studies*, bes. S. 213–239. Zu einer breiten Diskussion über die Vorteile eines Transvestismus für Frauen s. Susan Gubars »Blessings in Disguise: Cross-Dressing as Re-Dressing for Female Modernists«, in: *Massachusetts Review*, 22/3 (1981), S. 477–508. Einen mißtrauischen Blick

auf einige männliche Antworten auf die feministische Literaturkritik im Kontext des gegenwärtigen Interesses für maskulinen Transvestismus, wie er in dem Film *Tootsie* deutlich wird, wirft Elaine Showalter, »Critical Cross-Dressing: Male Feminists and the Woman of the Year«, in: *Raritan*, 3/2 (1983), S. 130–149. Männliche Ängstlichkeit, feministische Kritik zu üben, wurde von Dominick LaCapra in einer Diskussion seines »Death in Venice: An Allegory of Reading« (Vortrag am Woodrow Wilson Institute, »Interpreting the Humanities«, Juni 1986) formuliert. Als er auf den Aspekt der Geschlechtsidentität (*gender issues*) in Manns Erzählung angesprochen wurde, antwortete er: »Ich kann keine Transvestitenwissenschaft betreiben wie Jonathan Culler«, eine Anspielung auf das Kapitel »Reading as a Women« (Als Frau lesen) in Jonathan Culler, *On Deconstruction: Theory and Criticism after Structuralism*, Ithaca/N. Y. 1982, S. 43–64; dt. *Dekonstruktion. Derrida und die poststrukturalistische Literaturtheorie*, Reinbek bei Hamburg 1988, S. 46–69. Eine ähnliche Angst, die Freud bewegte, wird diskutiert in C. Bernheimer und Claire Kahane (Hg.), *Dora's Case: Freud – Hysteria – Feminism*, New York 1985.

41 Evelyn Fox Keller hat beschrieben, wie der Komplex Geschlechtsidentität (*gender*) und Wissenschaft immer wieder falsch als Frauen und Wissenschaft übersetzt wird. Sie zeigt, daß Fragen nach der Geschlechtsidentität (*gender*) als rein weibliches Interesse angesehen werden: »Feminist Perspectives on Science Studies«, in: *Barnard Occasional Papers on Women's Issues*, 3 (1988), S. 10–36.

42 Owens, a. a. O., S. 62. Diese Beobachtung ist Feministinnen, die beständig durch die Marginalisierung feministischer Erkenntnisse frustriert werden, natürlich wohlbekannt. S. z. B. Miller, a. a. O. (s. Anm. 32).

43 Paul Rabinow, »Repräsentationen sind soziale Tatsachen: Modernität und Post-Modernität in der Anthropologie«, in diesem Band, S. 136–173.

44 Deborah Gordon hat kürzlich festgestellt, daß der kritische Kosmopolit nicht nur »nicht deutlich markiert ist durch ›lokale‹ Belange wie Geschlecht, Rasse, Nationalität usw.«, sondern auch, daß »griechischen Sophisten, die Rabinow als fiktive Figuren für seinen Standpunkt dienen, europäische Männer waren«. S. »Writing Culture, Writing Feminism: The Poetics and Politics of Experimental Ethnography«, in: *Inscriptions*, 3/4 (1988), S. 7–24.

45 Rabinow, *Reflections on Fieldwork in Morocco*, a. a. O., S. 67.

46 Lois Banner vertritt die These, daß Männern, die sich dem Feminismus gegenüber wohlwollend verhalten, eben diese Aufgabe zukommt, so in ihrer Antwort auf Peter Gabriel Filenes Plenarrede, »History and Men's History and What's the Difference«, auf der Konferenz über »New Gender Scholarship: Women's and Men's Studies«, University of Southern California, Los Angeles, Februar 1987.

47 Flax, a. a. O., S. 624.

48 Marilyn Strathern, »Ein schiefes Verhältnis. Der Fall Feminismus und Anthropologie«, in diesem Band, S. 174–195.

49 Ebd.

50 Ebd.

51 Ebd.

52 Judith Stacey, »Ist eine feministische Ethnographie möglich?«, in diesem Band, S. 196.

53 Ebd.

54 Strathern, »Out of Context: The Persuasive Fictions of Anthropology«, S. 268.

55 Ebd., S. 269.

56 Ebd., S. 266–267.

57 Ebd., S. 268.

58 S. die beeindruckende Darstellung dieses Dialogs in Maria C. Lugones' und Elizabeth Spelmans, »Have We Got a Theory for You! Feminist Theory, Cultural Imperialism and the Demand for ›The Woman's Voice‹«, in: *Women's Studies International Forum*, 6/6 (1983), S. 573–581.

59 Harding, »Introduction: Is There a Feminist Method?«, a. a. O., S. 8.

60 VertreterInnen der Angewandten Anthropologie nehmen, ebenso wie feministische Forscherinnen, häufig an gemeinsamen Forschungsprojekten teil, was die traditionelle und überwiegend ungerechtfertigte und falsche Auffassung von Forschung und Wissenschaft als die heroische Suche des einsamen Forschers nach »Wahrheit« Lügen straft. Sandra Harding hat vor kurzen bemerkt, daß diese Vorstellung von Forschung die von Frauen geleisteten Beiträge für wissenschaftliche Projekte oft verschleiert, da ihre Arbeit, vor allem in Labors, als Hausarbeit im Dienste des männlichen Wissenschaftlers abgetan werden kann. Sandra Harding, *The Science Question in Feminism*, Ithaca/N. Y. 1986.

61 James Clifford, »Identity in Mashpee«, in seinem *The Predicament of Culture: Twentieth-Century Ethnography, Literature, and Art*, Cambridge/Mass. 1988, S. 277–346.

62 Ebd., S. 289.

63 Harding, »Introduction: Is There a Feminist Method?«, a. a. O., S. 11.

64 Wir haben das maskuline Pronomen hier und in den folgenden Passagen des Textes beibehalten, wenn wir uns auf Anthropologen beziehen, die in traditionellen anthropologischen Ideen und Praktiken verhaftet sind. Feministische Anthropologinnen haben gezeigt, daß die Anthropologie, obwohl sie traditionell Frauen als Wissenschaftlerinnen mit einbezogen hat, dennoch von androzentrischen Voraussetzungen belastet ist; s. Sally Slocums »Woman the Gatherer: Male Bias in Anthropology«, in: R. Rapp (Hg.), *Toward an Anthropology of Women*, New York und London 1975, bes. S. 36–50. Es ist eine der ersten Arbeiten, die diese Voreingenommenheit aufdeckt.

65 Susan Sontag, »The Anthropologist as Hero«, in ihrem *Against Interpretation*, New York 1966, S. 69–81; dt. »Der Anthropologe als Held«, in *Kunst und Antikunst. 24 literarische Analysen*, Frankfurt am Main 1982, S. 122–135; Clifford Geertz, *Works and Lives: The Anthropologist as Author*, Stanford/Cal. 1988, bes. S. 73–101; dt. *Die künstlichen Wilden. Der Anthropologe als Schriftsteller*, München und Wien 1990.

66 Stephen A. Tyler, »Post-Modern Ethnography: From Document of the Occult to Occult Document«, in: *Writing Culture*, a. a. O., S. 122–140; dt. »Postmoderne Ethnographie vom Dokument des Okkulten zum okkulten Dokument«, in: ders., *Das Unaussprechliche. Ethnographie, Diskurs und Rhetorik in der postmodernen Welt*, München 1991, S. 191–208, hier S. 196. [Hier und im weiteren wird aus der deutschen Ausgabe zitiert. – A. d. Ü.]

67 Zu dem Gebrauch des geschlechtsmarkierenden »er«: s. Anm. 64. Hier möchten wir hervorheben, daß die postmodernen Ethnographen sowie ihre traditionellen Vorfahren aus der männlichen/dominanten Position sprechen und Selbstreflexion, Zusammenarbeit und textuelles Experimentieren nur als »neu« auffassen, wenn diese Techniken von Männern durchgeführt werden.

68 Friedrich, a. a. O., S. 246–261.

69 Geertz, a. a. O.; Clifford, *The Predicament of Culture*, a. a. O., bes. S. 92–113; und Strathern, »Out of Context: The Persuasive Fictions of Anthropology«, a. a. O.

70 Strathern, »Out of Context: The Persuasive Fictions of Anthropology«, a. a. O., S. 269.

71 Nancy Cott, zit. in Joanne Frye, »The Politics of Reading: Feminism, the Novel and the Coercions of ›Truth‹«, Vortrag, gehalten auf der Jahresversammlung der Midwest Modern Language Association, Columbus/Ohio, November 1987, S. 2.

72 Ebd.

73 Mary E. Hawkesworth, »Knowers, Knowing, Known: Feminist Theory and Claims of Truth«, in: *Signs*, 14/3 (Frühjahr 1989), S. 533–557, hier S. 557.

74 Strathern, »Out of Context: The Persuasive Fictions of Anthropology«, a. a. O., S. 269.

75 Flax, a. a. O., S. 643.

76 Joan Scott, »History and the Problem of Sexual Difference«, Vortrag, gehalten am Simon's Rock of Bard College, Great Barrington/Mass., November 1987.

77 Owens, a. a. O., S. 58.

78 Scott, a. a. O.

79 J. Henriques, W. Holloway, C. Urwin, C. Venn und V. Walkerdine, *Changing the Subject*, London und New York 1984, S. 106.

80 S. Roland Barthes, *S/Z*, Paris 1976; dt. *S/Z*, Frankfurt am Main 1987; und Wayne Booth, *The Rhetoric of Fiction*, Chicago 1961; dt. *Die Rhetorik der Erzählkunst*, Heidelberg 1974.

81 Shoshana Felman, »Turning the Screw of Interpretation«, in: *Yale French Studies*, 55/56 (1977), S. 94–208, bes. S. 203–207.

82 Das wurde von Clifford in: *The Predicament of Culture* eingeräumt, ebenso von Geertz und ist einleuchtend dargestellt von Bruce Kapferer in seiner Rezension zu beiden Büchern, »The Anthropologist as Hero: Three Exponents of Post-Modernist Anthropology«, in: *Critique of Anthropology*, 8/2 (1988), S. 77–104, bes. S. 98. Laut Kapferer »können gegenwärtige Versuche, etwas in Worte zu fassen – zum Beispiel editierte Texte von aufgenommenen Interviews –, zu einem Vehikel für die eigenen Ansichten des Ethnographen werden. Der Ethnograph verbirgt sich unter der Maske des Anderen. Das Ergebnis kann heimtückischer sein als die unbefangene Ethnographie von gestern, es kann eine andere Methode sein, mittels derer das Andere benutzt und kontrolliert wird.«

83 Tyler, S. 197.

84 Ebd., S. 191 (Hervorhebungen Tyler).

85 Ebd., S. 194–195.

86 Ebd., S. 197.

87 Ebd., S. 198.

88 Ebd., S. 199.

89 Ebd., S. 198.

90 Jonathan Friedman, »Comment«, in: *Current Anthropology*, 29/3 (1988), S. 426–427, hier S. 427.

91 Stacey, S. 196.

92 [*A. d. Ü.*: Ich übersetze hier selbst, in Abweichung von der deutschen Übersetzung, die hier zitiert wird, weil dort eine Feinheit verlorengeht, die die Autorinnen des Aufsatzes für wichtig befinden. Die Hervorhebung stammt von Mascia-Lees, Sharpe, Cohen; Tyler, dt. a. a. O., S. 200.]

93 Marcus und Fischer, a. a. O., S. 4.

Bibliographie

Diese Bibliographie ist selektiv und beschränkt sich auf die anthropologischen Werke, die in den hier vorliegenden Aufsätzen zitiert werden und für eine feministische Anthropologie relevant sind.

Sammelbände

Talal Asad (Hg.), *Anthropology and the Colonial Encounter*, London 1973.

Gloria Bowles, Renate Duelli-Klein (Hg.), *Theories of Women's Studies*, London 1983.

Patricia Caplan, Janet M. Bujra (Hg.), *Women United, Women Divided: Comparative Studies of Ten Contemporary Cultures*, Bloomington/Ind. 1979.

James Clifford, George E. Marcus (Hg.), *Writing Culture: The Poetics and Politics of Ethnography*, Berkeley, Los Angeles, London 1986.

Jane Fishburne Collier, Sylvia Junko Yanagisako (Hg.), *Gender and Kinship: Essays toward a Unified Analysis*, Stanford 1987.

Hans Peter Duerr (Hg.), *Die wilde Seele. Zur Ethnopsychoanalyse von Georges Devereux*, Frankfurt am Main 1987.

Mona Etienne, Eleanor Leacock (Hg.), *Women and Colonization: Anthropological Perspectives*, New York 1980.

Hussein Fahim (Hg.), *Indigenous Anthropology in Non-Western Countries*, Durham/N. C. 1982.

Hans Fischer (Hg.), *Ethnologie*, Berlin 1992.

Ute Gacs, Aisha Khan, Jerrie McIntyre, Ruth Weinberg (Hg.), *Women Anthropologists: Selected Biographics*, Urbana/Ill. 1989.

G. Gebauer, D. Kamper, D. Lenzen, G. Mattenklott, Ch. Wulf, K. Wünsche (Hg.), *Historische Anthropologie. Zum Problem der Humanwissenschaften heute oder Versuche einer Neubegründung*, Reinbek bei Hamburg 1989.

Peggy Golde (Hg.), *Women in the Field*, Berkeley, Los Angeles, London 1986.

Susanne Günthner, Helga Kotthoff (Hg.), *Von fremden Stimmen*, Frankfurt am Main 1991.

Rebekka Habermas, Niels Minkmar (Hg.), *Das Schwein des Häuptlings. Sechs Aufsätze zur Historischen Anthropologie*, Berlin 1992.

Eugene A. Hammel, William S. Simmons (Hg.), *Man Makes Sense: A Reader in Modern Cultural Anthropology*, Boston 1970.

Brigitta Hauser-Schäublin (Hg.), *Ethnologische Frauenforschung. Ansätze, Methoden, Resultate*, Berlin 1991.

Dorothy Holland, Naomi Quinn (Hg.), *Cultural Models in Language and Thought*, Cambridge 1987.

Dell Hymes (Hg.), *Reinventing Anthropology*, New York 1972.

kea – Zeitschrift für Kulturwissenschaften, 4: »Writing culture«, (1992)

Micaela di Leonardo (Hg.), *Gender at the Crossroads of Knowledge: Feminist Anthropology in the Postmodern Era*, Berkeley, Los Angeles, Oxford 1991.

Carol P. MacCormack, Marilyn Strathern (Hg.), *Nature, Culture and Gender*, Cambridge 1980.

Jerrie McIntyre, Ruth Weinberg (Hg.), *Women Anthropologists: Selected Biographies*, Urbana/Ill. 1989.

S. Morgan (Hg.), *Gender and Anthropology. Critical Reviews for Research and Teaching*, Washington/D. C. 1989.

Judith Okely, Helen Callaway (Hg.), *Anthropology and Autobiography*, London, New York 1992.

Sherry B. Ortner, Harriet Whitehead (Hg.), *Sexual Meanings: The Cultural Construction of Gender and Sexuality*, Cambridge 1981.

Paul Rabinow, William M. Sullivan (Hg.), *Interpretive Social Science: A Reader*, Berkeley, Los Angeles, London 1979.

Rayna Rapp Reiter (Hg.), *Toward an Anthropology of Women*, New York 1975.

Michelle Z. Rosaldo and Louise Lamphere (Hg.), *Women, Culture, and Society*, Stanford/Cal. 1974.

William Roseberry, Jay O'Brien (Hg.), *Golden Ages, Dark Ages: Imaging the Past in Anthropology and History*, Berkeley, Los Angeles, Oxford 1991.

George Stocking (Hg.), *Observers Observed: Essays on Ethnographic Fieldwork*, Bd. 1 von *History of Anthropology*, Madison/Wis. 1983.

Hans Süßmuth (Hg.), *Historische Anthropologie*, Göttingen 1984.

Victor Turner, Edward M. Bruner (Hg.), *The Anthropology of Experience*, Baltimore 1986.

Barbara Vinken (Hg.), *Dekonstruktiver Feminismus. Literaturwissenschaft in Amerika*, Frankfurt am Main 1992.

Peggy Reeves Sanday, Ruth Gallagher Goodenough (Hg.), *Beyond the Second Sex. New Directions in the Anthropology of Gender*, Philadelphia 1990.

T. Whitehead, M. Conaway (Hg.), *Self, Sex, and Gender in Cross-Cultural Fieldwork*, Chicago 1986.

Kate Young, Carol Wolkowitz, Roslyn McCullagh (Hg.), *Of Marriage and the Market: Women's Subordination Internationally and Its Lessons*, London 1981.

Bücher und Artikel

Linda Alcoff, »Cultural Feminism versus Poststructuralism: The Identity Crisis in Feminist Theory«, in: *Signs*, 13/3 (1988), S. 405–36.

Edwin Ardener, »Belief and the Problem of Women«, in: J. S. La Fontaine (Hg.), *The Interpretation of Ritual*, London 1972, S. 135–158.

Jane Atkinson, »Anthropology: Review Essay«, in: *Signs*, 8 (1982), S. 236–258.

Paul Atkinson, *The Ethnographic Imagination*, London 1990.

Ruth Benedict, *Patterns of Culture*, Boston 1934.

Laura Bohannan (Pseudonym: Elenore Smith Bowen), *Return to Laughter*, New York 1954; dt. *Rückkehr zum Lachen*, Berlin 1984.

James Boon, *From Symbolism to Structuralism: Lévi-Strauss in a Literary Tradition*, New York 1972.

ders., *The Anthropological Romance of Bali, 1597–1972*, Cambridge 1977.

Jean Briggs, *Never in Anger*, Cambridge/Mass. 1970.

Judith Butler, *Das Unbehagen der Geschlechter*, Frankfurt am Main 1991.

Helen Callaway, »Ethnography and Experience: Gender Implications in Fieldwork and Texts«, in: Okely, Callaway, a. a. O., S. 29–49.

Patricia Caplan, »Engendering Knowledge«, in: *Anthropology Today*, 4/5 (1988), S. 8–12.

M. Carrithers, »The Anthropologist as Author«, in: *Anthropology Today*, 4/4 (1988), S. 19–22.

ders., »Is Anthropology Art or Science«, in: *Current Anthropology*, 31/3 (1990), S. 263–82.

Manda Cesara, *Reflections of a Woman Anthropologist: No Hiding Place*, New York 1982.

James Clifford, *The Predicament of Culture*, Cambridge/Mass. 1988.

Vine Deloria, *Custer Died for Your Sins*, New York 1969.

Stanley Diamond, *In Search of the Primitive: A Critique of Civilization*, New Brunswick 1974; dt. *Kritik der Zivilisation: Anthropologie und die Wiederentdeckung der Primitiven*, Frankfurt am Main 1976.

Mary Douglas, *Purity and Danger*, London 1966.

Hans Peter Duerr, *Traumzeit, Über die Grenze zwischen Wildnis und Zivilisation*, Frankfurt am Main 1984.

Johannes Fabian, *Time and the Other: How Anthropology Makes Its Object*, New York 1983.

ders., »Presence and Representation: The Other and Anthropological Writing«, in: *Critical Inquiry*, 16 (1990), S. 753–772.

Jeanne Favret-Saada, *Deadly Words: Witchcraft in the Bocage*, London 1980.

Jane Flax, »Postmodernism and Gender Relations in Feminist Theory«, in: *Signs*, 12/4 (1987), S. 621–643.

Clifford Geertz, *Dichte Beschreibung*, Frankfurt am Main 1987.

ders., *Die künstlichen Wilden*, München, Wien 1990.

ders., *Local Knowledge*, New York 1983.

Jane Goodale, *Tiwi Wives: A Study of the Women of Melville Island, North Australia*, Seattle/Wash. 1980.

Deborah Gordon, »Writing Culture, Writing Feminism: The Poetics and Politics of Experimental Ethnography«, in: *Inscriptions*, 3/4 (1988), S. 7–26.

Stephen Greenblatt, *Renaissance Self-Fashioning*, Chicago, London 1980.

Donna Haraway, *Primate Visions: Gender, Race and Nature in the World of Modern Science*, New York 1989.

Marvin Harris, *The Rise of Anthropological Theory*, New York 1968.

Renate Hof, *Die Grammatik der Geschlechter*, in Vorbereitung, Campus Verlag 1993.

dies., »Gender and Difference: Paradoxieprobleme des Unterscheidens«, in: *American Studies/Amerikastudien*, 37/3 (1992), S. 437–449.

Christoph Irmscher, *Masken der Moderne*, Würzburg 1992.

Wolfgang Iser, *Das Fiktive und das Imaginäre. Perspektiven einer literarischen Anthropologie*, Frankfurt am Main 1991.

ders., *Fingieren als anthropologische Dimension der Literatur*, Konstanz 1990.

Helga Kotthoff, »Xmit natirlebi. Weibliche Lamento-Kunst in Ostgeorgien« erscheint in *Georgica 1992/3*.

Rosemarie Kullik, *Frauen »gehen fremd«: Eine Wissenschaftsgeschichte der Wegbereiterinnen der deutschen Ethnologie*, Bonn 1990.

Camille Lacoste-Dujardin, *Dialogue des femmes en ethnologie*, Paris 1977.

Louise Lamphere, »Anthropology: Review Essay«, in: *Signs*, 2/3 (1977), S. 612–627.

dies., »Feminism and Anthropology: The Struggle to Reshape Our Thinking about Gender«, in: Christie Farnham (Hg.), *The Impact of Feminist Research in the Academy*, Bloomington/Ind. 1987.

Michael Landmann, *Philosophische Anthropologie*, Berlin 1955.

Teresa de Lauretis, *Alice Doesn't*, Bloomington/Ind. 1984.

Eleanor Leacock, *Myths of Male Dominance: Collected Articles*, New York 1981.

Claude Lévi-Strauss, *Das wilde Denken*, Frankfurt am Main 1968.

ders., *Traurige Tropen*, Frankfurt am Main 1978.

Bronislaw Malinowski, *Eine wissenschaftliche Theorie der Kultur*, Frankfurt am Main 1975.

George E. Marcus, Michael J. Fischer, *Anthropology as Cultural Critique: An Experimental Moment in the Human Sciences*, Chicago 1986.

George E. Marcus, Dick Cushman, »Ethnographies as Texts«, in: *Annual Review of Anthropology*, 11 (1982), S. 25–69.

Odo Marquard, *Schwierigkeiten mit der Geschichtsphilosophie*, Frankfurt am Main 1973.

Henrietta L. Moore, *Feminism and Anthropology*, Cambridge 1988.

dies., *Space, Text and Gender: An Anthropological Study of the Marakwet of Kenya*, Cambridge 1986.

W. E. Mühlmann, *Geschichte der Anthropologie*, Wiesbaden 1984.

Maya Nadig, *Die verborgene Kultur der Frau*, Frankfurt am Main 1986.

Judith Okely, »Anthropology and Autobiography: Participatory Experience and Embodied Knowledge«, in: Okely, Callaway, a.a.O., S. 1–28.

Sherry B. Ortner, »Theory in Anthropology Since the Sixties«, in: *Comparative Studies in Society and History*, 26/1 (1984), S. 126–166.

Craig Owens, »The Discourse of Others: Feminists and Postmodernism«, in: Hal Forster (Hg.), *The Anti-Aesthetic*, Port Townsend/Wash. 1983, S. 57–82.

Helmut Pfotenhauer, *Literarische Anthropologie*, Stuttgart 1987.

Nicole Polier, William Roseberry, »Tristes Tropes: Post-modern Anthropologists Encounter the Other and Discover Themselves«, in: *Economy and Society*, 18/2 (1989), S. 245–264.

Naomi Quinn, »Anthropological Studies of Women's Status«, in: *Annual Review of Anthropology*, 6 (1977), S. 181–225.

Paul Rabinow, *Reflections of Fieldwork in Morocco*, Berkeley, Los Angeles 1977.

Rayna Rapp Reiter, »Anthropology: Review Essay«, in: *Signs*, 4/3 (1979), S. 497–513.

Barbara Rogers, *The Domestication of Women: Discrimination in Developing Societies*, London 1980.

Susan Carol Rogers, »Women's Place: A Critical Review of Anthropological Theory«, in: *Comparative Studies in Society and History*, 20 (1978), S. 123–162.

Michelle Z. Rosaldo, »The Use and Abuse of Anthropology: Reflections on Feminism and Cross-cultural Understanding«, in: *Signs*, 5/3 (1980), S. 389–417.

dies., »Moral/Analytic Dilemmas Posed by the Intersection of Feminism and Social Science«, in: N. Haan et al. (Hg.), *Social Science as Moral Inquiry*, New York 1983, S. 76–95.

Edward W. Said, *Orientalism*, New York 1978; dt. *Orientalismus*, Frankfurt am Main, Berlin, Wien 1981.

ders., »Representing the Colonized: Anthropology's Interlocutors«, in: *Critical Inquiry*, 15 (1989), S. 205–225.

Peggy Reeves Sanday, »The Reproduction of Partriarchy in Feminist Anthropology«, in: Mary M. Gergen (Hg.), *Feminist Thought and the Structure of Knowledge*, S. 49–68.

B. Scholte, »The Literary Turn in Contemporary Anthropology«, in: *Critique of Anthropology*, 7/1 (1987), S. 33–47.

Judith Shapiro, »Anthropology and the Study of Gender«, in: E. Langland, W. Gove (Hg.), *A Feminist Perspective in the Academy*, Chicago 1981, S. 110–129.

Marjorie Shostak, *Nisa: The Life and Words of a !Kung Woman*, Cambridge 1981; dt. *Nisa erzählt. Das Leben einer Nomadenfrau in Afrika*, Reinbek bei Hamburg 1982.

Susan Sontag, »Der Anthropologe als Held«, in: dies., *Kunst und Antikunst*, Frankfurt am Main 1982, S. 122–135.

Judith Stacey, Barrie Thorne, »The Missing Feminist Revolution in Sociology«, in: *Social Problems*, 32/4 (1985), S. 301–316.

Carol Stack, »Anthropology: Review Essay«, in: *Signs*, 1/1 (1979), S. 147–160.

Marilyn Strathern, *Women in Between: Female Roles in a Male World: Mount Hagen, New Guinea*, London 1972.

dies., *The Gender of the Gift*, Berkeley, Los Angeles, London 1988.

dies., »Out of Context The Persuasive Fictions of Anthropology«, in: *Current Anthropology*, 28/3 (1987), S. 251–281.

Tzvetan Todorov, *Die Eroberung Amerikas*, Frankfurt am Main 1985.

Victor Turner, *The Anthropology of Performance*, New York 1986.

Stephen A. Tyler, *Das Unaussprechliche*, München 1991.

Kamala Visweswaren, »Defining Feminist Ethnography«, in: *Inscriptions*, 3/4 (1988), S. 27–46.

Frank Robert Vivelo, *Handbuch der Kulturanthropologie. Eine grundlegende Einführung*, München/Stuttgart 1988.

Roy Wagner, *The Invention of Culture*, Chicago 1980.

James Walker, *The Sun Dance and Other Ceremonies of the Oglala Division of the Teton Sioux*, New York 1979.

ders., *Lakota Belief and Ritual*, (Raymond J. DeMallie und Elaine A. Jahner, Hg.), Lincoln/Nebr. 1982.

ders., *Lakota Society*, (Raymond J. DeMallie, Hg.), Lincoln/Nebr. 1982.

ders., *Lakota Myth*, (Elaine A. Jahner, Hg.), Lincoln/Nebr,. 1983.

Hayden White, *Tropics of Discourse: Essays in Cultural Criticism*, Baltimore 1978.

Unter dem gleichen Titel wie der vorliegende Band haben Loeper, B., Sippel, E., Wecus-Ballhausen, Uta v. folgende Dokumentation publiziert: *Unbeschreiblich weiblich. Eine Dokumentation zur Geschichte der Frauen in Arnsberg von 1848–1945*, 1991

Über die Autorinnen und Autoren

James Clifford ist Historiker und lehrt an der University of California, Santa Cruz (History of Consciousness Program). Er ist Autor des Buches *Person and Myth: Maurice Leenhardt in the Melanesian World* (Berkeley and Los Angeles 1982) und Mitherausgeber zahlreicher anthropologischer und ethnologischer Zeitschriften. Zusammen mit George Marcus veröffentlichte er den Band *Writing Culture: The Poetics and Politics of Ethnography* (Berkeley 1986). Seine zahlreichen Aufsätze sind 1988 in seinem Band *The Predicament of Culture* (Cambridge, Mass., und London) erschienen.

Colleen Ballerino Cohen lehrt Anthropologie am Vasar College. Sie hat Feldforschungen in den Vereinigten Staaten, Mexiko, Südamerika und Irland durchgeführt, etliche Aufsätze veröffentlicht und arbeitet im Moment über die Verbindung von *gender* und narrativem Stil bei Ruth Benedict.

Carol P. MacCormack lehrt momentan Anthropologie an der Bryn Mawr University, Pennsylvania. Sie ist zusammen mit Marilyn Strathern Herausgeberin des Bandes *Nature, Culture and Gender* (Cambridge 1980), der hier vorliegende Beitrag MacCormacks ist die Einleitung dieses Bandes.

Frances E. Mascia-Lees ist Co-Direktorin der *Women's Studies* und Mitglied der anthropologischen Fakultät am Simon's Rock of Bard College. Sie forscht über Frauenrollen, die Entwicklung des Sexualverhaltens und den Zusammenhang von Anthropologie, kritischer Theorie und der Repräsentation von Frauen und ist Autorin des Bandes *Toward a Model of Women's Status* (New York 1984).

Henrietta L. Moore lehrt Anthropologie an der University of Cambridge und ist Autorin des Bandes *Space, Text and Gender: An Anthropological Study of the Marakwet of Kenya* (Cambridge 1986). Aus ihrem Buch *Feminism and Anthropology* (Cambridge 1988) stammt der hier vorliegende Beitrag.

Sherry B. Ortner lehrt Anthropologie an der University of Michigan, Ann Arbor. Sie hat zahlreiche Aufsätze über die Kultur der Sherpa, über Methoden der symbolischen Analyse und den Stand der anthropologischen Theoriebildung veröffentlicht. 1973/74 war sie Mitglied des Institute for

Advanced Studies in Princeton. Sie ist zusammen mit Harriet Whitehead Herausgeberin des Bandes *Sexual Meanings: The Cultural Construction of Gender and Sexuality* (Cambridge 1981).

Paul Rabinow lehrt Anthropologie an der University of California, Berkeley. Zu seinen wichtigsten Veröffentlichungen gehören *Symbolic Domination: Cultural Form and Historical Change in Morocco* (Chicago 1975) und *Reflections on Fieldwork in Morocco* (Berkeley and Los Angeles 1977). Gemeinsam mit William M. Sullivan hat Paul Rabinow den Band *Interpretive Social Science: A Reader* (Berkeley, Los Angeles, London 1979) herausgegeben.

Patricia Sharpe ist Co-Direktorin der *Women's Studies* und lehrt Literatur am Simon's Rock of Bard College. Sie interessiert sich für Erzähltheorien und die Repräsentation der Frau und arbeitet derzeit an einem Buch über weibliche Subjektivität im englischen Roman. Zu diesen Themen hat sie Aufsätze veröffentlicht.

Judith Stacey ist Professorin of Sociology an der University of California, Davis. Sie forscht über die Zusammenhänge von Geschlecht, Verwandtschaft und gesellschaftlichen Strukturveränderungen und hat Aufsätze über Feminismus und Veränderungen in der Familienstruktur veröffentlicht sowie *The Postmodern Family: Stories of Gender and Kinship in the Silicon Valley* (New York 1990).

Marilyn Strathern ist Professorin of Social Anthropology an der Universität Manchester, England. Sie ist Autorin von *Women in Between: Female Roles in a Male World* (London 1972) und *The Gender of the Gift* (Berkeley, Los Angeles, London 1988). Außerdem ist sie Herausgeberin der Bände *Nature, Culture and Gender* (Cambridge 1980) (zusammen mit Carol MacCormack) und *Dealing with Inequality* (Cambridge 1987).

Gabriele Rippl ist Literaturwissenschaftlerin und Stipendiatin des Graduiertenkollegs »Theorie der Literatur« an der Universität Konstanz. Sie arbeitete einige Jahre im Konstanzer Forschungsprojekt »Literarische Anthropologie« und beendet derzeit ihre Dissertation zu englischen Frauenbiographien des 17. Jahrhunderts. Sie ist Mitherausgeberin eines Bandes zur Arabeske, der 1993 erscheinen wird.

ZEITSCHRIFTEN
Die neue Taschenbuch-Reihe

Am Ende des 20. Jahrhunderts sehen wir uns Veränderungen gegenüber, die Jahre zuvor niemand abzusehen vermochte. Politische und ökonomische Umwälzungsprozesse zeigen Folgen, die weder für Ost noch für West Anlaß zu Optimismus geben. Noch vor den großen politischen Ereignissen Ende der achtziger Jahre deuteten sich auf kultureller und sozialer Ebene Prozesse an, die die Geschichte des 20. Jahrhunderts unter neue Perspektiven stellten: Postmodernismus, Postfeminismus waren in aller Munde. Gemeinsam ist all diesen neuen politischen und kulturellen Phänomenen, daß sie nicht mehr klar vorgegebenen Deutungsmustern zugeordnet werden können. Eine Orientierungslosigkeit macht sich breit, die jedoch nicht in Ratlosigkeit enden sollte, sondern als Chance genutzt werden kann. Die Taschenbuch-Reihe >ZEITSCHRIFTEN< fängt den Wandel der Perspektiven und Denkprozesse ein: in polemischen und provokativen Essays, in Sammelbänden, die verschiedene Positionen vereinen und diskutierbar machen, in Monographien, die neue Einsichten vermitteln. Die Bände der Reihe >ZEITSCHRIFTEN< greifen in laufende Diskussionen ein und setzen deutliche Akzente.

Fischer Taschenbuch Verlag

ZEITSCHRIFTEN

Farideh Akashe-Böhme
Frausein – Fremdsein
Originalausgabe
Band 11732

In diesem Band geht es nicht ausschließlich um »fremde Frauen«, die in Kulturen leben, die ihnen fremd sind. Es geht um die Fremdheit der Frauen gegenüber der ganzen überlieferten Kultur, um die fremden Erfahrungen des eigenen Spiegelbildes und um den unter dem Zugriff der Technologien fremd gewordenen eigenen Körper. Diese Fremdheit zu begreifen, kann generell dazu beitragen, die Schranken zwischen eigenen und fremden Kulturen zu überwinden. Orientierungslosigkeit macht sich breit, die jedoch nicht in Ratlosigkeit enden sollte, sondern als Chance genutzt werden kann.

Fischer Taschenbuch Verlag

ZeitSchriften

Seyla Benhabib/Judith Butler
Drucilla Cornell/Nancy Fraser
Der Streit um Differenz
Feminismus und Postmoderne
in der Gegenwart

Originalausgabe
Band 11810

Der sogenannte Postfeminismus zeichnet sich in seinem Hauptanliegen dadurch aus, daß er die Differenz der Geschlechter zu überwinden sucht. Gefragt wird nicht mehr nach dem biologischen oder kulturell konstruierten Unterschied von Mann und Frau. Es wird nicht mehr von der »Gegebenheit« der Frau als Objekt oder Subjekt ausgegangen, sondern man will erläutern, wie der Prozeß der Herstellung von Weiblichkeit vonstatten geht.

Fischer Taschenbuch Verlag

ZeitSchriften

Anthony Giddens
Wandel der Intimität
Sexualität, Liebe und Erotik in
modernen Gesellschaften

Aus dem Englischen von Hannah Pelzer
Deutsche Erstausgabe
Band 11833

Welche Auswirkungen die Veränderungen der letzten
zwei Jahrzehnte auf Sexualität, Liebe und Beziehungen
gehabt haben, ist das Thema des neuen Buches von Anthony Giddens. Der Anteil, der den Frauen an dem Wandel
der Intimität in den westlichen Gesellschaften zukommt,
ist immens. Entstanden ist jedoch nicht ausschließlich eine
offenere und im besten Fall gleichberechtigtere Privat-
sphäre, sondern darüber hinaus eine Möglichkeit zur radikalen Demokratisierung unserer heutigen Lebenswelten.

Fischer Taschenbuch Verlag

fi 1408 / 1

ZEITSCHRIFTEN

Herta Nagl-Docekal
Herlinde Pauer-Studer (Hg.)
Jenseits der Geschlechtermoral
Beiträge zur Feministischen Ethik

Originalausgabe
Band 11630

Ob es stimmt, daß Frauen fürsorglich und Männer gerechtigkeitsorientiert sind, wie Carol Gilligan es vor Jahren formuliert hat, scheint mittlerweile nicht mehr so eindeutig. Vielleicht ist diese Diskussion aus einer männerorientierten Perspektive entstanden, die nunmehr revidiert gehört. So behaupten die Kritiker dieser Position. Dieser Band versammelt die wichtigsten Autorinnen der letzten Jahre.

Fischer Taschenbuch Verlag